【改訂2版】

弁護士の業務に役立つ 相続税

令和元年
改正相続税制
対応

遠藤　常二郎　編著
大畑智宏　加藤大輔　飯塚順子　鳥山亜弓　著

改訂２版はしがき

初版本を平成26年1月15日に発行した後、同27年1月1日より、相続税法が改正され、相続税の基礎控除額の引き下げに併せて、小規模宅地等の減額の特例の限度面積が拡大された。これらの改正に先立ち、同26年11月、改訂版を発行した。お陰様で改訂版も初版本同様に多くの弁護士にとって相続案件を処理するにあたって参考になったとの評価を賜ることができた。改訂版を発刊してから既に５年近く経過した。その間、相続税制がいくつか改正されたほか、相続法そのものも改正され、新相続法が相続税制に少なからず影響を及ぼすことになった。そこで、この度、相続法改正を機に改訂２版を刊行することにした。

改訂２版においては、第２章４「配偶者居住権を設定した遺産分割」という項目を設け、平成30年度の相続法改正において新設された配偶者居住権の財産的評価について解説した。

また、新たに第５章を設け、事業承継について詳述した。平成30年度税制改正により、事業承継の税制が大きく改正され、非上場株式等に係る贈与税・相続税の納税猶予の特例の創設により、事業承継税制における適用対象の範囲及び要件が大幅に緩和された。この特例の創設によって、事業承継が利用されやすくなり、弁護士にとっても、税理士とともに事業承継に関与する機会が増えることが予想される。なお、事業承継は弁護士にとって、難解であることは否定できず、比木奈君のシナリオも紹介しつつ、事業承継のイメージをつかめるように試みた。さらに近時、問題となっている空き家対策と相続税との関係についても新しい論点として言及している（ケース53参照）。

本書が令和の時代においても、多くの弁護士に愛読され、少しでも相続事件の処理に役立ってもらうことを願うのみである。

令和元年８月

編者代表　弁護士　遠藤常二郎

はしがき

平成27年1月1日より、相続税法の改正により、遺産に係る基礎控除額が現行の5000万円から3000万円に、また一人あたりの法定相続人の基礎控除額も1000万円から600万円に縮小され、これに伴い、今後、相続税の申告件数も大幅に増加されることが予想される。

税務申告は、主として、税理士の専門領域であるが、市民の相続問題に対する関心が高まっている中、私たち弁護士に対しても、法律相談に際して、相続税に関して質問がなされることが多い。その際、弁護士は依頼者に対し「自分は法律の専門家であって税法の専門家でないので、税金は税理士に相談してくれ」と言えるであろうか。依頼者としては法律問題のほか相続税も重要な関心事であり、このような弁護士の対応に不満を覚えることになる。

相続問題の処理と相続税務は不可分の関係にある。遺産分割協議書案を作成するにあたって、誰にどのくらい相続税がかかるか考慮しながら、処理しなければならない。また、相続税の支払原資を確保しつつ、遺産をどのように分けるべきか検討する事案も多い。弁護士が相続事件を扱うに当たっては、常に税理士と連携しながら事件処理を行うことが望ましい。しかし、弁護士の多くは、常に傍らに税理士が同席しているわけではなく、弁護士単独で依頼者と対応せざるを得ない。その際、弁護士は、最低限度の相続税務に関する知識を備えておくことが必要である。

本書は、「弁護士のためのビギナーズ相続税」として、弁護士が相続事件を処理するための必要最小限度の相続税の知識や問題点について解説を試みている。もとより、弁護士は税理士に代わって、相続税の申告を行うわけではない。税務申告は税理士の専門領域である。しかし、弁護士であっても、依頼者の希望する遺産分割協議書案では相続税上、過大な税負担が発生するおそれがあるかもしれないと予測できる程度の税務感覚を身につけるべきである。本書は、相続事件を処理するにあたって、しばしば直面する相続税、譲渡所得税上の代表的な事案を設例（ケース）として取り上げ、税務上の論点や相続税額についてわかりやすく解説を行っている。

本書は、弁護士と税理士の共同執筆によるものである。弁護士3名が、自ら体験した相続事件の税務案件や、法律家の発想からはなかなか理解し難い税務上の論点について、資産税を専門とする税理士2名と議論を重ね、また、税理士側からも弁護士が陥りやすい事件処理につき多数の事例を挙げてもらい検討した結果を執筆したものである。したがって、各自がそれぞれ分担部分を決めて執筆するという方法はとっておらず、本書全体につき全員の共同執筆といって差し支えない。

本書の特徴として以下の点が挙げられる。

① 本書は、第1章「これだけは知っておきたい相続税の基礎知識」、第2章「遺産分割と税務」、第3章「生前対策～遺言と贈与～」、第4章「相続放棄・限定承認」の4章から構成されている。

第1章において、税務の専門家でない弁護士が相続税の仕組みを直ちに理解できるための導入として、相続税の計算の仕方、相続財産の評価について平易に解説している。第2章においては、相続が発生した後の中心的な問題である遺産分割協議と税務の問題に焦点をあてて、小規模宅地等の減額、配偶者の税額軽減等の各特例や、相続財産の評価、換価分割・代償分割等、弁護士が実務において直面する税務問題について解説を行っている。第3章においては、遺言と贈与を相続発生前の生前対策として位置づけ、これらの税務上の問題に検討を加えている。第4章においては、弁護士が実務で頻繁に扱う相続放棄・限定承認を独立の章として取り上げている。

② 税務上、問題となる典型的な事案については「ケース」という設例形式で論点を設定し、その中でも、特に遺産分割協議の内容如何によって相続税額に大きな差異が生じるケースにつき、遺産分割協議書案A、B案ごとにそれぞれ算出される相続税額の試算表を載せ、どのくらい税額に違いがでるか具体的な数字でイメージできるようにした。

③ 平成25年度の税制改正も視野にいれて、各ケースの相続税額の計算において、現行の税額とともに、改正後の遺産に係る基礎控除額や税率、小規模宅地等の特例などの計算に従って算出した相続税額も掲載して、現行制度の試算と対比できるようにした。

④ 第3章においては、遺言と相続税の問題点に関し、手軽に読めるように、「新人弁護士比木奈（ビギナ）君の遺言ファイル」という題名でシナリオ風の読み物とし、税務問題を身近に感じてもらえるよう工夫した。

本書においては、税負担をいかに低く抑えた事件処理ができるかという見地から各論点につき検討を行っている。しかし、実務では依頼者の希望、その他諸般の事情を総合的に考慮してあえて税負担の重い案を選択することも多い。

相続案件を処理する弁護士に必要とされるものは常に税務的な視点をもちつつ、依頼者の納得を得ながら、その要求を最大限、尊重した解決をすることができる能力ではなかろうか。本書が多くの弁護士の事件処理の一助になれば幸いである。

編者代表　　弁護士　遠藤常二郎

目　次

第1章　これだけは知っておきたい相続税の基礎知識

第2章　遺産分割と税務

第3章　生前対策～遺言と贈与～

第4章　相続放棄・限定承認

第5章　事業承継

凡　例

■金額表記について

相続税表中の表示は、各人の相続税額（最終値）について1万円未満は切捨てとしている。

譲渡所得税の計算においては、復興特別所得税は考慮していない。

■法令等略称

民	民法
相税	相続税法
相施規	相続税法施行規則
所税	所得税法
法税	法人税法
租特	租税特別措置法
租特施令	租税特別措置法施行令
租特施規	租税特別措置法施行規則
通則法	国税通則法
一般法人	一般社団法人及び一般財団法人に関する法律
保険	保険法

相基通達	相続税法基本通達
評基通達	財産評価基本通達
所税通達	所得税法基本通達
租税基通	租税特別措置法基本通達

第1章

これだけは知っておきたい
相続税の基礎知識

はじめに

弁護士が相続案件を処理するに際して、相続税法に関し、ある程度の知識を有することは必要である。本章では、これだけは知っておきたいと思われる相続税の常識的な知識として、相続税の計算方法と相続財産の評価について概説する。また、本章を読むことで、2章以下の具体的な設例における問題点を理解することが容易になると思われる。

1 相続税の計算の方法

まず、相続税額はどのようにして計算されるのか。相続税の計算の方法を理解することが相続税を理解するスタートといえる。

(1) 相続税の計算の流れ（相続税の計算の3ステップ）

相続税の計算は、各相続人が取得した財産に税率をかけて税額を決めるというような単純な計算方法ではない。3段階のステップを踏んで税額を算出する仕組みとなっている。

【第1ステップ　各相続人等の課税価格の計算】

相続や遺贈によって取得した人の相続税の課税対象となる金額である「課税価格」を各人ごとに計算してその合計額を計算する。

【第2ステップ　相続税の総額の計算】

課税価格の合計額から基礎控除額を控除した「課税遺産総額」を計算し、それを法定相続人が法定相続分に応じて取得したと仮定して、それぞれに相続税の税率を適用して算出した各金額を合計して、相続税の総額を算出する。

【第3ステップ　各相続人等の納付税額の計算】
相続税の総額を各財産取得者ごとの課税価格の割合に応じて配分する方法で、各相続人の納付税額を計算する。

(2)　課税価格の計算方法（第1ステップ）

第1ステップである課税価格の計算は、以下の順序で計算される。

本来の相続財産

①本来の相続財産に、みなし相続財産を加え、相続時精算課税適用財産を加える。

本来の相続財産とは相続または遺贈によって取得した土地、家屋、現金預金、有価証券等の相続財産をいう。

みなし相続財産とは、生命保険金、退職手当金、生命保険契約に関する権利等をいう。これらは、本来の民法上の相続財産ではないが、課税の公平を図るため相続財産であると擬制したものである。相続税法上は、これらは相続財産として課税の対象とされているので注意を要する（相税3条）。

相続時精算課税適用財産とは、相続人が相続時精算課税制度の適用を受けて被相続人から生前贈与を受けた財産である（同制度については214頁参照）。

①	本来の相続財産	みなし相続財産	相続時精算課税適用財産

②上記①（本来の相続財産に、みなし相続財産、相続時精算課税適用財産を加えたもの）から非課税財産を控除し課税財産を算出する。

非課税財産とは、国民感情や公益性、社会政策的な見地から課税することが好ましくないものであり、相続税法は7種類の財産を非課税とした（相税12条、租特70条）。たとえば、相続により取得したとみなされる生命保険金等は、その合計額のうち、「500万円×法定相続人の数」を限度として非課税とされている。これは、遺族の生活保障を図る趣旨から500万円の限度で課税しないこととしたものである。

① 本来の相続財産 | みなし相続財産 | 相続時精算課税適用財産

② 課税財産 | 非課税財産

③課税財産から、債務を控除した純資産価額を計算する。

相続人は相続により、プラス財産のほか債務も包括的に承継するので、正味の課税価格を計算するためには、債務の控除を行うことが必要である（相税13条）。なお、葬式費用は、被相続人の債務ではないが、人の死亡により必然的に発生する費用であるため債務控除が認められている（105頁参照）。

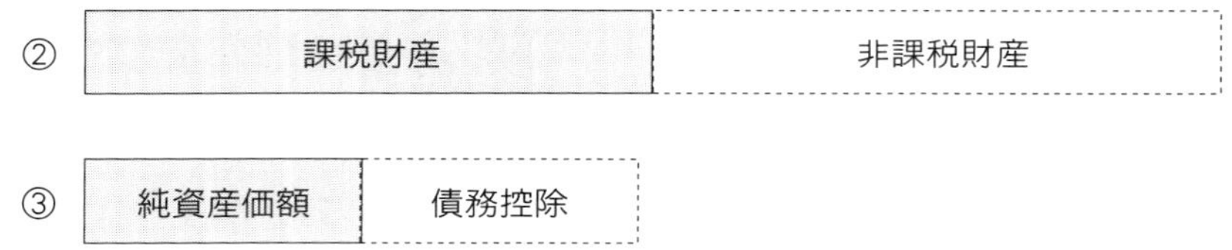

④純資産価額に、相続開始前3年以内生前贈与財産を加える。このように算出された価格を「課税価格」という。

課税財産から債務控除を行った後、生前贈与財産を加算することになる。この加算は相続開始から3年以内のものに限って加算する点で（相税19条）、民法上の特別受益が3年以前の贈与もみなし相続財産（民法903条）に含まれるのと異なる。

3年以内の生前贈与財産が相続税の課税価格に加算されるのは、贈与税はもともと相続税の補完税としての性格を有しているので、できる限り贈与財産に対しても本来の相続税を課税したいとの趣旨によるものである。

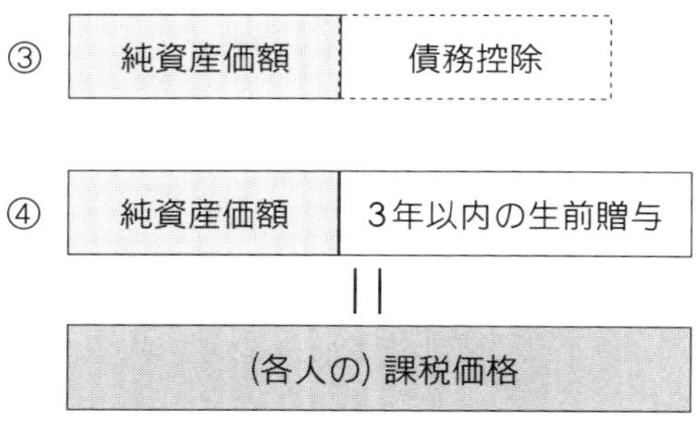

⑤各人の課税価格をそれぞれ算出し、これを合計して課税価格の合計額を算出する。

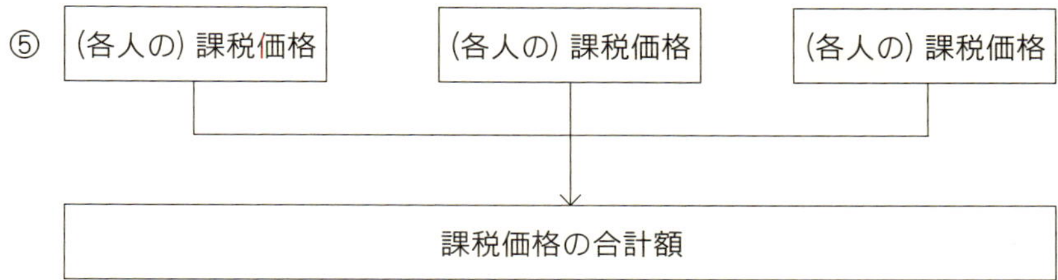

生命保険金等の非課税金額の計算

保険金の非課税限度額が相続人の取得した保険金の合計額以上の場合は、その相続人の取得した保険金の金額は、すべて非課税となる。逆に、保険金の非課税限度額が相続人の所得した保険金を下回るときは、次の算式で非課税金額が計算される。

$$(500\text{万円}\times\text{法定相続人の数})\times\frac{\text{その相続人が取得した保険金額}}{\text{相続人の取得した保険金の合計額}}$$

この非課税の適用を受けるのは相続人についてだけであり、相続人以外の第三者や相続放棄した者については適用がない。ただし、相続人の一部が相続放棄したとしても、相続放棄をせずに生命保険金を受け取る者の非課税計算は、放棄をした者も法定相続人の数に含めて計算される（8頁参照）。

それではケース1の設例に従って、第1ステップの課税価格を計算してみよう。

ケース1：相続税の計算のイロハ

被相続人甲が死亡し、相続人は配偶者乙と長男丙と二男丁である。
相続財産は預貯金が2億円、上場株式（相続税評価額1億円）であった。乙が預貯金全額を、丙、丁は有価証券を半分ずつ、相続する内容の遺産分割協議が成立した。

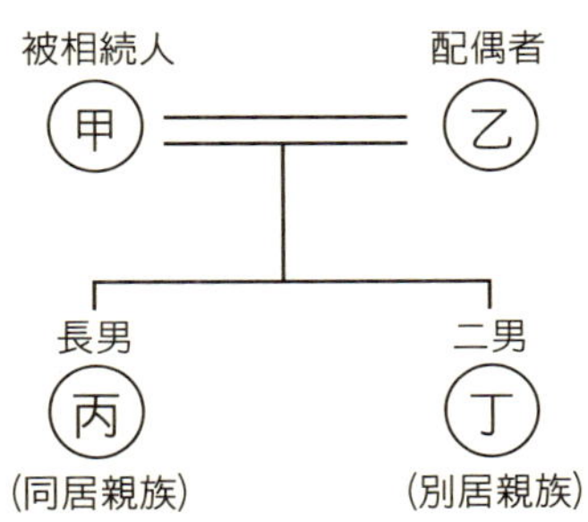

なお甲が契約者および被保険者である生命保険契約に基づいて、乙は2000万円、丙は1000万円を、それぞれ保険会社から受け取った。葬

式費用の500万円は乙が全額負担した。甲は銀行から1000万円の借入金があり、これを乙が負担することにした。

この場合の各人の相続税額はいくらか。※

※相続税の計算方法を理解する便宜上、相続財産の中に不動産を含まないものとする。

種　類	合　計	乙	丙	丁
預貯金	2億円	2億円		
有価証券	1億円		5000万円	5000万円
生命保険金	3000万円	2000万円	1000万円	
葬式費用	▲500万円	▲500万円		
借入金	▲1000万円	▲1000万円		

乙　本来の相続財産　預貯金　2億円

みなし相続財産　生命保険金　2000万円

相続時精算課税適用財産　なし

非課税財産

生命保険金

$$500万円\times（法定相続人の数）\times\frac{（乙の取得した保険金額）}{（乙、丙の取得した保険金の合計額）}$$

$$=500万円\times3\times\frac{2000万円}{3000万円}$$

$=1000$万円

債務控除

葬式費用500万円＋銀行の債務1000万円

＝1500万円

3年以内の生前贈与　なし

乙の課税価格

預貯金　＋　生命保険金　－　非課税財産　－　債務控除額

＝2億円＋2000万円－1000万円－1500万円

＝**1億9500万円**

丙　本来の相続財産　有価証券　5000万円
みなし相続財産　生命保険金　1000万円
相続時精算課税適用財産　なし

非課税財産

生命保険金

$$500万円 \times (法定相続人の数) \times \frac{(丙の取得した保険金額)}{(乙、丙の取得した保険金の合計額)}$$

$$= 500万円 \times 3 \times \frac{1000万円}{3000万円}$$

＝500万円

債務控除　なし

3年以内の生前贈与　なし

丙の課税価格

有価証券　＋　生命保険金　－　非課税財産

＝5000万円＋1000万円－500万円

＝**5500万円**

丁　本来の相続財産　有価証券　5000万円
みなし相続財産　なし
相続時精算課税適用財産　なし
非課税財産　なし
債務控除　なし
3年以内の生前贈与　なし

丁の課税価格　**5000万円**

乙、丙および丁の課税価格の合計額

乙の課税価格　＋　丙の課税価格　＋　丁の課税価格

＝1億9500万円＋5500万円＋5000万円

＝**3億円**

(3)　相続税の総額の計算の方法（第2ステップ）

次に、第2ステップの相続税の総額の計算を行ってみよう。

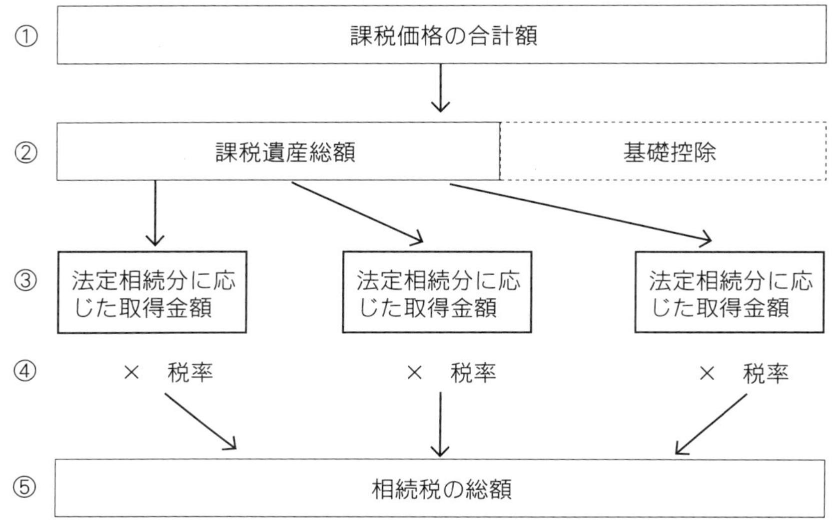

第1ステップ「課税価格の計算方法」で計算した課税価格の合計額（上図①）から遺産に係る基礎控除額を控除し、「課税遺産総額」を求める（上図②）。

これに法定相続分・代襲相続分を乗じ、法定相続人や代襲相続人が法定相続分・代襲相続分どおり遺産を取得したと仮定した場合の取得額を計算する（上図③）。

この金額に一定の税率を乗じて、仮の税額を計算し、各人の税額を合算したものが相続税の総額となる。このように法定相続分に応じて相続税の総額を計算するのは（相税16条）、遺産分割方法に左右されない税額計算を行うためとされている。

遺産にかかる基礎控除額（相税15条）の計算

3000万円＋（600万円×法定相続人の数）である。

ここにいう法定相続人の数とは、相続の放棄があった場合は、その放棄がなかったものとした場合における相続人をいう。

〔なお、平成26年12月31日以前の相続税の基礎控除額は、5000万円＋（1000万円×法定相続人の数）であった。〕

遺産にかかる基礎控除額についてよくある誤解（法定相続人）

ここでいう法定相続人とは、相続放棄のあった場合も、相続放棄がなかったものとした場合における相続人であり、たとえば相続人4名中1人が相続放棄したとしても、4人すべてが法定相続人となる。また、相続人の中に代襲相続人がいる場合は、代襲相続人の数だけ法定相続人の数となる。養子については無制限に法定相続人の数に含めることができず、被相続人に実子がいる場合は1人まで、実子がいない場合は2人まで法定相続人の数に加えることができる（相税15条2項、3項）。

相続税の総額を計算するのに用いる税率は8段階の超過累進税率を採用している。実務的には、以下の相続税額の速算表を用いて計算している。

〈相続税額算出の速算表〉

法定相続人の取得金額			税率	控除額
		1000万円以下	10%	0
1000万円超	～	3000万円以下	15%	50万円
3000万円超	～	5000万円以下	20%	200万円
5000万円超	～	1億円以下	30%	700万円
1億円超	～	2億円以下	40%	1700万円
1億円超	～	3億円以下	45%	2700万円
3億円超	～	6億円以下	50%	4200万円
6億円超			55%	7200万円

これをケース1に当てはめると、相続税の総額は下記のように算出される。

①課税価格の合計　3億円
②基礎控除額　3000万円＋（600万円×3（法定相続人の数））
＝4800万円
課税遺産総額　3億円－4800万円＝**2億5200万円**

法定相続割合で相続したと仮定した相続税額

乙　課税遺産総額　×　1／2（法定相続分）＝2億5200万円×1／2
＝1億2600万円（法定相続分に応じた乙の取得額）
速算表により　1億2600万円×40%（税率）－1700万円（控除額）
＝**3340万円**

丙　　　　　　課税遺産総額　×　1／4（法定相続分）＝2億5200万円×1／4
＝6300万円（法定相続分に応じた丙の取得額）
速算表により　6300万円×30％（税率）－700万円（控除額）
＝**1190万円**

丁　　　　　　課税遺産総額　×　1／4（法定相続分）＝2億5200万円×1／4
＝6300万円（法定相続分に応じた丁の取得額）
速算表により　6300万円×30％（税率）－700万円（控除額）
＝**1190万円**

相続税の総額

3340万円（乙の相続税額）＋1190万円（丙の相続税額）＋
1190万円（丁の相続税額）＝**5720万円**

(4) 各財産取得者ごとの算出税額の計算（第3ステップ）

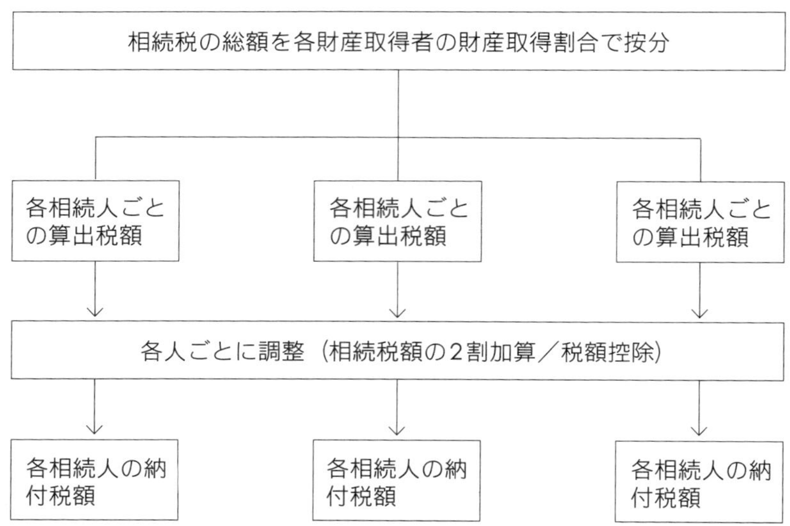

第3ステップでは、第2ステップで計算した「法定相続分で相続したと仮定した相続税の総額」を、実際に財産を取得した各取得者ごとに財産取得割合で按分する(相税17条)。これに各人ごとに調整を加え、各人ごとの納付税額を計算する。調整

の内容としては、相続税の2割加算の制度（相税18条）や税額控除の制度（相税19条、19条の2、19条の3、19条の4、20条）がある。ここで算出された税額が実際の納付額となる。

ア　2割加算

相続税の2割加算の制度は、各取得者ごとに按分した税額に2割相当の税額の加算を行うものであり、その適用対象者は、被相続人の一親等の血族（なお、孫などが被相続人の養子になっている場合は一親等の血族には含まれない）、第1順位の代襲相続人、被相続人の配偶者以外の者らである。たとえば、被相続人の兄弟姉妹や孫などが適用対象者となる。実務的には、兄弟間の相続や、遺贈等で2割加算が問題となるケースが多いので注意を要する。

イ　税額控除

税額控除については、各財産取得者の事情を考慮し、7つの控除項目が設けられ、その控除は次の順序によるものとされている。

①贈与税額控除（相税19条）
②配偶者の税額軽減（相税19条の2）
③未成年者控除（相税19条の3）
④障害者控除（相税19条の4）
⑤相次相続控除（相税20条）
⑥外国税額控除（相税20条の2）
⑦相続時精算課税の贈与税額控除（相税21条の15、21条の16）

税額控除の中でも、配偶者の税額軽減が実務的に最も使われる控除項目である。配偶者の税額軽減とは、端的に言えば、「配偶者は相続財産を法定相続分に応じた取得額まで相続した場合、相続税がかからず、仮に法定相続分を超えて財産を取得したとしても、その額が1億6000万円を超えないときは、やはり相続税がかからない」という制度である（詳しくは第2章51頁を参照）。

また、贈与税額控除とは、相続開始前3年以内の生前贈与が相続税の課税価格に加算される関係上、相続税と贈与税の二重課税の発生を避けるため、贈与があった年分の贈与税額のうち、相続税の課税価格に加算された贈与財産の価格に対応する部分の金額を控除できるものである。

(5) ケース1の納付税額

第3ステップに従ってケース1における乙、丙および丁の納付税額を計算してみよう。

乙　相続税の総額 × 乙の課税価格／課税価格の合計額 ＝5720万円× 1億9500万円／3億円

＝3718万円

しかし、乙は配偶者の税額軽減により、課税価格が法定相続分に応じた取得額（1億5000万円）を超えても1億6000万円まで相続税がかからない。

もっとも、本ケースの場合、乙の課税価格は1億6000万円を超えているので相続税は納めなければいけない。この乙の納付税額は次のように計算される。

5720万円（相続税の総額）× 1億6000万円／3億円(課税価格の合計)

＝3050万6666円

乙の納付税額　3718万円－3050万6666円（配偶者の税額軽減額）

＝**667万3300円**（100円未満は切捨て）

丙　相続税の総額 × 丙の課税価格／課税価格の合計額 ＝5720万円× 5500万円／3億円

＝1048万6600円(100円未満は切捨て)

丙には税額控除の適用がないとする。

丙の納付税額　**1048万6600円**

丁　相続税の総額 × 丁の課税価格／課税価格の合計額 ＝5720万円× 5000万円／3億円

＝953万3300円(100円未満は切捨て)

丁には税額控除の適用がないとする。

丁の納付税額　**953万3300円**

以上のとおり、各人の納付税額を計算するには、第1ステップから第3ステップまでを踏むことが必要である。単純に各人の取得価格に税率を計算するものでないことを理解する必要がある。

種　類	合　計	乙	丙	丁
預貯金	2億円	2億円		
葬式費用	▲500万円	▲500万円		
有価証券	1億円		5000万円	5000万円
生命保険金	3000万円	2000万円	1000万円	
非課税財産	▲1500万円	▲1000万円	▲500万円	
借入金	▲1000万円	▲1000万円		
課税価格合計	3億円	1億9500万円	5500万円	5000万円
基礎控除	4800万円			
課税遺産総額	2億5200万円			
相続税の総額	5720万円	3340万円	1190万円	1190万円
各人の相続税額		3718万円	1048万6600円	953万3300円
配偶者の税額軽減額		▲3050万6666円		
納付税額		667万3300円	1048万6600円	953万3300円

2 財産評価

これまでは、相続財産が預貯金や有価証券の場合の、相続税の計算方法を概説した。現金や預貯金であれば、おおよそ額面どおりの価額となり、その評価はそれほど問題とならない。ところが、相続税額の計算をするにあたって、実務上、取得した相続財産の評価が問題となるのが、土地、建物、非上場株式などである。これらの財産をいかに評価するかによって相続税額が大きく異なるので、その財産評価はきわめて重要である。ここでは、後述するケース2の相続税を算出するにあたって必要最小限度の基礎的な事項にとどめて概説している。なお、財産評価の詳細については、第2章8「財産評価と遺産分割」を参照されたい。また、平成30年の相続法改正により新設された配偶者居住権の財産評価については、第2章4「配偶者居住権を設定した遺産分割」を参照されたい。

相続税の財産評価は、相続税法により、取得時の時価によることとされており

（相税22条）、その価額は、国税庁の定める財産評価に関する基本通達（本書中略称「評基通達」）によって具体的に規定されている。

(1) 土地の評価

土地の評価方式は、その地目（宅地、田、畑、山林など）によって異なる。実務上、宅地の評価が土地の評価の中心といってもよい。宅地の評価方法には路線価方式と倍率方式とがある（評基通達11）。路線価方式は市街地にある宅地についての評価方法であり、倍率方式は郊外地にある宅地の評価方式といってさしつかえない。

路線価とは、国税局長が路線ごとに評定した1㎡あたりの価格をいう（評基通達13）。路線価は、相続税や贈与税の評価の基準となるべく定められたものであり、取引上の売買価格であるいわゆる実勢価格や公示価格、固定資産評価額と異なる点に留意しなければならない。路線価は、各年分、毎年7月に公表されている。路線価を調べるには、国税局の路線価図をホームページ（http://www.nta.go.jp）で検索すると便利である。

路線価による宅地の評価は、路線価に地積を乗ずるだけでなく、その宅地の状況（路線が一方のみに隣接するか、側方、裏面にも隣接するか）や形状（間口の狭小、奥行の長大、不整形地など）を考慮して計算される（評基通達15、16、17、18、20）。

評価額　＝　路線価　×　奥行価格補正率　×　地積

また、宅地の評価単位は、一筆の宅地ごとに評価するのではなく利用の単位ごとに評価する（評基通達7）。たとえば、一筆の宅地が、自己の居住用の宅地と貸家用の宅地として利用されている場合はそれぞれ利用の単位を異にするので別々の宅地として評価する。

逆に、2筆以上の土地が一体として居住用の宅地に利用されている場合は、敷地全体を一単位として評価することになる。

■宅地の上に存する権利（貸宅地、借地権、貸家建付地）

宅地に借地権を設定したり、貸家を建て、その建物を賃貸した場合、宅地は借地権や借家権により利用上の制限を受けるので、宅地の評価は以下のとおり一定割合で減額される。

①　貸宅地・借地権の評価

借地権の評価は、自用地評価額に借地権割合を乗じて計算する（評基通達27）。自用地評価額とは、自己が所有し自ら使用している土地の評価額をいう。借地権割合は、地域ごとに決められており、路線価図または倍率表に記載されている。

借地権の評価　＝　自用地評価額　×　借地権割合

他方、宅地は、借地権により使用収益の制限を受ける宅地（貸宅地）として、その借地権の負担を差し引いて評価することとなる（評基通達25）。

貸宅地の評価　＝　自用地評価額　×（1－借地権割合）

②　貸家建付地・借家人の有する権利の評価

自己の所有する宅地上に建物を建て、これを他人に賃貸している場合、その宅地は、借家人の権利により使用収益の制限を受けることになるから、その借家人の権利による負担を受ける宅地（貸家建付地）として評価することになる。ここで、借家人の権利による負担は、宅地の借地権の価額に借家権割合（一律30％）と賃貸割合を乗じて計算するので、貸家建付地の評価は、これを差し引いて計算することとなる（評基通達26）。

貸家建付地の評価　＝　自用地評価額　×（1－借地権割合×30％×賃貸割合※）

※賃貸割合　＝（賃貸部分の床面積／総床面積）

建物の賃借人は借家権を有することになるが、借家人の権利は通常取引の対象とならないため、相続財産として評価しない。

借家人の権利　＝　0

③　使用貸借の評価

宅地を使用貸借により借りている場合、宅地に関する権利は0として扱われる（使用貸借関係個別通達4）。使用貸借には、借地借家法の適用がなく、権利としての価値が乏しいためである。なお、固定資産税相当額の授受があった場合も使用貸借として扱われる。

使用貸借による権利　＝　0

また、使用貸借によって貸している宅地については、特に大きな制限を受けないため、通常の自用地評価による（使用貸借関係個別通達3）。

宅地評価　＝　自用地評価

(2) 建物の評価

建物の価額は、原則として、一棟の家屋ごとに評価し（評基通達88)、自用または貸家の別に応じて評価が異なる。

① 自用家屋の評価

自己の所有する家屋を自ら使用している場合は、自用家屋として、固定資産税評価額によって評価する（評基通達89)。

自用家屋の評価　＝　固定資産税評価額　×　1.0

② 貸家と借家権の評価

自己の所有する家屋を他人に賃貸している場合、賃借人は借家権を有するが、借家権は通常取引の対象とならないため、評価は0である。

借家権の評価　＝　0

他方、家屋は、借家権の負担を負う家屋（貸家）として評価する。ここで、借家権の負担は、自用家屋の評価額に借家権割合（一律30%）と賃貸割合を乗じたものとされているため、自用地評価額からこれを控除して計算する（評基通達93)。

貸家の評価　＝　自用家屋の評価額　×（1－30%×賃貸割合）

(3) 株式の評価

株式の評価は、上場株式と取引相場のない株式とではその評価方法が異なる。

上場株式の株価は、課税時期の金融商品取引所の最終価額、課税時期の属する月以前の3か月間の各月の毎日の最終価格の月平均額の最も低い価額によって評価する（評基通達169(1))。毎月の最終価格の月平均額は、各金融商品取引所のホームページ（http://www.tse.or.jp）に掲載されている。2つ以上の金融商品取引所に上場しているときは納税義務者の選択による。

取引相場のない株式については、会社の規模や株式を取得した株主に応じて、原則的評価方式、配当還元方式などそれぞれの区分に従った評価方法を採用することになり（評基通達178、179)、その評価方法は複雑である（詳しくは第2章114頁参照)。

(4) ケース2における評価額の計算

それでは、ケース2の相続財産の評価額を計算してみよう。

実務上、最も頻繁に取り扱われている土地、建物の評価を中心に、次のケースにおける乙、丙、丁の具体的納付税額を算出してみよう。

ケース2：財産評価のイロハ

被相続人甲が死亡し、相続人は配偶者乙と長男丙と二男丁である。丙、丁はそれぞれ甲と別居して持家を有している。

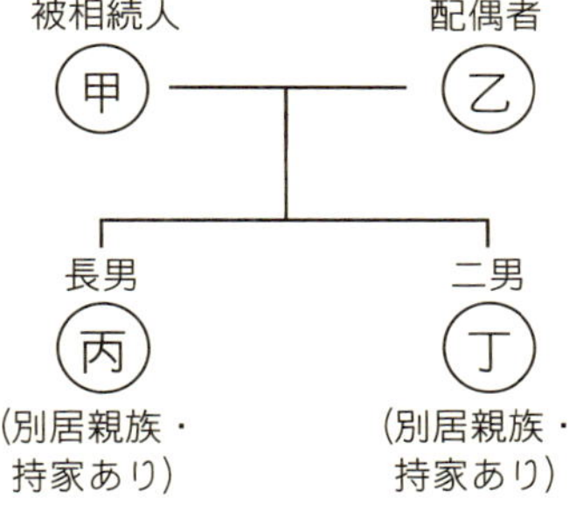

相続財産に自宅とアパート、上場株式10万株（東京証券取引所のみに上場）がある。自宅を乙、アパートを丙、株式を丁がそれぞれ相続する場合の相続税額はいくらか。

なお、自宅、アパート、株式の評価は以下のとおりである。

【自宅】

土地の路線価　1㎡100万円　地積330㎡

土地は普通住宅地区にあり、公道に一方のみ接している。

建物の固定資産税評価額　500万円

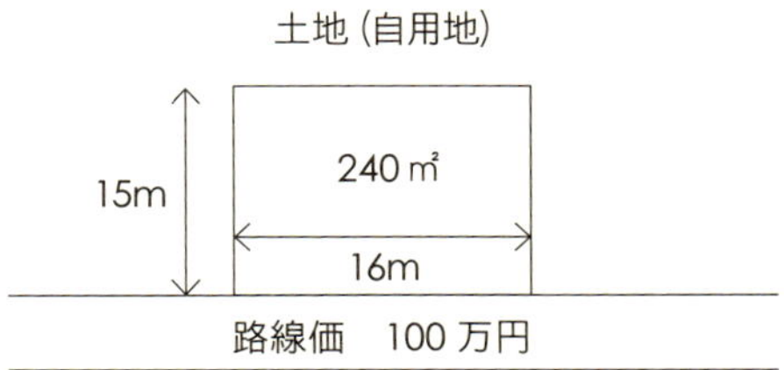

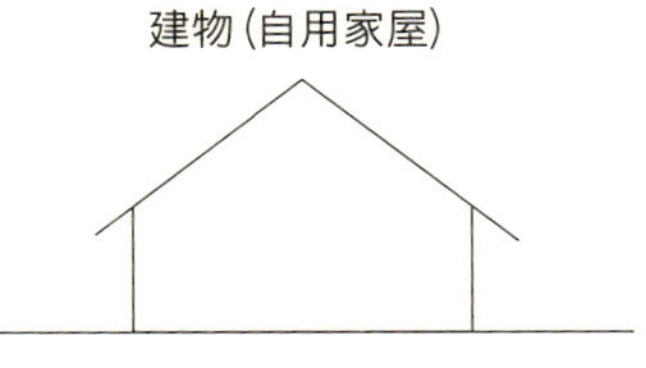

【アパート】

土地の路線価　1㎡80万円　地積100㎡

土地は普通住宅地区にあり、公道に一方のみ接している。

借地権割合　6割　　　借家権割合　3割

建物の固定資産税評価額　1000万円

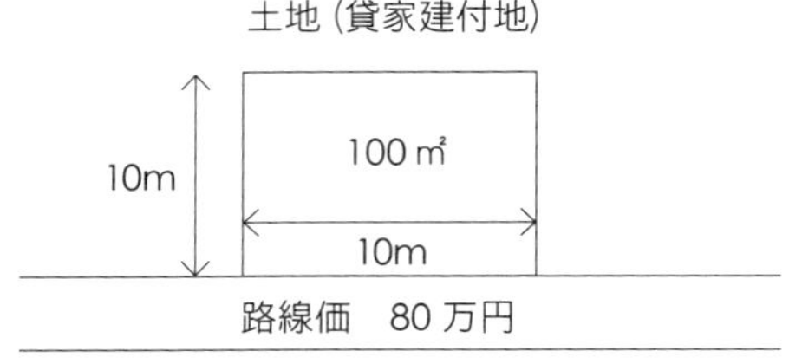

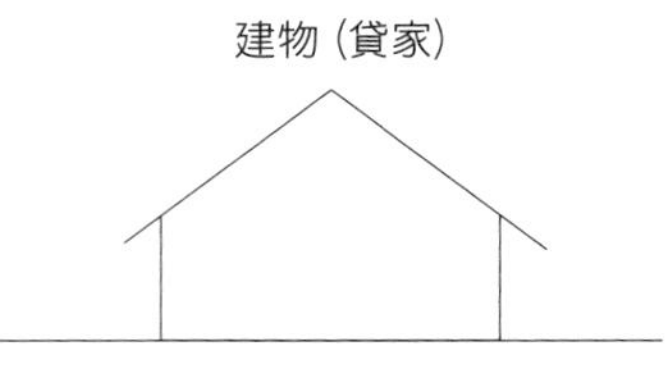

【上場株式】

4月1日の東京証券取引所の最終価格	1株250円　10万株
4月の同最終価格の月平均額	1株230円
3月の同最終価格の月平均額	1株240円
2月の同最終価格の月平均額	1株200円

(a)自宅の評価

・自宅土地

路線価　×　奥行価格補正率※　×　地積

＝100万円（路線価）×1.0×330㎡＝3億3000万円

※自宅土地は普通住宅地区であり、奥行が15ｍであるので奥行価格補正率は1.0である（巻末資料「奥行価格補正率表」参照）。

・自宅建物

500万円（固定資産税評価額）×　1.0　＝　500万円

・自宅全体

3億3000万円（自宅土地）＋　500万円（自宅建物）＝　**3億3500万円**

(b)アパートの評価

・アパート宅地

路線価　×　奥行価格補正率※　×　地積

＝80万円×1.0×100㎡＝8000万円

※アパート宅地は普通住宅地区であり、奥行が10ｍであるので奥行価格補

正率は1.0である（巻末資料「奥行価格補正率表」参照）。

土地の上には貸家が建っているので、貸家建付地として減額修正される。

8000万円×（1－（借地権割合0.6×借家権割合0.3））

＝6560万円

・アパート建物

固定資産税評価額　×（1－借家権割合）

＝1000万円×（1－0.3）＝700万円

・アパート全体

6560万円（アパート宅地）＋　700万円（アパート建物）＝　**7260万円**

(c)株式の評価

課税時期の最終価格、課税時期の属する月以前の3か月間の各月の毎日の最終価格の月平均額の最も低い価額は、2月の200円である。

200円×10万株＝**2000万円**

【遺産総額の相続税評価額】

自宅不動産　＋　アパート不動産　＋　上場株式

＝3億3500万円＋7260万円＋2000万円

＝**4億2760万円**

(5)　小規模宅地等の減額の特例の適用

ケース2において、自宅は配偶者乙が取得している。ここで注意しなければならないのは、自宅を配偶者が取得することによって、自宅の土地について、特定居住用宅地等として、小規模宅地等の減額の特例が適用され、宅地の評価額から80％が減額される点である（租特69条の4第3項2号）。

小規模宅地の特例は実務で最も利用される特例であり、これによって、相続税が大幅に減額されるので、その適用要件については十分、理解しておく必要がある。

詳しくは、その減額の対象となる宅地の範囲、減額金額の計算方法について、第2章2（27頁以下）を参照されたい。

ここでは、被相続人が相続の開始の直前において居住用または事業用等に供していた宅地について、相続人の生活基盤維持のため、一定の要件の下に減額の特例を受けることができる点を押さえていただきたい。

ケース２において、自宅の土地は、小規模宅地等の減額特例の適用を受ける結果、3億3000万円×0.8＝2億6400万円が減額される。

3億3000万円（自宅土地の評価） － 2億6400万円（小規模宅地等の減額）
＝ 6600万円

以上、相続財産の財産評価を終え、この評価額を基礎に、各人の相続税額を計算してみると次のようになる。

【第1ステップ　課税価格の計算】

乙の課税価格	不動産6600万円（自宅土地）＋500万円（自宅建物）	＝7100万円
丙の課税価格	不動産（アパート）	7260万円
丁の課税価格	上場株式	2000万円
	各人の課税価格の合計額	**1億6360万円**

【第2ステップ　相続税の総額】

各人の課税価格の合計額 － 基礎控除額※
＝1億6360万円－4800万円
＝1億1560万円（課税遺産総額）
※3000万円＋（600万円×3人）＝4800万円

乙の法定相続分の税額
1億1560万円×2分の1＝5780万円
5780万円×税率30％－700万円（控除額）＝1034万円（9頁速算表参照）

丙の法定相続分の税額
1億1560万円×4分の1＝2890万円
2890万円×税率15％－50万円（控除額）＝383万5000円（9頁速算表参照）

丁の法定相続分の税額
1億1560万円×4分の1＝2890万円
2890万円×税率15％－50万円（控除額）＝383万5000円（9頁速算表参照）

相続税の総額
乙の相続税額 ＋ 丙の相続税額 ＋ 丁の相続税額
＝1034万円＋383万5000円＋383万5000円＝**1801万円**

【第3ステップ　各人の相続税】

乙　相続税の総額　× $\frac{乙の課税価格}{課税価格の合計額}$ ＝1801万円× $\frac{7100万円}{1億6360万円}$

＝781万6075円

乙の取得額は遺産総額の2分の1以下なので、配偶者の税額軽減により相続税はゼロ

丙　相続税の総額　× $\frac{丙の課税価格}{課税価格の合計額}$ ＝1801万円× $\frac{7260万円}{1億6360万円}$

＝　799万2212円　→　**799万2200円**（100円未満は切捨て）

丁　相続税の総額　× $\frac{丙の課税価格}{課税価格の合計額}$ ＝1801万円× $\frac{2000万円}{1億6360万円}$

＝　220万1711円　→　**220万1700円**（100円未満は切捨て）

上述のケース2における各人の相続については、下記のような表にまとめることができる。

（単位：万円）

	項　目	合　計	乙	丙	丁
	居住用宅地	33,000	33,000		
	小規模宅地減額	▲26,400	▲26,400		
	居住用建物	500	500		
	アパート宅地	6,560		6,560	
	アパート建物	700		700	
	株　式	2,000			2,000
第1ステップ ▶	課税価格	16,360	7,100	7,260	2,000
第2ステップ ▶	基礎控除	▲4,800			
第3ステップ ▶	算出相続税額	1,800	781	799	220
	配偶者税額軽減	▲781	▲781		
	各人の相続税額	1,019	0	799	220

本章の各ステップ解説と併せ、第2章以降の各ケースにおける税額比較表理解の一助としていただきたい。

第2章

遺産分割と税務

はじめに

遺産分割に際し、遺産分割協議案どおりに遺産が分割された場合に、相続税や譲渡所得税がどのくらい課税されるか、あらかじめ試算する必要がある。相続人らから遺産分割協議の依頼を受けた弁護士は、相続人らの相続税の負担をいかに最少に留められるかという見地からも、遺産分割協議の内容について依頼者に対して適切なアドバイスをすることが要請される。遺産分割に際して税法上の考慮を欠いてしまうと、依頼者に対し、予想外の税負担を強いる結果となり、弁護過誤としての責任を問われかねない事態となる。弁護士といえども、遺産分割の処理にあたって、相続税や譲渡所得税等の税務の基本的知識は不可欠である。

本章においては、相続税の特例の中でも最も利用されている小規模宅地等の減額の特例、配偶者の税額軽減制度について、基本的な事項を解説するとともに、遺産分割協議の際に生じる税務上の問題点につき多数のケースをあげて、それぞれの分割案ごとに具体的な相続税額を示している。

また、相続財産のほとんどを不動産が占めるケースでは、換価分割や代償分割が必ずといってよいほど問題となる。換価分割と代償分割についても、実務上、問題となる税務上の論点につき、多数の具体例を掲げている。特に換価分割や代償分割においては不動産の売却が絡むので、事件処理にあたっては不動産売却に伴う譲渡所得税の知識が必要とされる。そこで、譲渡所得税の計算の方法や各種特例についても平易な解説を試みている。

そのほか、遺産分割協議に際して、つい見落としがちな債務の相続についても、相続税を軽減するためには誰がどのくらい債務を分担すればよいかという視点からも検討を行っている。

また、相続税額の計算は、財産評価が前提となる。財産評価で問題となる不動産の評価や非上場会社の株式の評価方法について、基礎的な考え方を解説し、各ケースで地積規模の大きな宅地や同族会社の株式などの具体的問題を取り上げた。

相続税の申告手続も、弁護士が遺産分割業を行うにあたり、直面する税務上の大きな問題点である。実務上、相続人間が争っている場合に、申告手続をいかに処理すべきか弁護士として悩ましいところである。本章は、相続税に関する諸制度を平板に解説するのではなく、弁護士が遺産分割協議書を作成する際の具体的な論点について、実務的な視点から有用となるよう心がけた。

1 遺産分割

(1) 遺産分割とは

相続が開始すると、各共同相続人は、その相続分に応じて被相続人の権利義務を承継する（民899条）。したがって、相続により財産を承継するために、遺産分割は必ずしも必要な手続ではない。

しかし、相続人が数人あるときは、相続財産はその共有に属するものとされるため（民898条）、権利を承継したといっても各相続人が自由に財産を使用収益することはできない。そこで、この共有状態を解消して、個々の財産を各相続人に帰属させる手続が遺産分割である。

(2) 遺産分割の基準と手続

遺産分割は、遺産に属する物または権利の種類および性質、各相続人の年齢、職業、心身の状態および生活の状況その他一切の事情を考慮して行うこととされている（民906条）。

遺産分割は、被相続人が遺言で分割方法を定めた場合や遺産分割を禁じた場合を除き、共同相続人間の協議により行う（遺産分割協議、民907条1項）。協議が整わない場合は、家庭裁判所に調停もしくは審判を申し立てることになる（民907条2項）。

(3) 遺産分割の方法

遺産分割には、現物分割、換価分割、代償分割の３つの方法がある。

ア　現物分割

現物分割とは、遺産を構成する個々の財産を、その形態を変えることなく相続人の間で分ける方法である。最も原則的な分割方法であり、特別な不都合がない限りは現物分割の方法を用いるのが一般的である。なお、一つの不動産を現物分割する場合には、土地の分筆や、建物の区分所有の登記を行うこともある。

イ　換価分割

換価分割とは、相続財産の全部または一部を換価して、その対価を相続人間で分割する遺産分割方法をいう（家事事件手続法194条参照）。相続財産を現物分割することが困難な場合や、相続税の支払原資を確保するため現金が必要な場合などに有効である。

換価分割の方法を選択する場合には、財産の売却を伴うため、相続税のほか譲渡所得税が課税される。譲渡所得税を失念していると、相続人が予期せぬ出費を負うことになり、また共同相続人間で誰が税金を負担するかで争いになるおそれもあるので、注意が必要である（詳細は75頁以下「5　換価分割による遺産分割」）。

ウ　代償分割

代償分割とは、相続人の1人が遺産の全部または一部を現物で取得して、代償金を支払うかまたは代償金支払債務を負担する方法をいう（家事事件手続法195条参照）。遺産の現物は特定の相続人が取得し、その他の相続人に対して代償金を支払うことで共同相続人間のバランスをとることになる。代償分割は、現物分割が困難な場合や、唯一の遺産である不動産を一部の相続人に承継させたい場合などに有用である。

代償分割をした場合、相続税の算定には代償金の金額も考慮される。ただし、代償金として支払った額面額がそのまま考慮されるわけではないことに注意が必要である（91頁以下「6　代償分割による遺産分割」）。

エ　遺産分割方法の選択について

遺産分割に際して、現物分割、換価分割、代償分割のいずれを選択するかは、事案によりケースバイケースであるが、いずれを選択するかにより相続人の負担する税負担が変わってくるので、遺産分割協議の際は、各分割方法にかかる税負担も考慮した上で、慎重に検討すべきである。

2　小規模宅地等の減額の特例を利用した遺産分割

(1)　特例の概要

生前に被相続人の居住用または事業用として使用されていた宅地は、同居する家族や、事業を継ぐ子の生活維持のために必要な場合が多いが、これらの相続に際して高額な相続税が課されてしまうと、相続人は、相続税を納めるために住居や事業用宅地を売却しなければならないという事態に陥る危険がある。そこで、このような事態を避けて相続人の生活を維持するため、被相続人または被相続人と生計を一にしていた親族の事業ないし居住の用に供されていた宅地等については、一定の要件の下、土地の評価額が限度面積の範囲まで最大80％減額されるという特例が設けられている。

宅地は、遺産の中でも高価な資産の一つであるので、この特例の適用を受けることができるか否かで相続税額が大きく変わることになる。そのため、遺産分割の際には、特例の適用要件を満たしているか否かに大いに注意すべきである。

(2)　特例の対象となる宅地

小規模宅地等の減額の特例の対象となるのは、相続または遺贈により取得した宅地のうち、相続開始の直前において、被相続人または被相続人と生計を一にしていた親族の事業ないし居住の用に供されていた宅地等（土地または土地の上に存する権利）である。「生計を一にする」とは、同居している場合のほか、単身赴任や就学、療養等のために別々の住居で生活している場合も含まれる（所基通達2-47)。

また、建物または構築物の敷地の用に供されている宅地に限られるため、更地には適用がない。そのため、賃貸用の駐車場についてこの特例の適用を受けるためには、アスファルトや車止めなどの構築物を設置しておく必要がある。

(3)　特例の区分

ア　特定事業用宅地等（租特69条の4第3項1号）

特定事業用宅地等とは、被相続人または被相続人と生計を一にする親族の事業

(貸付事業および相続開始前3年以内に新たに事業の用に供された一定の宅地等を除く)の用に供されていた宅地等をいう。この特定事業用宅地等にあたる場合、以下の要件を満たせば、宅地の評価額が面積400㎡までの限度で80%減額される。

区　分	要　件	限度面積	減額割合
被相続人の特定事業用宅地	①取得者が相続税の申告期限までに事業を承継し、かつその事業を継続すること ②取得者がその宅地等を相続税の申告期限まで保有継続すること	400㎡	80%
生計一親族の特定事業用宅地	①取得者が相続税の申告期限まで事業を継続すること ②取得者がその宅地等を相続税の申告期限まで保有を継続すること		

たとえば、被相続人が自己所有の宅地上に店舗を建てて八百屋を経営していた場合、被相続人の事業の用に供されていた宅地(特定事業用宅地)に該当する。この場合に、宅地を相続により取得した長男が相続開始を知った日の翌日から10か月以内に店を継ぎ、かつ店の営業と宅地の保有を相続税申告期限まで継続すれば、この八百屋の敷地である宅地の評価が80%減額されることになる。

また、被相続人の所有する宅地上で、生計を一にする同居の長男が八百屋の経営を行っていた場合には、生計一親族の事業に供している宅地(特定事業用宅地)にあたるので、長男が相続開始から10か月間事業を継続し、かつ相続税申告期限まで保有を継続すれば、同様に減額を受けることができる。

イ　特定居住用宅地等(租特69条の4第3項2号)

特定居住用宅地等とは、被相続人または被相続人と生計一親族の居住の用に供されていた宅地等をいう。なお、被相続人が複数の居宅を所有していた場合は、主として居住していた宅地のみが対象となる(租特施令40条の2第6項、7項)

この特定居住用宅地等に該当する場合、以下の取得者ごとの要件を満たせば、被相続人の親族が取得した部分については、限度面積330㎡まで80%減額される。

区　分	要　件		限度面積	減額割合
	取得者	取得者ごとの要件		
被相続人の居住用不動産	配偶者	－	330㎡	80％
	同居親族	申告期限まで引き続きその宅地等を所有し、かつその家屋に居住すること		
	別居親族	①相続開始前3年以内に、別居親族、その配偶者、3親等内親族、特別関係がある法人の持家（被相続人の居住用家屋を除く）に居住していないこと ②別居親族が居住している家屋を過去に所有していたことがないこと ③相続税申告期限まで宅地を保有すること ④被相続人の配偶者または同居の法定相続人がいないこと		
生計一親族の居住用不動産	配偶者	－		
	生計一親族	相続開始直前から相続税申告期限までその宅地を保有し、かつ家屋に居住すること		

■配偶者

配偶者が被相続人の居住用宅地を取得する場合、無条件で330㎡までの限度で80％減額される。

■同居親族

たとえば、被相続人と長男が2人で居住していた自宅を長男が取得する場合、申告期限まで所有および居住を継続すれば330㎡までの限度で80％減額になる。

■別居親族

たとえば、被相続人が1人で居住していた自宅を、3年より長い期間賃貸住宅に住んでいる長男と、持家に住んでいる二男のいずれかが相続する場合、長男が取得して相続開始を知った日の翌日から10か月間保有を継続すれば特例の適用を受け、土地の価額が80%減額されるのに対し、二男が相続すれば適用を受けられない（後記ケース3、ケース4参照）。

なお、被相続人が老人ホームに入所したことにより家屋が居住の用に供されなくなった場合に、特定居住用宅地等といえるかどうかは問題である。この場合、一定の要件を満たす場合（租特施令40条の2第2項、3項）には、被相続人の居住の用に供されていた宅地と評価して減額が適用される（後記ケース12参照）。

ウ　特定同族会社事業用宅地等（租特69条の4第3項3号）

特定同族会社事業用宅地等とは、被相続人またはその同族関係者の経営する法人の事業の用に供されていた宅地等をいう。この特定同族会社事業用宅地等にあたる場合、その法人の役員である親族が取得すれば、一定の要件の下で、限度面積400㎡まで、80%減額になる。

要　　件	限度面積	減額割合
①法人の発行済株式総数の50%超を被相続人または被相続人の親族等で保有していること ②その法人の役員である被相続人の親族が相続により宅地を取得したこと ③相続税の申告期限までその法人の役員であること ④相続税の申告期限までその宅地等を保有していること	400㎡	80%

なお、被相続人またはその生計一親族の事業用宅地等であることが前提なので、宅地を使用貸借ではなく、賃貸借していることが必要である（後記ケース7参照）。

■賃貸物件の場合

たとえば、被相続人所有の宅地を息子の経営する会社（被相続人または相続人で発行済株式の50%超を保有していること）に賃貸し、その会社が宅地上に社屋を建てて使用しているような場合、被相続人の死亡によりこの宅地を相続した息子が、相続開始を知った日の翌日から10か月間その法人の役員であり、かつ宅地の保有を継続すれば、限度面積400㎡まで80%の減額を受けることができる（後記ケース8参照）。

エ　貸付事業用宅地等（租特69条の4第3項4号）

貸付事業用宅地等とは、被相続人または生計一親族の貸付事業（事業と称するに至らない不動産の貸付け、その他これに類する行為で相当の対価を得て継続的に行うもの）の用に供されていた宅地等（相続開始前3年以内に新たに貸付事業の用に供された宅地等を除く[※1)]をいう。この貸付事業用宅地等にあたる場合、以下の要件を満たす被相続人の親族が取得すれば、限度面積200㎡まで、50％の減額となる。

※1）ただし、被相続人が相続開始の日まで3年を超えて引き続き貸付事業[※2]（事業と称するに至らない不動産の貸付等を除く）を行っていた場合には適用がある。

※2）租税基通69の4－24の4、所税通達26－9

区　分	要　件	限度面積	減額割合
被相続人の貸付事業用宅地	①貸付事業を相続税申告期限までに承継し、かつ継続すること ②その宅地等を相続税申告期限まで保有すること	200㎡	50％
生計一親族の貸付事業用宅地	①貸付事業を相続税申告の期限まで継続すること ②その宅地等を相続税の申告期限まで保有すること		

被相続人が、宅地上に賃貸用のマンションを建てて貸付事業を行っていたときは、この宅地を相続した長男は相続開始を知った日の翌日から10か月までに被相続人の貸付事業を承継し、かつ継続するとともに、この宅地の保有を継続すれば、限度面積200㎡まで50％の減額となる。

(4)　減額金額の計算

減額される金額は、宅地の評価額に、その総面積における限度面積の割合と、減額割合を乗じて計算される。

$$\text{減額金額} = \text{宅地等の評価額} \times \frac{\text{地積のうち限度面積までの部分}}{\text{総地積}} \times \text{減額割合}$$

たとえば、面積400㎡、評価額1億円の宅地が特定居住用宅地等にあたる場合、限度面積は330㎡、減額割合は80％であるので、減額金額は次のとおりとなる。

$$\text{減額金額} = 1\text{億円} \times \frac{330\,\text{㎡}}{400\,\text{㎡}} \times 80\% = 6600\text{万円}$$

なお、相続財産の中に貸付事業用宅地がある場合、すべての宅地に特例が適用されるわけではなく、原則として全体で限度面積までしか適用されない。この場合、限度面積に対する減額金額が最も高い宅地から特例を適用するのが最も節税となる（後記ケース9参照）。

ただし、特例の対象として選択する宅地等のすべてが特定事業用宅地等および特定居住用宅地等の場合は、それぞれの限度面積まで適用を受けることができる（後記ケース10参照）。

(5) 申告手続

小規模宅地等の減額の特例の適用を受けるには、相続税の申告期限内に相続税の申告書に一定の事項を記載し、かつ一定の書類を添付して、申告手続をすることが必要である。特例を適用した結果、遺産総額が基礎控除の範囲内となり、相続税額が0円である場合であっても、申告が必要なので、注意しなければならない。

(6) 遺産分割が未成立の場合

相続税の申告期限までに遺産分割がされていない宅地については、原則として、この特例の適用を受けることはできない（後記ケース39参照）。

しかし、申告期限までに分割されていない場合であっても、申告期限後3年以内に遺産分割が成立した場合には特例の適用を受けることができる。この場合には、申告期限内に、相続税の申告書に「申告期限後3年以内の分割見込書」を添付して提出しておく必要がある（巻末資料参照）。3年以内に遺産分割が完了しても、分割見込書を提出していない場合には特例の適用を受けられないことには注意を要する。未分割申告をした後、特例の適用を受ける手続は配偶者の税額軽減の適用と同じであるので、詳しくは54頁以下を参照されたい。

(7) 小規模宅地等の減額の特例適用において問題となる具体的ケースと相続税

ケース3：同居か別居か、これだけ違う相続税

被相続人甲の相続人は長男丙と二男丁である。甲は生前、丙と同居していたが丁とは別居であった。分割協議案は、甲の居住用不動産を丙が相続しそれ以外の預貯

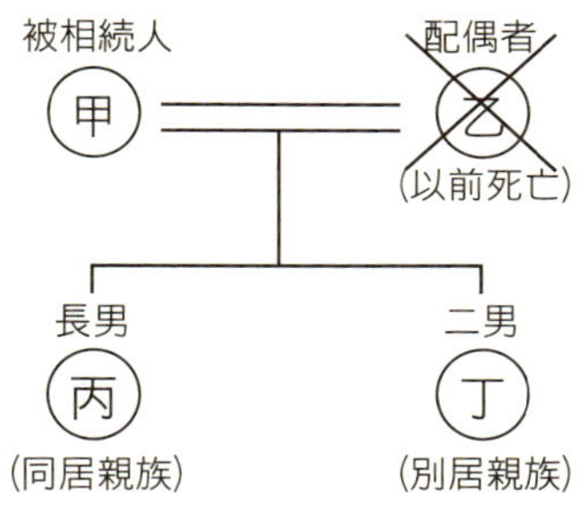

金およびその他の財産を丁が取得するというA案と、甲の財産をすべて丙と丁で1／2ずつ取得するというB案である。それぞれの案によると相続税額はどのようになるか。

【財産目録】

種　類	相続税評価額	備　考
居住用宅地	7000万円	地積150㎡
居住用建物	1000万円	甲および丙の居住の用に供されている
現金預金	4000万円	
その他の財産	4000万円	有価証券その他の財産
合　計	1億6000万円	

【遺産分割協議案】

Ａ案：丙が居住用宅地および建物を相続し、丁が現金預金およびその他の財産を相続する。

Ｂ案：丙および丁がすべての財産についてそれぞれ1／2ずつ相続する。

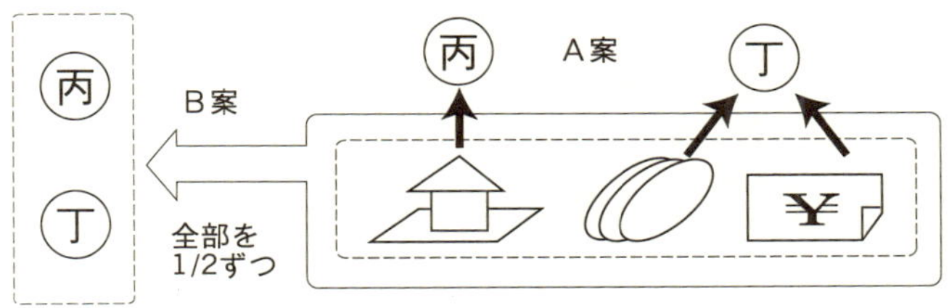

【A案B案比較】

上記のＡ案とＢ案の分割案により相続税額の計算に影響が生ずる部分は、居住用宅地等についての小規模宅地等の減額の特例の取扱いとなる。Ａ案では、取得者の丙が甲と同居親族であるため、丙が取得した宅地全体に対して80％減額の適用が受けられる。それに対して、Ｂ案では、丁は特定居住用宅地等の取得者要件を満たしていない（法定相続人である同居親族がいるなかで、別居親族が取得している）ため、丁が取得する宅地の1／2部分については80％減額の特例の適用が受けられない(租特69条の4第3項2号ロ)。したがって、B案では、下記税額表のとおり納付税額がA案と比較し増加する。取得する財産評価額が同様であっても小規模宅地等の減額の特例の適用の有無により全体で納める相続税額に差が生ずる場合があるので、小規模宅地等の減額の特例の適用に関連する遺産分割については注意が必要である。

■A案：宅地全体に「特定居住用宅地等」減額適用あり（限度面積内）

評価額　×（適用地積／総地積）×　減価割合

＝7000万円×（150㎡／150㎡）×80％＝5600万円

（単位：万円）

項　目	合計額	丙	丁
居住用宅地	7,000	7,000	
小規模宅地等減額	**▲5,600**	**▲5,600**	
居住用建物	1,000	1,000	
現金預金	4,000		4,000
その他の財産	4,000		4,000
課税価格	10,400	2,400	8,000
基礎控除額※	▲4,200		
相続税額	839	193	646

※3000万円＋（600万円×2人（法定相続人の数））＝4200万円

■B案：丙取得の75㎡に「特定居住用宅地等」減額適用あり（限度面積内）

7000万円×（75㎡／150㎡）×80％＝2800万円

（単位：万円）

項　目	合計額	丙	丁
居住用宅地	7,000	3,500	3,500
小規模宅地等減額	**▲2,800**	**▲2,800**	
居住用建物	1,000	500	500
現金預金	4,000	2,000	2,000
その他の財産	4,000	2,000	2,000
課税価格	13,200	5,200	8,000
基礎控除額	▲4,200		
相続税額	1,399	551	848

❶ポイント

被相続人の居住用宅地等は同居親族が取得すると80％減額の適用がある（被相続人に配偶者や同居親族がいながら別居親族が相続した場合はその取得部分には80％減額の適用はない）。

ケース4：別居親族でも借家住まいは適用あり

被相続人甲の相続人は、長男丙（甲とは別居で自身の持家に居住）、二男丁（甲とは別居で賃貸アパートに居住）の2人である。甲は居住用不動産、賃貸用不動産、現金預金を有している。甲の配偶者はすでに他界しており、甲は自宅で一人暮らしであった。丙および丁は甲が所有する居住用不動産、賃貸用不動産をそれぞれいずれか1つと現金預金は半分ずつ取得する旨を決めていた。下記のA案、B案のいずれかで分割協議書を作成する場合、相続税額はどのように変わるか。

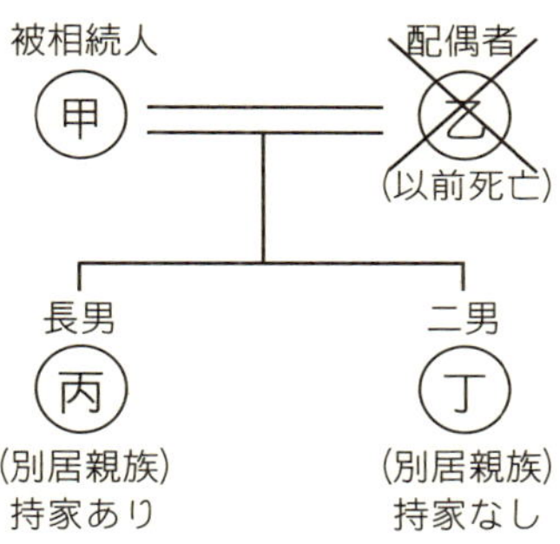

【財産目録】

種　類	相続税評価額	備　考
居住用宅地	1億円	地積400㎡
居住用建物	1000万円	甲のみが居住の用に供している
賃貸用宅地	1億円	地積400㎡
賃貸用建物	1000万円	
現金預金	1億円	
合　計	3億2000万円	

【遺産分割協議案】

A案：丙が居住用宅地、建物および現金預金5000万円を相続し、丁が賃貸用宅地、建物および現金預金5000万円を相続する。

B案：丁が居住用宅地、建物および現金預金5000万円を相続し、丙が賃貸用宅地、建物および現金預金5000万円を相続する。

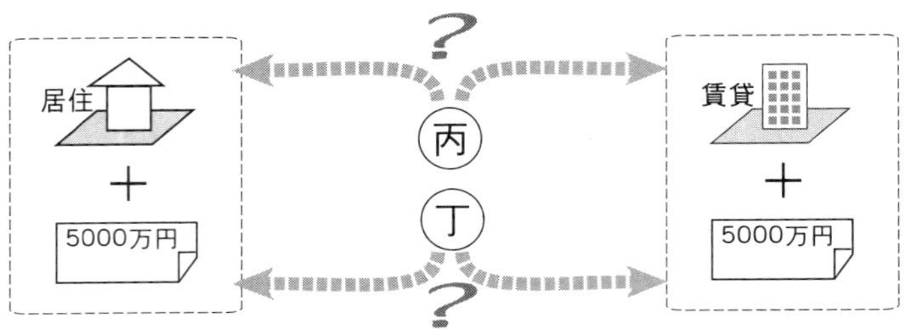

【A案B案比較】

A案の場合、甲の居住用宅地を相続する別居親族が持家のある丙であるため、特定居住用宅地等（330㎡限度の80%減額）に該当せず（租特69条の4第3項2号ロ）、丁が取得する賃貸用宅地について貸付事業用宅地等（200㎡限度の50%減額）として小規模宅地等の減額の特例が適用される。B案の場合、甲の居住用不動産を相続する別居親族が持家のない丁であるため、特定居住用宅地等に該当し、A案と比較すると減額金額が多くなる。甲の居住用宅地については、甲と同居する親族および甲の配偶者がいない場合、持家のない別居親族が取得することにより特定居住用宅地等に該当し、80%減額の適用が可能となる。

■A案：丁取得の賃貸用宅地に「貸付事業用宅地等」減額適用あり（200㎡限度、50%減額）

評価額　×（適用地積／総地積）×　減価割合
＝1億円×（200㎡／400㎡）×50%＝2500万円

（単位：万円）

項　目	合計額	丙	丁
居住用宅地	10,000	10,000	
居住用建物	1,000	1,000	
賃貸用宅地	10,000		10,000
小規模宅地等減額	**▲2,500**		**▲2,500**
賃貸用建物	1,000		1,000
現金預金	10,000	5,000	5,000
課税価格	29,500	16,000	13,500

基礎控除額※	▲4,200		
相続税額	6,719	3,644	3,075

※　3000万円＋600万円×２人（法定相続人の数）＝4200万円

■B案：丙取得の宅地に「特定居住用宅地等」減額適用あり（330㎡限度の80％減額）
1億円×330㎡／400㎡×80％＝6600万円

（単位：万円）

項　目	合計額	丙	丁
居住用宅地	10,000		10,000
小規模宅地等減額	**▲6,600**		**▲6,600**
居住用建物	1,000		1,000
賃貸用宅地	10,000	10,000	
賃貸用建物	1,000	1,000	
現金預金	10,000	5,000	5,000
課税価格	25,400	16,000	9,400
基礎控除額	▲4,200		
相続税額	5,080	3,200	1,880

❶ポイント

相続人（相続放棄者を含む）がすべて別居親族の場合（被相続人に配偶者がいないことが前提)、居住用宅地等は持家のない別居親族が相続すると申告期限までの所有継続を条件として80％減額が可能となる。

しかし、持家がある別居親族が取得した場合は減額の適用がない。

▣コラム――改正！別居親族として小規模宅地等の減額の特例を適用する道が狭くなった

被相続人の居住用宅地等を被相続人の別居親族が相続した場合の小規模宅地等の減額の特例の適用要件が、平成30年度の税制改正により厳しくなった。

被相続人の居住用宅地等は、残された相続人等にとっても生活基盤となる財産であることから、これに大きな税負担を与えることは好ましくないという趣旨から、一定の要件を満たす場合には評価額から80％の減額が認められている。したがって、被相続人の配偶者はもちろん、同居親族についても通常は適用されることになる。これに対し別居親族については、被相続人の居住用宅地等は現状では生活基盤ではない。しかし、その別居親族自身が、生活基盤といえるような家屋を所有していないのであれば、将来、その被相続人の居住用宅地等に居住することがあるかもしれない。そこでそのような別居親族のほかに、被相続人の配偶者や同居親族といった相続人がいないのであれば、その別居親族に同特例の適用を認めようということである。

改正前（平成30年3月31日以前の相続）
①被相続人に配偶者がいない ②被相続人と同居していた相続人がいない ③相続税の申告期限まで宅地等を保有している ④相続開始前3年以内にその別居親族またはその別居親族の配偶者が保有する家屋に居住したことがない

改正前は、具体的には、一人暮らしの親が亡くなった時に、被相続人の居住用宅地等を取得した子が3年間賃貸住宅に居住していれば適用されることになる。ただ規定上は、賃貸の相手は赤の他人でなければならないとは言っておらず、別居親族の配偶者以外の者から家屋を借りて居住しているのであれば、同特例の適用を受けることができてしまった。

例えば、子が「親が所有する家屋を借りて居住している」「子（被相続人の孫）が所有する家屋を借りて居住している」という場合も要件を満たす。これを逆手にとり、すでに自己の居住用家屋を所有する別居親族が、被相続人の生前に自己の居住用家屋を、「親に売却」したり、「子（親の孫）に贈与」したりして自己の持家をなくし、引き続きその親や孫から無償で家屋を借りて居住し続けることで、親の相続時に同特例を適用するという租税回避が見受けられるようになった。

平成30年度の税制改正により、平成30年4月1日以後の相続に関しては、要件が以下のように厳格になり、別居親族がいわゆる赤の他人の家屋に居住しているケース以外は適用されないことになった（ただし、経過措置により、平成30年3月31日時点で改正前の要件を満たしている場合には、令和2年3月31日までの相続により取得した宅地等については改正前の要件を満たしていれば適用することができる）。

改正後（平成30年4月1日以前の相続）
①被相続人に配偶者がいない ②被相続人と同居していた相続人がいない

③相続税の申告期限まで宅地等を保有している
④相続開始前３年以内に次のイ～ハが保有する家屋に居住したことがない
イ　その別居親族またはその別居親族の配偶者
ロ　その別居親族の３親等内の親族
ハ　その別居親族と特別の関係のある法人
⑤その別居親族が相続開始時に居住していた家屋を過去に所有したことがない

ケース５：共有持分、宅地全体の減額は認められない！

被相続人甲の相続人は、配偶者乙および別居している長男丙である。甲と乙の居住している宅地について乙と丙とで共有で取得する予定であるが、この場合の小規模宅地等の減額の特例の適用についてはどのようになるか。

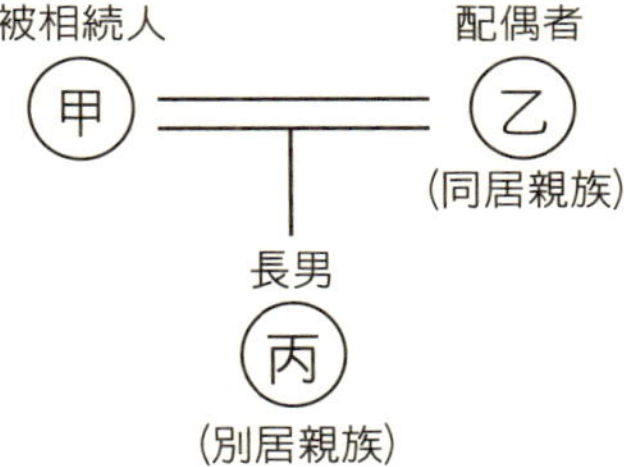

【財産目録】

種　類	相続税評価額	備　考
居住用宅地	1億2000万円	地積200㎡
居住用建物	3000万円	甲および乙の居住の用に供されている
合　計	1億5000万円	

【遺産分割協議案】

乙が居住用建物の全部、居住用宅地の１／２を相続し、丙が居住用宅地の１／２を相続する。

解　答

居住用宅地を共有で相続する場合の小規模宅地減額の特例の適用については、共有者ごとに適用の有無が判定される。共有持分の割合で減額の適用を受ける。

➊解　説

居住用宅地等を共有で相続する場合については、宅地等の共有取得者それぞれについて小規模宅地等の要件を判定することとなった。したがって本ケースでは丙について特定居住用宅地等の要件を満たさない（配偶者がいるなかでの別居親族取得）ため減額の適用はない。

■乙取得の宅地100㎡に「特定居住用宅地等」減額適用（330㎡限度の80%減額）

評価額　×　（適用地積／総地積）　×　減価割合

＝1億2000万円×（100㎡／200㎡）×80%＝4800万円

（単位：万円）

項　目	合計額	乙	丙
居住用土地	12,000	6,000	6,000
小規模宅地等減額	**▲4,800**	**▲4,800**	
居住用建物	3,000	3,000	
課税価格	10,200	4,200	6,000
基礎控除額	▲4,200		
算出相続税額	799	329	470
配偶者税額軽減	▲329	▲329	
相続税額	470	0	470

なお、平成22年度税制改正前では共有者の1名が特定居住用宅地等の要件を満たす場合、他の共有取得者が特定居住用宅地等の要件を満たしていなくても特定居住用宅地等に該当するものとして全体について80%減額が適用されていた。

ケース6：住居兼テナントビルを相続したら？

被相続人甲の相続人は長男丙である（配偶者乙はすでに死亡している）。甲はビルを1棟有しており、その最上階に丙と同居している。甲および丙の居住用部分以外はすべて賃貸用である。丙が当該ビルを相続により取得する予定だが、当該ビル用地について小規模宅地等の減額の特例は受けられるか。また、適用される小規模宅地等の区分はどのようなものか。具体的な相続税額はどのようなものか。

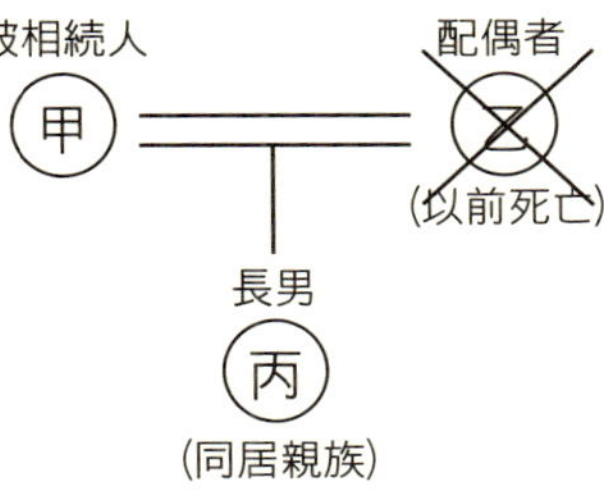

【財産目録】

種　類	相続税評価額	備　考
ビル用地	10億円	地積200㎡
建物（ビル）	3億円	10階建（最上階は甲と丙が居住の用に、1階～9階は賃貸の用に供している）　各階の床面積は同一である。
合　計	13億円	

【遺産分割協議案】

丙がビル用地および建物（ビル）を相続する。

解　答

ビル用地を相続する場合の小規模宅地等の減額の特例の適用については、各部屋の利用状況（被相続人居住・貸付事業）により個別に判定、適用される（ビル用地の一部が特定居住用宅地等に該当しても、宅地等全体に特定居住用宅地等は適用されない）。

特定居住用宅地等の減額

宅地の評価額　限度面積までの部分　総地積

10億円×（20㎡／200㎡）×80%＝8000万円……①

（20㎡ ← 200㎡×1／10＝20㎡（居住部分））

10億円×（180㎡／200㎡）×50%＝4億5000万円……②

（180㎡ ← 20㎡／330㎡＝6.06%（特定居住用宅地等の適用地積の限度面積の割合））

180㎡（賃貸部分）≦ 187.88㎡（貸付事業用宅地等の限度面積）
↑200㎡－20㎡　↑200㎡×（100％－6.06％）

よって、180㎡

①　＋　②　＝　5億3000万円（小規模宅地等の減額金額）

（単位：万円）

項　目	合計額	丙
ビル用地	100,000	100,000
小規模宅地等減額	**▲53,000**	**▲53,000**
建物（ビル）	30,000	30,000
課税価格	77,000	77,000
基礎控除額	▲3,600	
相続税額	33,170	33,170

解　説

ビルオーナーの居住部分に対する宅地等が特定居住用宅地等に該当する場合には、賃貸部分に対応する敷地は特定居住用宅地等ではなく貸付事業用宅地等として取り扱われる。

ケース7：会社から地代を取っていなかった！

被相続人甲が有している宅地の上には甲がオーナーを務める法人X（甲の100%出資会社）名義の建物（Xが自社の事務所として利用）が建っている。甲はXに使用貸借（無償）で宅地を貸しているが、この場合、小規模宅地等の減額の特例の適用は受けられるか。

解　答

被相続人の宅地等を使用貸借で貸している場合は、特定同族会社事業用宅地等または貸付事業用宅地等として小規模宅地等の減額の特例の適用を受けられない（生計一親族の事業用を除く）。

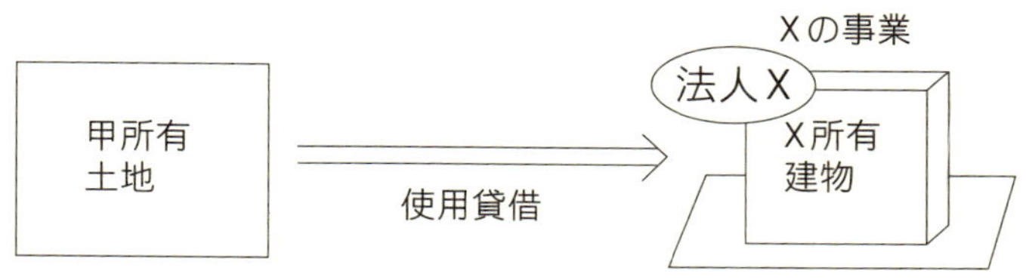

❶解　説

小規模宅地等の減額の特例の適用は、被相続人等の居住用宅地等または事業用宅地等（貸付事業用宅地等を含む）であることが前提である。生計一親族が事業用として利用している宅地等を除き、被相続人が同族会社に対し使用貸借で貸している宅地等について小規模宅地等の減額の特例の適用は受けられない。土地が個人所有、建物が法人所有である場合には、個人・法人間で土地賃貸借契約を締結し、個人が事業用宅地等として土地を運用することで特定同族会社事業用宅地等として小規模宅地等の減額の特例の適用を受けることが可能となる。使用貸借（無償または固定資産税相当額の授受）で貸し付けている宅地等については、事業用宅地等に該当しないため、小規模宅地等の減額の特例の適用がない。

ところで、個人が同族会社に土地を賃貸する場合は、地主は法人から通常の権利金を受け取らず、また相当地代にも満たない賃料を設定する場合が多い。この場合は、同族会社が個人である地主から借地権の贈与を受けたものと認定課税されるおそれがある。そこで、法人は「土地の無償返還に関する届出書」（巻末資料参照）を提出し、借地権の認定課税を回避することが必要となる。

【参考】土地の無償返還に関する届出書

土地の賃借取引の一方または双方が法人である借地契約について、「相当地代に満たない契約」「通常の権利金を授受しない契約」であるために発生する借地権の認定課税を回避するために提出するものをいう。この届出書は、土地所有者の所轄税務署長に2通提出し、届出書には土地賃貸契約書（無償返還条項の入ったもの）を添付する。

▣コラム――生計一親族に小規模宅地等の減額の特例の適用がある場合

生計一親族が小規模宅地等の減額の特例の適用を受ける場合、被相続人の所有する宅地等を生計一親族が事業用または居住用として利用していることが前提となるため生計一親族が被相続人の土地もしくは土地の上に存する建物を使用貸借で借り受けていることが必要となる。

①生計一親族の事業用宅地等（被相続人甲、生計一親族丙の例）

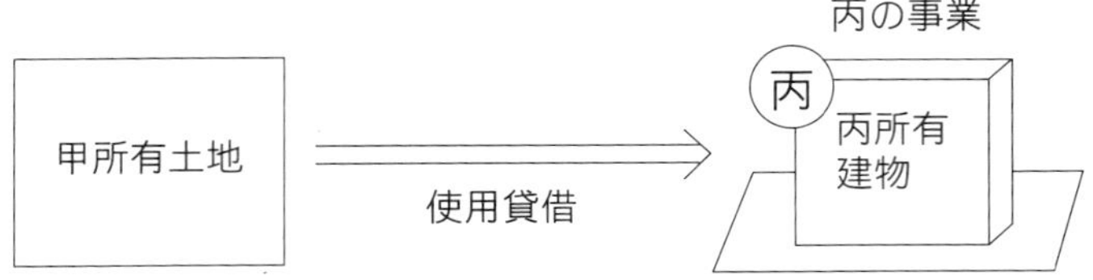

甲が宅地等を使用貸借で丙に貸し付け、丙が建物を所有し事業を行っている

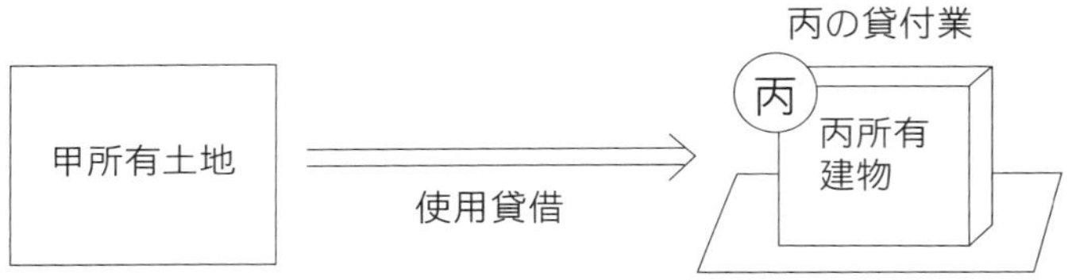

甲が宅地等を使用貸借で丙に貸し付け、丙が建物を所有し建物を不動産貸付している

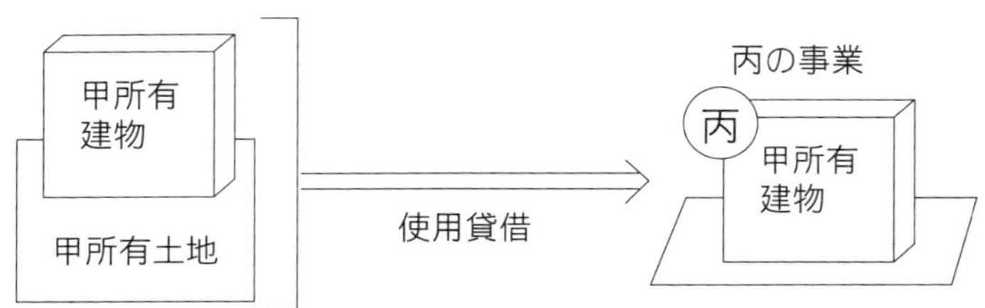

甲が宅地等・建物を所有し建物を使用貸借で丙に貸し付け、丙が建物を事業の用に供している

②生計一親族の居住用宅地等（被相続人甲、生計一親族丙の例）

甲が宅地等を使用貸借で丙に貸し付け、丙が建物を所有し居住している

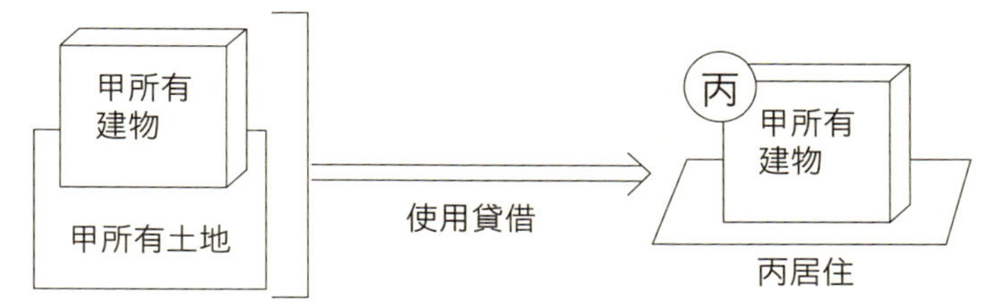

甲が宅地等、建物を所有し建物を使用貸借で丙に貸し付け、丙が建物を居住の用に供している

ケース8：会社の役員でない者が相続してしまった！

被相続人甲が有している宅地の上には甲がオーナーを務める法人X（甲の100%出資会社）名義の建物（Xが自社の事務所として利用）が建っている。甲は賃貸借（通常の賃貸相場）によりXに宅地を賃貸している。甲の配偶者はすでに他界しており、甲の相続人は長男丙（Xの役員）および二男丁（Xの役員ではなく今後の就任予定もない）である。丁が敷地を相続する場合、小規模宅地等の減額の特例の適用を受けることができるか。

解　答

丁について適用はない。特定同族会社事業用宅地として小規模宅地等の減額の特例の適用を受けたい場合は被相続人の土地を同族会社の役員（相続後申告期限までに役員に就任した者を含む）である相続人丙が取得する必要がある。

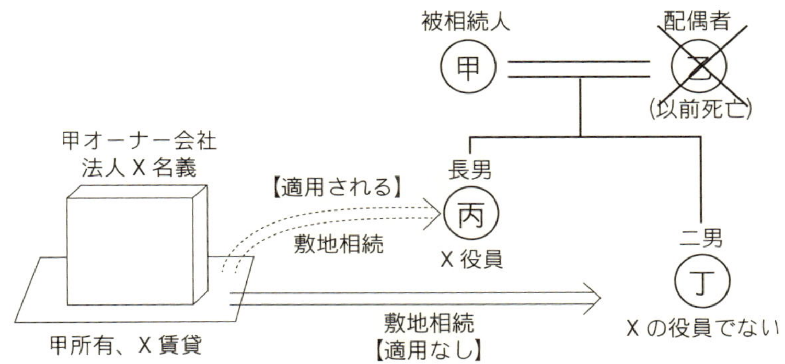

❶解　説

特定同族会社事業用宅地等に該当するためには、宅地等を取得した親族が申告期限においてその法人の役員である等一定の要件を満たす必要がある（租特69の4第3項3号、租特施規23条の2第4項）。仮に、丙および丁がXの所有する建物の敷地を半分ずつ相続した場合、丙が取得する部分については特定同族会社事業用宅地等に該当し80％減額の適用を受けることができるが、丁が取得する部分については特定同族会社事業用宅地等ではなく貸付事業用宅地等となり50％減額の適用となる。丙が敷地全部を相続した場合は、宅地の全部が特定同族会社事業用宅地等に該当するため、全体に対して80％減額の適用を受けることができる。

ケース9：小規模宅地をたくさん相続したけれど……

A宅地（地積165㎡、相続税評価額8250万円）は特定居住用宅地等に該当し、B宅地（地積100㎡、相続税評価額3000万円）およびC宅地（地積100㎡、相続税評価額7200万円）は貸付事業用宅地等に該当する。相続人は1人である。

この場合、小規模宅地等の減額の特例はすべての宅地に適用されるか。仮にすべての宅地に適用できないとすれば、どの宅地から適用すれば相続税額の計算上有利となるか。

解　答

貸付事業用宅地等はすべての宅地に適用されるわけではない。小規模宅地等の減額の特例は、全体で限度面積までしか適用を受けられない。したがって、単価の高い土地から適用することにより全体の相続税額を抑えられる。

❶解　説

特定居住用宅地等と貸付事業用宅地等がある場合、それぞれの区分ごとに限度面積まで適用を受けられるわけではない。全体の宅地等で限度面積までしか適用を受けることができない。減額金額を最も大きくするための手順は、①限度面積に対する減額金額の高いものから選択する（適用順序を決める)、②区分ごとの限度面積を100％と考えて、適用地積の限度面積に対する割合を計算し、100％の枠内で減額を適用する。

特定居住用宅地等と貸付事業用宅地等がある場合は、それぞれの限度面積を100％と考え、その限度面積のうちに適用地積が何％であるかを計算し、100％の枠内で特例を適用する。特定居住用宅地等が165㎡である場合は、特定居住用宅地等が165㎡／330㎡の50％に特例が適用されたため、残りの50％に貸付事業宅地等の限度面積200㎡を乗じた地積が適用地積となる。

①　適用順序を決める

①－1　A宅地

特定居住用宅地等

（限度330㎡、減額割合80％）

8250万円×（330㎡／165㎡）×80％＝1億3200万円

①－2　B宅地

貸付事業用宅地等

（限度200㎡、減額割合50％）

3000万円×（200㎡／100㎡）×50％＝3000万円

①－3　C宅地

貸付事業用宅地等

（限度200㎡、減額割合50％）

7200万円×（200㎡／100㎡）×50％＝7200万円

↓

限度面積を適用した場合の減額金額の高いA－C－Bの順に適用

②　適用金額の算出

②－1　A宅地

50％

8250万円×（165㎡／165㎡）×80％＝6600万円

<適用地積165㎡／限度面積330㎡＝50％（適用済）>

残割合50％

②－2　C宅地

<限度面積200㎡の50％→100㎡まで適用可能>

7200万円×（100㎡／100㎡）×50％＝3600万円

◎小規模宅地減額＝②－**1**＋②－**2**＝1億200万円

ケース10：居住用の宅地と事業用の宅地2つ合わせて減額OK？

A宅地（地積440㎡、相続税評価額4800万円）は特定居住用宅地等に該当、B宅地（地積500㎡、相続税評価額3000万円）が特定事業用宅地等に該当する。相続人は1人である。この場合の小規模宅地等の減額の特例はどのように適用されるか。

解 答

Ａ宅地（特定居住用宅地等）およびＢ宅地（特定事業用宅地等）についても適用がある。

解 説

特例の対象として選択する宅地等のすべてが特定事業用等宅地等および特定居住用宅地等である場合には、それぞれの限度面積まで適用可能となる。なお、貸付事業用宅地等を選択する場合における適用対象面積の計算については、200㎡を限度として調整を行うこととする。

・**適用金額**

A宅地　4800万円×（330㎡／440㎡）×80％＝2880万円……イ

B宅地　3000万円×（400㎡／500㎡）×80％＝1920万円……ロ

イ＋ロ＝4800万円

ケース11：特例を使いたい相続人がたくさんいる!?

被相続人甲の所有する財産のうちに小規模宅地減額の適用を受ける宅地等が複数あり、かつ、複数の相続人が小規模宅地等の減額の特例の適用が可能な宅地等を取得する場合、遺産分割協議において注意する点はあるか。

解 答

相続人間の話合いによる。複数の相続人等が小規模宅地等の減額の適用が受けられる宅地を取得した場合は、減額の適用を受けた者と受けなかった者で税額が異なるため、相続人全員が納得した上で適用順序を決めることが重要である。

解 説

ケース９で確認したとおり、小規模宅地等については全体の宅地等について限度面積があるため、複数の相続人等が取得した宅地等の地積の合計がその限度面積を超える場合は適用対象となる相続人等全員が適用を受けることができない。限度面積の範囲内で減額金額が一番高くなる宅地等から適用することで相続税の総額は低くなる。しかし、各相続人等の税額は小規模宅地等の減額の特例適用後の課税価格によって相続税の総額を按分するため、適用した相続人等の税額は他の相続人の税額と比較して低くなる可能性があるため、誰から適用するかは相続税額も踏まえて決定する必要がある。相続税の申告書では第11・11の２表の付表１（巻末資料申告書参考）で小規模宅地等の減額の特例の適用が可能な者全員が同意をする欄がある。申告後にトラブルが生じないよう、あらかじめ相続人等間で確認を交わすことになっている。

ケース12：老人ホームに入居していても「居住用」宅地？

被相続人甲は、甲が所有する家屋に居住していたが、3年前より有料老人ホームに入居しており、相続開始直前においてはこの家屋には誰も住んでいない状況であった（相続開始時点において被相続人は介護保険法に規定する要介護認定を受けていた）。この場合、以前住んでいた家屋の敷地は甲の居住用宅地等に該当し、特定居住用宅地等として小規模宅地等の減額の特例の適用を受けることができるか。

解　答

特定居住用宅地等に該当し、小規模宅地等の減額の特例の適用を受けることができる。

解　説

被相続人の所有する宅地が特定居住用宅地等に該当するためには、宅地が被相続人等の居住の用に供されていることが前提となる。被相続人が老人ホームに入居することによって空家になった場合には、家屋が居住用に該当するか否かが問題となる。

なお、平成26年1月1日以降の相続については、次の要件を満たす場合は、被相続人が老人ホームに入所したことにより被相続人の居住の用に供されなくなった家屋の敷地の用に供されていた宅地等は相続開始直前において被相続人の居住の用に供されていたものとして、特例を適用する（租特施令40条の2第2項、3項）。

①介護保険法に規定する要介護認定または認定支援を受けていた被相続人が有料老人ホーム等に入居または入所していたこと

②当該建物を事業の用（貸付も含む）または被相続人等以外の者の居住の用に供していないこと

したがって、特例の適用にあたって、老人ホームに入所する際介護が必要であるという要件はなくなった。

平成25年12月31日以前の相続については、下記に掲げる状況が客観的に認められるときに限り被相続人の居住用に該当するものとして差し支えない。

①被相続人の身体または精神上の理由により介護を受ける必要があるため、老人ホームへ入所することとなったものと認められること。
②被相続人がいつでも生活できるようその建物の維持管理が行われていたこと。
③入所後あらたにその建物を他の者の居住の用その他の用に供していた事実がないこと。
④その老人ホームは、被相続人が入所するために被相続人またはその親族によって所有権が取得され、あるいは終身利用権が取得されたものでないこと。

ケース13：二世帯住居に居住している相続人は「同居」の親族？

被相続人甲の相続人は、配偶者乙と長男丙である。甲および乙が1階部分に居住し丙家族が2階部分に居住している1棟の建物（1階および2階部分は構造上区分されており中で往来ができず、玄関も別々のものである）がある。建物は区分所有登記されておらず、1階2階に甲と丙の共有登記がなされている。宅地については、全体が甲の所有である。丙が宅地および建物を相続する予定だが、この場合、小規模宅地等の減額の特例の適用はあるか。

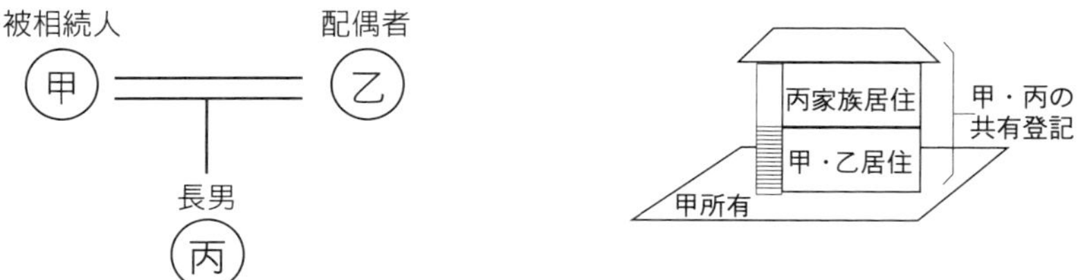

解　答

小規模宅地等の減額の特例を受けることができる。〔ただし、平成25年12月31日以前の相続については適用を受けることができない。〕

解　説

平成26年1月1日以降の相続については1棟の二世帯住居で構造上区分のあるものについて、被相続人およびその親族が各独立部分に居住していた場合には、その親族が相続または遺贈により取得したその敷地の用に供されていた宅地等のうち、被相続人およびその親族が居住していた部分に対応する部分が特例の対象となる（ただし区分所有登記のある場合は除く）。したがって、本ケースの場合は、宅地すべてについて特定居住用宅地等に該当するものとして小規模宅地等の減額特例の適用がなされる。

平成25年12月31日以前の相続については、構造上区分された家屋の各々に被相続人および親族が居住している場合には一定の基準により被相続人と同居していた親族かどうかを決定する。租税特別措置法通達69の4-21によると、甲の居住部分と構造上区分された部分に居住する親族が同居親族であると認められるには①被相続人の配偶者がいないこと、および②被相続人と同居（共に起居）する法定相続人がいないことのいずれをも満たすことが条件となる。本ケースでは配偶者がいるため丙は租税特別措置法69条の4第3項2号イに規定する同居親族には該当せず、小規模宅地等の減額の適用がされる別居親族にも該当しない（租特69条の4第3項2号ロ）ため、取得する敷地の全部について小規模宅地等の減額の特例が適用されない。

3 配偶者の税額軽減制度を利用した遺産分割

(1) 趣　旨

被相続人の配偶者は、遺産の形成に寄与していることが多く、また配偶者自身の相続後の生活保障を図る目的からも、配偶者の税額は大幅に軽減する措置が講じられている。また、そもそも相続税は、被相続人からみて次世代への財産の継承について課税するものと考えられるところであり、被相続人と同世代である配偶者へ財産が移転されても、この財産は、いずれは次世代に引き継がれるものであるという点も考慮されているといえよう。

(2) 計算式

配偶者の税額軽減制度を利用すると、配偶者については、相続税の課税価格が法定相続分を下回る場合には、取得額にかかわらず相続税は課税されないこととされ、また、課税価格が法定相続分を上回る場合でも、その額が1億6000万円以下の場合には相続税は課税されない（相税19条の2第1項）。

配偶者の税額軽減額は、次の計算式により算出する。

課税価格A、算出相続税額B、配偶者の課税価格C

配偶者軽減税額

$$= \quad B \times \frac{[「A\times法定相続分」or「1億6000万円」の大きいほう]と[C]の少ないほう}{A}$$

■法定相続分が1億6000万円を超える場合（法定相続分が2億円のケース）

この場合、配偶者の課税価格（配偶者が取得する正味の遺産額）が1億6000万円を超えても法定相続分を超えない場合には相続税がかからず、法定相続分（このケースでは2億円）を超えた場合に、超える部分に相続税がかかる。

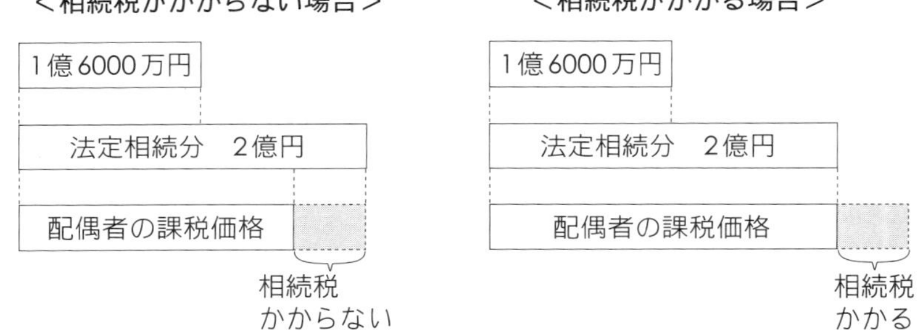

【計算例①】　課税価格の合計額4億円、配偶者の課税価格3億円の場合

上記の軽減額算出式を参照すると、本例において、

課税価格の合計額(A)＝4億円

配偶者の課税価格(C)＝3億円

これを算出式にあてはめる。

まず、算式の分子を考えると、

A　×　配偶者の法定相続分　＝4億円×1／2＝2億円＞1億6000万円

であるため、大きいほうの2億円と配偶者の課税価格(C)を比較する。

2億円　＜　3億円

そこで、算式の分子に2億円をあてはめる。

$$配偶者軽減税額 \quad = \quad 相続税の総額 \quad \times \quad \frac{2億円}{相続税の課税総額計\quad 4億円}$$

■法定相続分が1億6000万円を超えない場合（法定相続分が1億5000万円のケース）

この場合、配偶者の課税価格が法定相続分を超えても1億6000万円を超えない場合には相続税がかからず、1億6000万円を超えた場合に、超える部分に相続税がかかる。

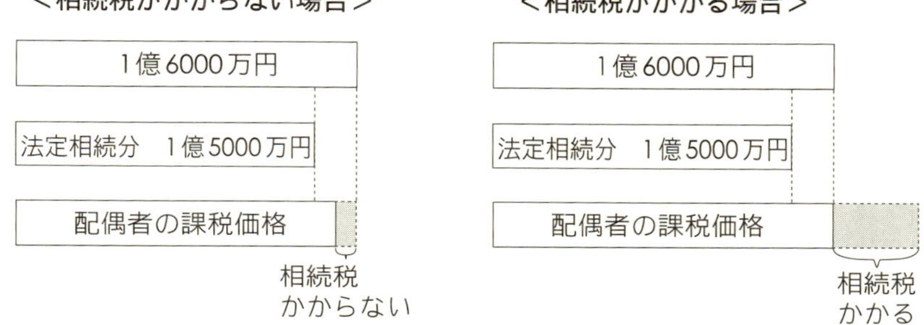

【計算例②】　相続税の課税価格の合計額3億円、配偶者の課税価格2億円の場合

前ページの軽減額算出式を参照すると、本例において、

課税価格の合計額(A)＝3億円

配偶者の課税価格(C)＝2億円

これを算出式にあてはめる。

まず、算式の分子を考えると、

A　×　配偶者の法定相続分　＝3億円×1／2＝1億5000万円＜1億6000万円

であるため、大きいほうの1億6000万円と配偶者の課税価格2億円を比較する。

1億6000万円　＜　2億円

そこで、算式の分子に1億6000万円をあてはめる。

$$\text{配偶者軽減税額} = \text{相続税の総額} \times \frac{\text{1億6000万円}}{\text{相続税の課税総額計}\quad\text{3億円}}$$

▣コラム―― 一次相続の際に二次相続について考慮すべき事情

一次相続の分割を考える際に、二次相続における税額を考慮しながら配偶者と子供への財産配分を行わなければならない。たとえ一次相続において配偶者の税額軽減の制度をフルに活用して相続税を少なくしたとしても、二次相続で多額の相続税を負担することになれば結果として節税効果を発揮できないことになる。一次相続において配偶者税額軽減制度および小規模宅地等減額の特例の適用を有効に使いながら、二次相続における相続税を試算し、トータルとしての相続税額が少なくなるよう検討すべきである（後記ケース14、ケース15、3章遺言ファイル4参照）。減額特例のほかに二次相続で考慮すべき事情として、次の点をあげることができる。

①将来値上がりの予想されるもの→子が相続
②将来値下がりの予想されるもの→配偶者が相続
③一次相続のための納税用土地・建物→子が相続
④二次相続のための納税用土地・建物→配偶者が相続（二次相続で子が相続税の取得費加算をとるため）

(3) 申告手続

配偶者の税額軽減制度の適用を受けるには、原則として、相続税の申告期限までに申告書を提出しなければならない。この際、相続税の申告書に、この制度の適用を受ける旨と軽減額の計算に関する明細を記載し、所定の書類を添付する（相税19条の2第3項）。添付すべき書類は、遺言書の写し、遺産分割協議書その他の財産の取得状況を証する書類である（相施規1条の6第3項）。

(4) 仮装・隠ぺい

税務調査等により、相続等により財産を取得した者が、被相続人の財産を仮装・隠ぺいした事実が明らかになった場合には、その財産にはこの特例は適用できない（相税19条の2第5項、6項、後記ケース16参照）。

(5) 遺産分割が未成立（未分割）の場合

配偶者の税額軽減は、原則として、相続税の申告期限までに分割されている財産に限って適用される（相税19の2第2項）。したがって、申告期限までに配偶者について遺産分割が成立していることを要する（後記ケース44参照）。

しかし、申告期限までに分割されていない場合であっても、申告期限後3年以内に遺産分割が成立して配偶者が取得する財産が確定した場合には特例の適用を受けることができる。この場合には、申告期限内に、相続税の申告書に「申告期限後3年以内の分割見込書」（巻末資料参照）を添付して提出しておく必要がある。3年以内に遺産分割が完了しても、分割見込書を提出していない場合には特例の適用を受けられないことには注意を要する。

特例の適用を受ける場合、配偶者は、いったん特例適用前の相続税を納付したうえで、遺産分割が完了した日から4か月を経過する日（この日が申告期限から1年を経過する日の前に到来する場合には、申告期限から1年を経過する日）までに「更正の請求」により相続税の減額を求めて、還付を受けることとなる。

さらに、3年を過ぎても、相続または遺贈に関して訴えの提起がされたことなどその他一定の特別の事情により遺産分割ができない場合には、申告期限後3年を経過する日の翌日から2か月を経過する日までに、「遺産が未分割であることについてやむを得ない事由がある旨の承認申請書」を提出する。これについて税務署長の承認を受けた場合、特別の事情が止んでから4か月以内に更正の請求をして特例の適用を受けることが可能である。

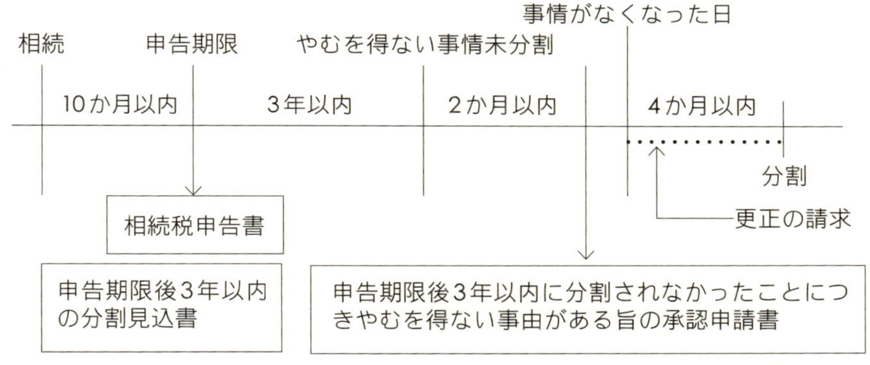

(6) 配偶者税額軽減制度において問題となる具体的ケースと相続税

ケース14：二次相続にご注意！

被相続人甲の相続人は配偶者乙と長男丙である。甲の遺産は甲、乙および丙が同居していた居住用不動産および預貯金1億円である。乙、丙ともに今回納付する相続税の負担を極力減らしたいので、乙がすべて相続する旨の分割協議案（A案）を考えているが、二次相続も踏まえ乙と丙がそれぞれ相続するB案も検討している。それぞれの案によれば、一次二次の税額はどのようになるか（二次相続の税額計算では乙の従前の財産はないものとし、乙が甲から相続した財産をそのままの価額で丙が承継すると仮定する）。

【財産目録】

種　類	相続税評価額	備　考
居住用宅地	1億5000万円	地積200㎡
居住用建物	5000万円	甲、乙および丙の居住の用に供されている
現金預金	1億円	
合　計	3億円	

【遺産分割協議案】

A案：乙が遺産のすべてを相続する。

B案：乙が現金預金のうち6000万円を相続し、丙が居住用宅地、建物および現金預金のうち4000万円を相続する。

【A案B案比較】

A案の場合は、配偶者の税額軽減を最大限使うことができるため、一次相続の税額は抑えられるが、二次相続（乙の相続）では相続税が発生することが予想される。B案では、配偶者の税額軽減を限度額まで使えないため、一次相続の税額は発生するが、二次相続では相続の基礎控除額以下となるため相続税が発生しない。

■A案

（単位：万円）

項　目	合　計	乙	丙
居住用宅地	15,000	15,000	0
小規模宅地等減額※1	▲12,000	▲12,000	0
居住用建物	5,000	5,000	0
現金預金	10,000	10,000	0
課税価格	(A)　18,000	(C)　18,000	0
基礎控除額	▲4,200		
算出相続税額	(B)　2,740	2,740	0
配偶者税額軽減※2	**▲2,435**	**▲2,435**	0
相続税額	305	305	0

※1）1億5000万円×200㎡／200㎡×80％＝1億2000万円

（居住用宅地等減額、限度200㎡、割合80％）

※2）配偶者税額軽減

課税価格A、算出相続税額B、配偶者の課税価格C

配偶者軽減税額

$$= B \times \frac{[「A \times 法定相続分」 or 「1億6000万円」の大きいほう] と [C] の少ないほう}{A}$$

1億8000万円×1／2＜1億6000万円、1億6000万円＜1億8000万円なので

2740万円 × (1億6000万円／1億8000万円) ≒ 2435万円

二次相続……被相続人＝乙

項　目	合　計	丙
居住用宅地	15,000	15,000
小規模宅地等減額※	▲12,000	▲12,000
居住用建物	5,000	5,000
現金預金	10,000	10,000
課税価格	18,000	18,000
基礎控除額	▲3,600	
相続税額	4,060	4,060

※1億5000万円×200㎡／200㎡×80％＝1億2000万円

(居住用宅地等減額・限度200㎡、割合80％)

◎一次二次合計相続税額

305万円 ＋ 4060万円 ＝ 4365万円

■B案

一次相続……被相続人＝甲

(単位：万円)

項　目	合　計	乙	丙
居住用宅地	15,000		15,000
小規模宅地等減額※1	▲12,000		▲12,000
居住用建物	5,000		5,000
現金預金	10,000	6,000	4,000
課税価格	(A) 18,000	(C) 6,000	12,000
基礎控除額	▲4,200		
算出相続税額	(B) 2,739	913	1,826
配偶者税額軽減※2	**▲913**	**▲913**	―
相続税額	1,826	0	1,826

※1）1億5000万円×200㎡／200㎡×80％＝1億2000万円
（居住用宅地等減額・限度200㎡、割合80％）

※2）配偶者税額軽減
課税価格A、算出相続税額B、配偶者の課税価格C
配偶者軽減税額

＝　B×　［「A×法定相続分」or「1億6000万円」の大きいほう］と［C］の少ないほう ／ A

1億8000万円×1／2＜1億6000万円、1億6000万円＜6000万円なので
2740万円　×　（6000万円／1億8000万円）　≒　913万円

二次相続……被相続人＝乙

項　目	合　計	丙
現金預金	6,000	6,000
課税価格	6,000	6,000
基礎控除額	▲3,600	
相続税額	310	310

◎一次二次合計相続税額

1826万円　＋　310万円　＝　2136万円

➊解　説

A案は一次相続では305万円と税額が抑えられるが、二次相続では相続人が1名であるため基礎控除額が下がったうえに税率も上がり4060万円の税負担が生ずる。B案では一次相続では1826万円の税負担が生ずるが二次相続では相続税額は310万円となる。一次二次相続税額合計ではB案のほうが有利となる。

➊ポイント

被相続人に配偶者がいる場合は配偶者相続時（二次相続）の税額も踏まえて分割を決定する。通常は一次相続のほうが相続人の数が多いため同額の財産移転でも適用される税率が二次相続より抑えられる可能性が高い。

配偶者の相続時点の財産が基礎控除額以下となる場合は二次相続での税額は発生しない。

ケース15：ダブルで特例の恩恵が受けられる分割案

被相続人甲の遺産は居住用不動産（宅地（660㎡）3億円、建物1000万円）および現金預金1億円（金額はいずれも相続税評価額）である。相続人である配偶者乙と長男丙は甲とともに居住していた。二次相続を考慮した場合、税務上、どのような遺産分割案が妥当か。

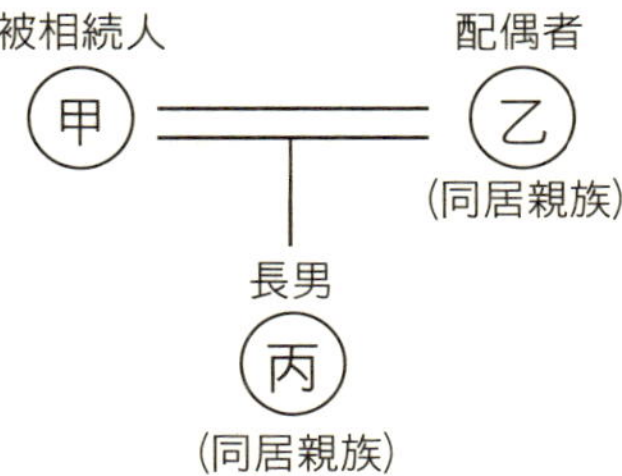

【財産目録】

種　類	相続税評価額	備　考
居住用宅地	3億円	660㎡
居住用建物	1000万円	甲、乙および丙の居住の用に供されている
現金預金	1億円	
合　計	4億1000万円	

【遺産分割協議案】

A案：居住用建物および現金預金を乙、宅地を丙が相続する。

B案：居住用宅地、居住用建物を乙および丙で1／2ずつ相続し、現金預金については丙が相続する。

【A案B案比較】

A案では、小規模宅地等の減額の特例の適用を全体の相続を通じて1度しか受けることができず、配偶者の税額軽減制度も限度額まで使用できないため一次二次相続の合計額が最大となる。B案については、一次相続において乙が二次相続で限度額まで小規模宅地等の減額の特例の適用を受けられることが可能な宅地地積を取得しているため、一次二次相続全体を通じて小規模宅地減額が限度面積まで適用が可能となる。また、B案の一次相続については、乙と丙で半分ずつ適用する①と、丙で限度面積まで適用する②の方法があるが、②の方法は配偶者の税額軽減制度を限度額まで適用し小規模宅地減額についても限度額まで適用しているため、①の方法と比較し税額が減少する結果となる。

■A案

一次相続……被相続人＝甲

（単位：万円）

項　目	合　計	乙	丙
居住用宅地	30,000		30,000
小規模宅地等減額※1	▲12,000		▲12,000
居住用建物	1,000	1,000	0
現金預金	10,000	10,000	0
課税価格	(A)　29,000	(C)　11,000	18,000
基礎控除額	▲4,200		
算出相続税額	6,519	2,473	4,046
配偶者税額軽減※2	(B)　**▲2,473**	**▲2,473**	—
相続税額	4,046	0	4,046

※1）3億円×330㎡／600㎡×80%＝1億2000万円

（居住用宅地等減額・限度330㎡、割合80%）

※2）配偶者税額軽減

課税価格A、算出相続税額B、配偶者の課税価格C

配偶者軽減税額

$$= B \times \frac{［「A\times法定相続分」or「1億6000万円」の大きいほう］と［C］の少ないほう}{A}$$

2億9000万円×1／2＜1億6000万円、1億6000万円＞1億1000万円　なので

6519万円×（1億1000万円／2億9000万円）≒2473万円

二次相続……被相続人＝乙

項　目	合　計	丙
居住用建物	1,000	1,000
現金預金	10,000	10,000
課税価格	11,000	11,000
基礎控除額	▲3,600	
相続税額	1,520	1,520

◎一次二次合計相続税額

4046万円 ＋ 1520万円 ＝ 5566万円

■B案

一次相続

①小規模宅地等減額を乙と丙と半分ずつ適用した場合

(単位：万円)

項　目	合　計	乙	丙
居住用宅地	30,000	15,000	15,000
小規模宅地等減額※1	**▲12,000**	**▲6,000**	**▲6,000**
居住用建物	1,000	500	500
現金預金	10,000	0	10,000
課税価格	29,000	9,500	19,500
基礎控除額	▲4,200		
算出相続税額	6,519	2,135	4,384
配偶者税額軽減※2	**▲2,135**	**▲2,135**	—
相続税額	4,384	0	4,384

※1) 3億円× {(330㎡×1／2) ／660㎡} ×80％＝6000万円
(居住用宅地等減額・限度330㎡、割合80％)

※2) 配偶者軽減税額
2億9000万円×50％＜1億6000万円、1億6000万円＞9500万円なので
6519万円× (9500万円／2億9000万円) ≒2135万円

②小規模宅地等減額を丙で適用した場合

(単位：万円)

項　目	合　計	乙	丙
居住用宅地	30,000	15,000	15,000
小規模宅地等減額※1	**▲12,000**		**▲12,000**
居住用建物	1,000	500	500
現金預金	10,000	0	10,000
課税価格	29,000	15,500	13,500
基礎控除額	▲4,200		
算出相続税額	6,519	3,484	3,035
配偶者税額軽減※2	**▲3,484**	**▲3,484**	—
相続税額	3,035	0	3,035

※1）3億円×（330㎡／660㎡）×80%＝1億2000万円
（居住用宅地等減額・限度330㎡、割合80%）
※2）配偶者軽減税額
2億9000万円×1／2＜1億6000万円、1億6000万円＞1億5500万円なので
6519万円×（1億5500万円／2億9000万円）≒3484万円

二次相続

項　目	合　計	丙
居住用宅地	15,000	15,000
小規模宅地等減額※	▲12,000	▲12,000
居住用建物	500	500
課税価格	3,500	3,500
基礎控除額	▲3,600	
算出相続税額	0	0

※3億円×（330㎡／660㎡）×80%＝1億2000万円
（居住用宅地等減額・限度330㎡、割合80%）

◎一次二次合計相続税額
①一次相続で小規模宅地等減額を乙と丙と半分ずつ適用した場合
4384万円　＋　0　＝　4384万円
②一次相続で小規模宅地等減額を丙で適用した場合
3035万円　＋　0　＝　3035万円

ポイント

一次二次の相続を通じて小規模宅地等の減額の特例の適用を最大限適用できる分割（一次二次で居住用宅地等を分けて相続する分割）を行う。一次相続では小規模宅地等減額について子供から優先的に適用する。配偶者については税額軽減制度の適用があるため配偶者以外の者から小規模宅地等の減額の特例の適用を受けたほうが有利となる。

ケース16：申告漏れした家族への貸付金

被相続人甲は、生前に配偶者乙に対する貸付金があったが相続税申告につき当該貸付金については相続財産に含めて申告しても配偶者の税額軽減の適用により税額は0となるので、相続財産に含めずに相続税申告をした。税務上の問題点はあるか。

解　答

相続財産として申告しなかった貸付金を隠ぺいと判断され、配偶者について課税が発生する場合がある。

❶解　説

配偶者の税額軽減の適用となる財産には仮装隠ぺいした財産は含まれない。したがって、税務調査等により発覚した財産を隠ぺいしたと判断された場合は配偶者の税額軽減の適用を受けることができず相続税が発生する。

❶ポイント

税務調査等により隠し財産が発覚し、修正申告で配偶者が取得する場合でも配偶者の税額軽減の適用は受けられない。

4　配偶者居住権を設定した遺産分割

(1)　配偶者短期居住権・配偶者居住権の概要

ア　配偶者短期居住権・配偶者居住権の必要性

配偶者の一方（被相続人）が死亡した場合に、他方の配偶者は、それまで居住してきた建物に引き続き居住することを希望するのが通常であり、特にその配偶者が高齢である場合には、住み慣れた居住建物を離れて新たな生活を始めることは精神的にも肉体的にも大きな負担になると考えられる。

そのような観点から、建物の所有者であった配偶者が死亡した後も、生存配偶者に、住み慣れた居住建物での生活を確保すべく、平成30年の相続法改正において、配偶者短期居住権と配偶者居住権が新設された（令和２年４月１日施行）。

イ　配偶者短期居住権（民法1037条～1041条）

配偶者短期居住権とは、被相続人の配偶者が、相続開始時に被相続人の財産に属した建物に無償で居住していた場合に、その配偶者に、次の期間、その居住していた建物を無償で使用することを認める権利である。

①配偶者が居住していた建物の遺産分割に関与するときは、遺産分割により居住していた建物の帰属が確定する日までの間（ただし、最低６か月間は保障）

②居住していた建物が第三者に遺贈された場合や、配偶者が相続放棄をした場合には、配偶者が居住していた建物の取得者から配偶者短期居住権の消滅請求を受けてから６か月間

ウ　配偶者居住権（民法1028条～1036条）

配偶者居住権とは、被相続人の配偶者が、相続開始時に被相続人の財産に属した建物に居住していた場合に、次に述べる取得方法により、その配偶者に、原則として終身の間、その居住していた建物を無償で使用および収益をすることを認める権利である。

この権利は、一定の要件の下に、①遺産分割での合意、②被相続人の遺言および死因贈与契約、ならびに③遺産分割審判によって取得される。

(2)　配偶者短期居住権・配偶者居住権の相続税法上の財産評価

配偶者短期居住権については、遺産分割の計算において考慮されないこととされており、評価額は0である。

配偶者居住権については、遺産分割の計算において、配偶者が取得した財産として考慮される。なお、配偶者居住権は被相続人所有の建物のみに成立し、その建物の敷地には成立しないが、配偶者居住権を取得した配偶者は、当然に、敷地の利用に関する権利も取得することになるため、敷地の利用に関する権利の評価方法も問題となる。

配偶者居住権等の評価方法については、相続税法23条の2において、以下の①～④のとおり定められている。配偶者居住権を取得した配偶者は、①と③の合計額を相続したものと評価され、土地・建物の所有権を取得した者は、②と④の合計額を相続したものと評価される。なお、配偶者居住権等の具体的な算定方法については、後記ケース17を参照されたい。

＜建物＞

①　配偶者居住権

$$\text{建物の相続税評価額} - \text{建物の相続税評価額} \times \frac{\underset{Ⓐ}{\text{残存耐用年数}} - \underset{Ⓑ}{\text{配偶者居住権の存続年数}}}{\text{残存耐用年数}} \times \underset{Ⓒ}{\text{複利現価率}}$$

Ⓐ「残存耐用年数」

居住建物の耐用年数は、所得税法に基づいて定められている耐用年数（木造住宅用の場合22年）に1.5を乗じて計算される。

・木造住宅の場合　　22年×1.5＝33年

ここから経過年数（築年数）を引いたものが残存耐用年数となる。

Ⓑ「存続年数」

次に掲げる場合の区分に応じそれぞれ定める年数をいう。

（イ）配偶者居住権の存続期間が配偶者の終身の間である場合…配偶者の平均余命年数

（ロ）（イ）以外の場合…遺産分割協議等により定められた配偶者居住権の存続期間の年数（配偶者の平均余命年数を上限とする）

なお、残存耐用年数または残存耐用年数から存続年数を控除した年数が0以下となる場合には、「(残存耐用年数－存続年数)／残存耐用年数」は、0とする。

Ⓒ「複利現価率」：配偶者居住権の存続年数に応じた民法の法定利率による複利現価率

民法の法定利率（3%）による。

② 配偶者居住権が設定された建物（以下「居住建物」という）の所有権

建物の相続税評価額　－　配偶者居住権の価額（上記①）

＜土地等＞

③ 配偶者居住権に基づく居住建物の敷地の利用に関する権利

土地等の相続税評価額－（土地等の相続税評価額×配偶者居住権の存続年数に応じた民法の法定利率による複利現価率）

④ 居住建物の敷地の所有権等

土地等の相続税評価額　－　敷地の利用に関する権利の価額（上記③）

ケース17：配偶者居住権等はどのように算定されるか？

被相続人甲の相続人は、配偶者乙および長男丙（甲および乙と同居）の2人である。遺産分割協議により配偶者居住権の設定を考えているが、相続税の課税価格に算入される配偶者居住権等の価額はどのように算定されるか。

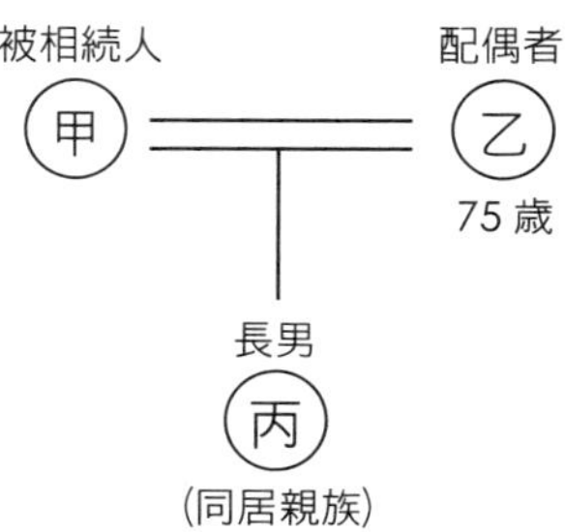

【前提条件】

・建物の固定資産税評価額（相続税評価額）　1000万円
・土地（敷地）の時価（相続税評価額）　5000万円
・配偶者（妻）の年齢　75歳
　※75歳女性の平均余命：15.79（平成29年厚生労働省簡易生命表より）
・建物の耐用年数　木造22年

・経過年数　10年
・配偶者居住権の設定　終身
・年3％の複利現価　(詳細は国税庁ホームページ複利表参照)
15年：0.642　16年：0.623

■配偶者居住権およびその敷地の利用に関する権利の価額

＜配偶者居住権の価額＞　※前掲 (2) ①～④による。

建物の時価－［{建物の時価× (Ⓐ残存耐用年数－Ⓑ存続年数)｝／Ⓐ残存耐用年数×Ⓒ0.623］
＝1000－［{1000× (23－16)｝／23×0.623］
＝810万円　……①

Ⓐ：木造住宅の場合22年×1.5＝33年。ここから経過年数 (築年数) 10年を引いた23年がが残存耐用年数となる。

Ⓑ：配偶者居住権の存続期間が配偶者の終身の間である場合は、配偶者の平均余命年数。このケースは終身であるため、配偶者の妻の年齢75歳の平均余命15.76＝16年となる。

なお、残存耐用年数または残存耐用年数から存続年数を控除した年数が0以下となる場合には、「(残存耐用年数－存続年数) ／残存耐用年数」は、0とする。

Ⓒ：存続年数 (Ⓑ＝16年) に応じた民法の法定利率 (3%) による複利現価率　0.623

＜配偶者居住権に基づく敷地の利用に関する権利＞

5000万円－ (5000万円×0.623) ＝1885万円　……③

■配偶者居住権が設定された建物の価額およびその敷地の所有権の価額

＜配偶者居住権が設定された建物の価額＞

1000万円－810万円＝190万円　……②

＜敷地の所有権＞

5000万円－1885万円＝3115万円　……④

ポイント

配偶者 (女性) の年齢が65歳である場合、配偶者の課税対象となる配偶者居住権の敷地の利用に関する権利の価額は、全体の土地の価額の約5割となり、年齢が80歳である場合には約3割となる。よって、相続時点の配偶者の年齢に応じ、課税対象額が変動することとなり、年齢が若い場合には当該権利の価額は上昇する。

本事例の評価額は、あくまで相続税を計算する際の財産評価額となり、遺留分等の計算の基礎となる財産の価額は、法制審議会民法（相続関係）部会第19回会議（平成29年3月28日）の部会資料19-2「長期居住権の簡易な評価方法について」等を参照されたい。

ケース18：配偶者居住権により配偶者の取得財産は増える？

被相続人甲の相続人は、配偶者乙および長男丙（甲とは別居で自身の持家に居住）の2人である。甲は居住用不動産、現金預金を有している。下記のA案、B案のいずれかで遺産分割協議書を作成する場合、乙および丙の取得財産の内訳はどのように変わるか。なお、乙と丙は、相続税評価額で平等に財産を取得するものとする。

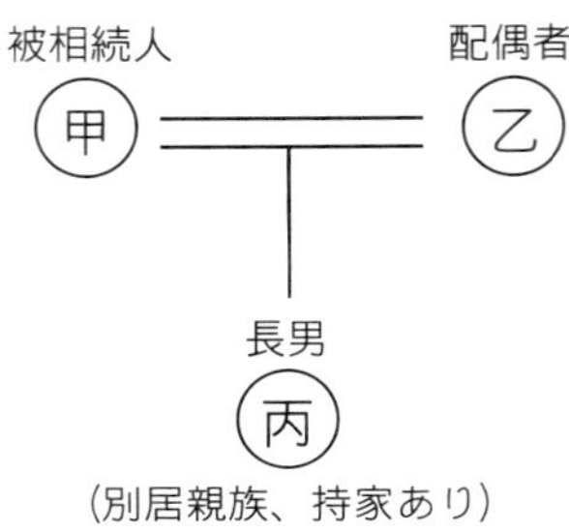

【財産目録】

種類	相続税評価額	備　考
居住用宅地	1500万円	左記のうち配偶者居住権に基づく居住建物の敷地の利用に関する権利の価額800万円
居住用建物	500万円	左記のうち配偶者居住権の価額200万円
現金預金	3000万円	
合　計	5000万円	

【遺産分割協議案】

A案： 乙が居住用不動産を取得し、現金預金はトータルの取得財産が平等になるように乙と丙で配分して取得する。

B案： 乙および丙は居住用不動産について、配偶者居住権の設定を行い、配偶者居住権および配偶者居住権に基づく居住建物の敷地の利用に関する権利を乙が取得し、配偶者居住権が設定された建物および居住建物の敷地の所有権等を丙が取得する。なお、現金預金はトータルの取得財産が平等になるように乙と丙で配分して取得する。

【A案B案比較】

A案の場合、甲の居住用宅地を丙が相続するため、トータルの取得財産が平等になるように乙と丙で配分して取得する現金預金の金額は500万円となるが、B案の場合、居住用不動産につき、配偶者居住権の設定を行うことで居住用不動産を乙と丙で分けて取得することとなるため、乙が取得する現金預金がA案と比較すると多くなる。

■A案

（単位：万円）

項　目	合計額	乙	丙
居住用宅地	1,500	1,500	
居住用建物	500	500	
現金預金	3,000	500	2,500
取得財産額	5,000	2,500	2,500

■B案

（単位：万円）

項　目	合計額	乙	丙
居住用宅地	700		700
配偶者居住権に基づく居住建物の敷地の利用に関する権利	**800**	**800**	
居住用建物	300		300
配偶者居住権	**200**	**200**	
現金預金	3,000	1,500	1,500
取得財産額	5,000	2,500	2,500

ポイント

配偶者と配偶者以外の相続人で平等な財産の取得をする場合、居住用不動産につき配偶者居住権を設定することで、配偶者が取得する居住用不動産以外の財産の価額を増加させることができる。

ケース19：配偶者居住権を設定した場合の相続税額は？（別居の場合）

被相続人甲の相続人は、配偶者乙および長男丙（甲とは別居で自身の持家に居住）の2人である。甲は居住用不動産、現金預金を有している。下記のA案、B案のいずれかで遺産分割協議書を作成する場合、乙および丙の相続税額は、一次および二次相続でどのように変わるか。なお、一次相続において乙と丙は、相続税評価額で平等に財産を取得するものとする。

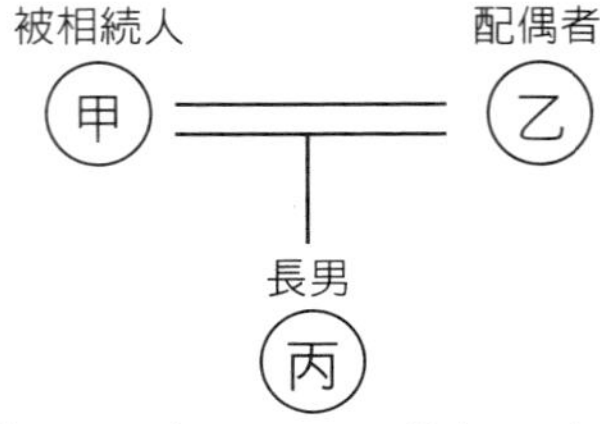

【財産目録】

種　類	相続税評価額	備　考
居住用宅地	6000万円	左記のうち配偶者居住権に基づく居住建物の敷地の利用に関する権利の価額2500万円 宅地の地積は330㎡
居住用建物	2000万円	左記のうち配偶者居住権の価額500万円
現金預金	1億円	
合計	1億8000万円	

【遺産分割協議案】

A案：乙が居住用不動産を取得し、現金預金はトータルの取得財産が平等になるように乙と丙で配分して取得する。

B案：乙および丙は居住用不動産について、配偶者居住権の設定を行い、配偶者居住権および配偶者居住権に基づく居住建物の敷地の利用に関する権利を乙が取得し、配偶者居住権が設定された建物および居住建物の敷地の所有権等を丙が取得する。なお、現金預金はトータルの取得財産が平等になるように乙と丙で配分して取得する。

【A案B案比較】

A案の場合、一次相続税額は954万円、二次相続税額は920万円となり、合計で1874万円となる。B案の場合は、一次相続税額は1203万円となるが、二次相続税額は310万円となり、合計で1513万円となる。よって、配偶者居住権を設定するB案のほうがトータルの税額は低くなるといえる。

■A案

一次相続

（単位：万円）

項　目	合計額	乙	丙
居住用宅地	6,000	6,000	
居住用建物	2,000	2,000	
小規模宅地減額※1	▲4,800	▲4,800	
現金預金	10,000	1,000	9,000
課税価格	13,200	4,200	9,000
基礎控除額※2	▲4,200		
相続税額	954	0	954

※1）6000万円×330㎡／330㎡×80%＝4800万円

※2）3000万円＋600万円×2人（法定相続人の数）＝4200万円

二次相続

（単位：万円）

項　目	合計額	丙
居住用宅地	6,000	6,000
居住用建物	2,000	2,000
小規模宅地減額		
現金預金	1,000	1,000
課税価格	9,000	9,000
基礎控除額※	▲3,600	
相続税額	920	920

※3000万円＋600万円×1人（法定相続人の数）＝3600万円

■B案

一次相続

（単位：万円）

項　目	合計額	乙	丙
居住用宅地	3,500		3,500
配偶者居住権に基づく居住建物の敷地の利用に関する権利	**2,500**	**2,500**	

居住用建物	1,500		1,500
配偶者居住権	**500**	**500**	
小規模宅地減額※1	▲2,000	▲2,000	
現金預金	10,000	6,000	4,000
課税価格	16,000	7,000	9,000
基礎控除額※2	▲4,200		
相続税額	1,203	0	1,203

※1）2500万円×330㎡／330㎡×80%＝2000万円

※2）3000万円＋600万円×2人（法定相続人の数）＝4200万円

二次相続

（単位：万円）

項　目	合計額	丙
居住用宅地	0	0
配偶者居住権に基づく居住建物の敷地の利用に関する権利※1	**0**	**0**
居住用建物	0	0
配偶者居住権※1	**0**	**0**
小規模宅地減額		
現金預金	6,000	6,000
課税価格	6,000	6,000
基礎控除額※2	▲3,600	
相続税額	310	310

※1）配偶者の死亡により消滅

※2）3000万円＋600万円×1人（法定相続人の数）＝3600万円

ポイント

相続人（相続放棄者を含む）がすべて別居親族の場合（被相続人に配偶者がいないことが前提）、居住用宅地等は持家のない別居親族が相続すると申告期限までの所有継続を条件として80％減額が可能となる。

しかし、持家がある別居親族が取得した場合は減額の適用がない。

ケース20：配偶者居住権を設定した場合の相続税額は？（同居の場合）

被相続人甲の相続人は、配偶者乙および長男丙(甲および乙と同居）の2人である。甲は居住用不動産、現金預金を有している。下記のA案、B案のいずれかで遺産分割協議書を作成する場合、乙および丙の相続税額は、一次および二次相続でどのように変わるか。なお、一次相続において乙と丙は、相続税評価額で平等に財産を取得するものとする。

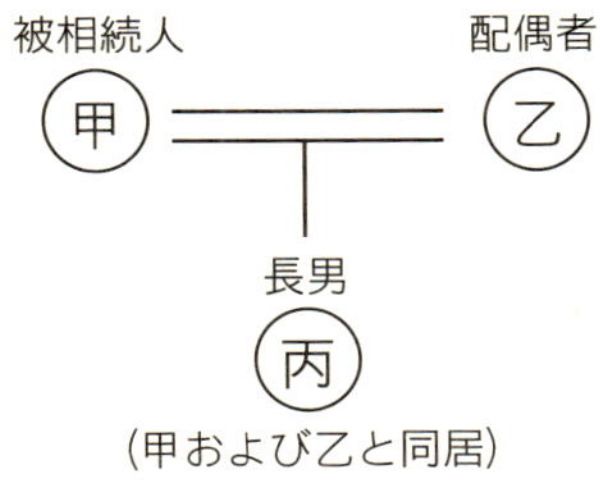

【財産目録】

種　類	相続税評価額	備　考
居住用宅地	6000万円	左記のうち配偶者居住権に基づく居住建物の敷地の利用に関する権利の価額2,500万円 宅地の地積は330㎡
居住用建物	2000万円	左記のうち配偶者居住権の価額500万円
現金預金	1億円	
合　計	1億8000万円	

【遺産分割協議案】

A案：乙が居住用不動産を取得し、現金預金はトータルの取得財産が平等になるように乙と丙で配分して取得する。

B案：乙および丙は居住用不動産について、配偶者居住権の設定を行い、配偶者居住権および配偶者居住権に基づく居住建物の敷地の利用に関する権利を乙が取得し、配偶者居住権が設定された建物および居住建物の敷地の所有権等を丙が取得する。なお、現金預金はトータルの取得財産が平等になるように乙と丙で配分して取得する。

【A案B案比較】

A案の場合、一次相続税額は954万円、二次相続税額は60万円で、合計で1014万円となる。B案の場合は、一次相続税額は657万円となるが、二次相続税額は310万円となり、合計で967万円となる。配偶者居住権を設定するB案のほうがトータルの税額は低くなるが、別居の場合と比較すると効果は薄いといえる。

■A案

一次相続

（単位：万円）

項　目	合計額	乙	丙
居住用宅地	6,000	6,000	
居住用建物	2,000	2,000	
小規模宅地減額※1	▲4,800	▲4,800	
現金預金	10,000	1,000	9,000
課税価格	13,200	4,200	9,000
基礎控除額※2	▲4,200		
相続税額	954	0	954

※1）6000万円×330㎡／330㎡×80％＝4800万円

※2）3000万円＋600万円×2人（法定相続人の数）＝4200万円

二次相続

（単位：万円）

項　目	合　計	丙
居住用宅地	6,000	6,000
居住用建物	2,000	2,000
小規模宅地減額※1	▲4,800	▲4,800
現金預金	1,000	1,000
課税価格	4,200	4,200
基礎控除額※2	▲3,600	
相続税額	60	60

※1）6000万円×330㎡／330㎡×80％＝4800万円

※2）3000万円＋600万円×1人（法定相続人の数）＝3600万円

■B案

一次相続

（単位：万円）

	合計額	乙	丙
居住用宅地	3,500		3,500
配偶者居住権に基づく居住建物の敷地の利用に関する権利	**2,500**	**2,500**	
居住用建物	1,500		1,500
配偶者居住権	**500**	**500**	
小規模宅地減額※1	▲4,800	▲2,000	▲2,800

現金預金	10,000	6,000	4,000
課税価格	13,200	7,000	6,200
基礎控除額※2	▲4,200		
相続税額	657	0	657

※1) 2500万円×330㎡／330㎡×80%＝2000万円
3500万円×330㎡／330㎡×80%=2800万円

※2) 3000万円＋600×2人（法定相続人の数）＝4200万円

二次相続

（単位：万円）

項　目	合計額	丙
居住用宅地	0	0
配偶者居住権に基づく居住建物の敷地の利用に関する権利※1	**0**	**0**
居住用建物	0	0
配偶者居住権※1	**0**	**0**
小規模宅地減額		
現金預金	6,000	6,000
課税価格	6,000	6,000
基礎控除額※2	▲3,600	
相続税額	310	310

※1) 配偶者の死亡により消滅

※2) 3000万円＋600万円×1人（法定相続人の数）＝3600万円

5　換価分割による遺産分割

(1)　換価分割の意義

換価分割とは、相続財産の全部または一部を換価して、その対価を相続人間で分割する方法による遺産分割である（家事事件手続法194条）。相続財産が不動産であり、現物で分割することが困難であったり、相続人に代償金の支払能力がない等の理由により、代償分割ができないような場合に、不動産を処分して売却代金で分割する必要がある。このような場合に換価分割による遺産分割協議が行われることが多い。

(2) 換価分割と税金

換価分割の場合、相続税のほかに、譲渡所得税が発生することに留意しなければならない。換価分割は、各相続人がそれぞれ財産を相続し、その相続した各自の持分を売却することになるので、それぞれに譲渡所得税が発生することになる。

したがって、弁護士が、換価分割の方法による遺産分割協議を行うとき、不動産売却に伴う譲渡所得税が誰に、どのくらい発生するのか、また租税特別措置法の定める譲渡所得税の特例の適用を受けることができるかについてあらかじめ検討する必要がある。

(3) 換価分割における譲渡所得税の基礎知識

換価分割においては相続税のほかに譲渡所得税の問題が必ず発生する。そのため譲渡所得税に関する最低限度の理解が必要である。

ア 譲渡所得税の計算方法

譲渡所得税とは、土地や建物などの資産を譲渡したり、交換したことなどによって生ずる所得に対する税金をいう。土地や建物を売ったときの譲渡所得に対する税金は、事業所得や給与所得などの所得と分離して計算されることになる（分離課税）。したがって、土地建物の短期譲渡所得および長期譲渡所得の金額の計算上生じた譲渡損失は、原則として土地、建物の譲渡による所得以外の所得、たとえば事業所得や給与所得との損益通算はできない。つまり、不動産取引の損失を事業所得等の儲けから差し引いて税金を軽減することはできない。

譲渡所得は、土地や建物を売った金額から取得費や譲渡費用を差し引いて計算する。

譲渡所得　＝譲渡価額　－（取得費　＋　譲渡費用）

取得費とは売却した土地や建物の購入代金や、購入手数料など取得に要した費用をいう。取得費が不明であったり、実際の取得費が譲渡価額の5％よりも少ないときは譲渡価額の5％を取得費（概算取得費）とすることができる。

建物の取得費は、購入価額ではなく所有期間中の減価償却費相当額を差し引いて計算する。譲渡費用は仲介手数料や、測量費など土地や建物を売るために要した費用をいう。

土地や建物を売却したときの譲渡所得は、所有期間によって長期譲渡所得と短期譲渡所得の二つに区分され、それぞれ税金の計算も異なる。

長期譲渡所得は、譲渡した年の1月1日において所有期間が5年を超えるものをいい、短期譲渡所得は、譲渡した年の1月1日において所有期間が5年以下のものをいう。

それぞれの譲渡所得税の計算方法は次のとおりである。

■課税長期譲渡の譲渡税

税額＝課税長期譲渡所得金額×15%（所得税　なおそのほかに住民税5%）
↑—譲渡価額－（取得費＋譲渡費用）－特別控除額

■課税短期譲渡の譲渡税の計算

税額＝課税短期譲渡所得金額×30%（所得税　なおそのほかに住民税9%）
↑—譲渡価額－（取得費＋譲渡費用）－特別控除額

イ　譲渡所得税の計算の具体例

たとえば、20年前に購入した土地建物を2億円で売却した場合、取得費が1億円(建物は減価償却分を控除している)、仲介手数料などの譲渡費用が600万円であるとき、

・課税長期譲渡所得金額
　譲渡価額（2億円）－｛(1億円（取得費）＋600万円（譲渡費用)｝＝9400万円

・所得税の税額
　課税長期譲渡所得金額（9400万円）　×　所得税15%　＝　1410万円

・住民税の税額
　課税長期譲渡所得金額（9400万円）　×　住民税5%　＝　470万円

となる。

ウ　譲渡所得税の申告

譲渡所得の申告は、資産を譲渡した日の属する年の翌年の2月16日から3月15日の間に行わなければならない。資産を譲渡した日とは、原則として、売買など譲渡契約に基づいて資産を買主などに引き渡した日をいう。なお売買契約締結日に譲渡があったものとして確定申告することもできる。

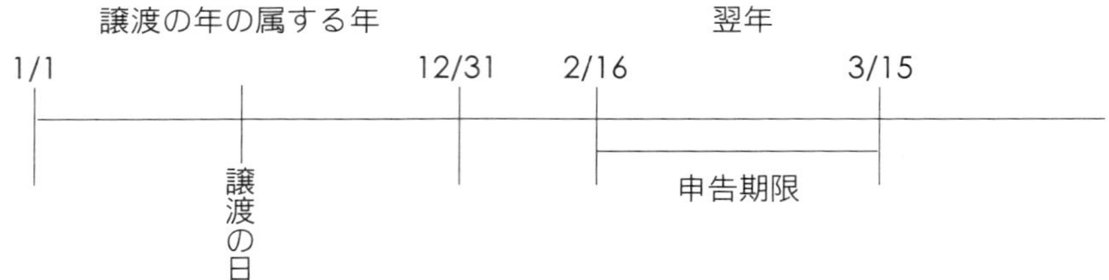

(4) 換価分割の具体的方法

ア 換価分割の時期

換価分割には、換価時に遺産分割協議により、換価代金の取得割合が確定している場合と、換価分割時には取得割合が定まらず、換価分割後に、遺産分割協議が成立する場合がある。それぞれの場合、譲渡所得税の申告をどのように行うかが問題となる。

① 換価時に遺産分割協議により、換価代金の取得割合が確定している場合

各相続人は換価代金の取得割合と同じ所有割合で相続財産を換価したことになり、その譲渡所得は、換価代金の取得割合に応じて申告することになる（後記ケース23参照）。

【換価時に取得割合が確定】

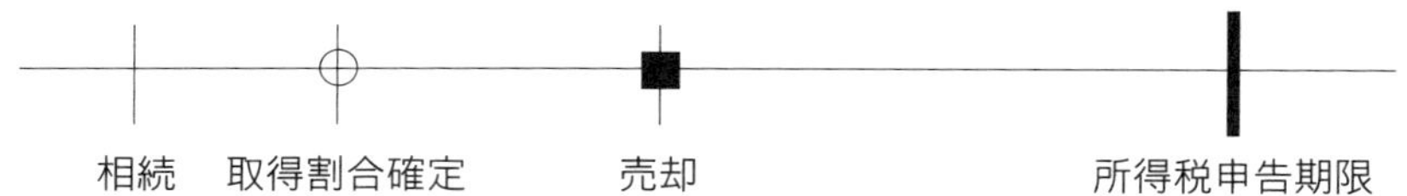

② 換価時に換価代金の取得割合が確定しておらず、換価後に分割される場合

相続財産は共同相続人の共有に属し、各相続人が法定相続分をそれぞれ換価したことになり、その譲渡所得は、換価時における法定相続分で申告することになる。ただし、所得税の確定申告期限までに、遺産分割協議により、換価代金が分割され、共同相続人の全員が換価代金の取得割合に基づき譲渡所得の申告をした場合には、その申告は認められる。

しかし、申告期限までに、分割協議が成立しない場合には、法定相続分により申告することとなり、後日、分割協議により、法定相続分と異なる取得割合が定まったとしても、法定相続分による譲渡の事実は変わらないので、相続人は更正の請求等をすることができない（後記ケース24参照）。

【換価時に取得割合未確定、申告期限後に確定】

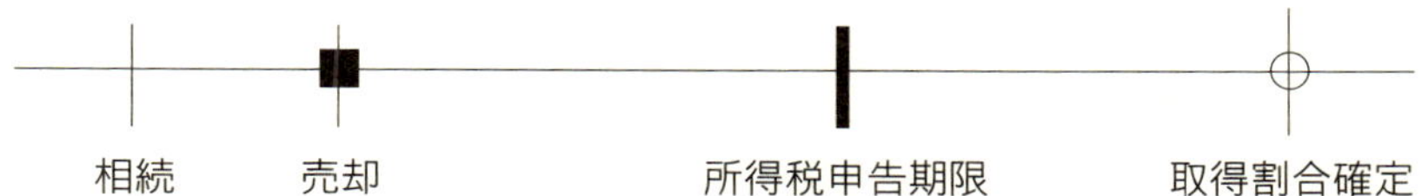

【換価時に取得割合未確定、申告期限前に確定】

■換価分割における相続税、譲渡所得税の申告

・相続税

申告期限において取得割合が未確定		取得割合確定時 （遺産分割協議成立）
法定相続分を基礎に申告する。	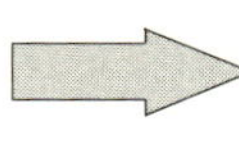	確定した取得額で修正申告および更正の請求を行う。

・所得税

申告期限において取得割合が未確定		取得割合確定時 （遺産分割協議成立）
法定相続分を基礎に申告する。	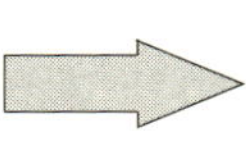	修正申告および更正の請求をすることはできない（申告期限後確定）。 修正申告および更正の請求をすることはできる（申告期限前確定）。

イ　換価分割と登記

不動産を換価分割にするにあたって、登記名義を共同相続人全員の共有登記とする場合や、共同相続人の１人の単独名義とする場合がある。登記名義の記載によって譲渡所得税の申告内容が変わりうるのか。

換価分割時に共同相続人間で代金の取得割合が確定していれば、登記名義の如何に関わらず、実体に合わせて各人の取得割合で申告することとなる（後記ケース25参照）。

■コラム――換価分割の遺産分割協議書の記載例

◆合意後に換価を行う場合の記載例

1　当事者全員は後記の不動産（以下「本件不動産」という）が被相続人甲の遺産であることを確認する。

2　乙、丙は、本件不動産を下記の割合に従って共有取得する（※1）。

乙　5分の3

丙　5分の2

3　乙、丙は、共同して平成〇〇年〇月〇日までに、本件不動産を現状有姿で売却し、同売却代金から売却費用（測量費用、不動産仲介手数料等の売却に際して仲介業者に支払う一切の費用、印紙税等、不動産売却に要する一切の費用をいう）を控除した金員を前項の割合で分割することを合意する（※2）。

4　乙、丙は、第3項の不動産の売却により生じる所得にかかる所得税について、第2項と同じ割合で各当事者が負担することを合意する（※3）。

不動産の表示（略）

※1　不動産を第三者に売却するには、被相続人名義のままでは所有権移転登記ができないので、相続人全員で行う必要があり、当該不動産の名義を共同相続人名義にする必要がある。

その場合、贈与税が課税される可能性があるため、この点を配慮して、遺産分割協議書には、共有持分の確認条項を入れている。換価分割の取得割合が明らかであれば、客観的に贈与があったと認定されない。

※2　本例は相続人全員による換価の場合を定めたものであるが、他の特定の者に換価を依頼する場合などには、別途に売却委任条項を設けておくことが望ましい。たとえば「本件不動産の売却担当者を丙として、丙は平成〇〇年〇月〇日までに最低売却代金金〇〇円以上で本件不動産を売却する。丙が前項に定めた条件および期限内に売却できなかったときは、乙および丙は、売却条件および期限につき、双方協議の上、再度売却手続を行うものとする。」

との条項が考えられる。

※3　換価分割は、各相続人が相続財産を一度相続した上で他の相続人とともに持分を第三者に売却したものと解されるので、相続税のほかに譲渡所得税も負担することになる。遺産の換価時に換価代金の取得割合が合意により確定している場合（本例の場合）にはその取得割合で譲渡にかかる所得税の申告をすることになるので、合意中に換価代金の取得割合を明記しておく。

◆合意前にすでに換価がされており代金を分配する場合

1　当事者全員は、後記の不動産（以下「本件不動産」という）が被相続人甲の遺産であることおよび本件不動産が売却済みであり、売却代金から売却に要した一切の費用（測量費用、不動産仲介手数料等の売却に際して仲介業者に支払う一切の費用、印紙税、不動産売却に要する一切の費用をいう）を控除した残額が金〇〇円であることを確認する。
2　乙と丙は、第1項の金銭を乙が保管し、同金銭を遺産分割の対象に含めることを合意する（※1）。
3　乙と丙は、以下の割合で第1項の金銭を取得する。
　乙　5分の3
　丙　5分の2
4　乙と丙は、第1項の本件不動産の売却により生じる所得にかかる所得税について、第3項と同じ割合で各当事者が負担することを合意する（※2）。

不動産の表示（略）

※1　共同相続人が全員の合意によって遺産分割前に遺産を構成する不動産を第三者に売却した時は、その不動産は遺産分割の対象から逸脱し、その売却代金は、「これを一括して共同相続人の1人に保管させて遺産分割の対象に含める同意をするなどの特段の事情のない限り相続財産には加えられず、共同相続人が各持分に応じて、個々にこれを分割取得」することになる（最判昭和54年2月22日判時923号77頁）。

したがって、合意前に遺産を構成していた特定不動産の換価が終わっている場合には、本例のように、特定不動産が遺産を構成していたこと、特定不動産の売却が終わっており、その売却代金から諸経費を差し引いた金額が確定していること、左記の残金が遺産分割の対象となることを明示することが必要になる。

※２　合意前に遺産を構成する特定不動産が換価されていた場合には、相続人が法定相続分を譲渡したことになるので、換価代金についての所得税申告は法定相続分に従って申告することになる。

もっとも、実務では、所得税の申告期限までに換価代金が分割され、共同相続人の全員が換価代金の取得割合に基づき譲渡所得の申告をした場合にはその申告も認められている。

本例は、取得割合に基づく所得税申告が可能な場合、すなわち所得税の申告が未了の場合で、合意書に定める取得割合にしたがって所得税の申告期限までに譲渡所得申告をする場合を想定している。

(5)　換価分割の際に適用される租税特別措置法の特例

不動産の換価分割の場合は、租税特別措置法に定める特例が適用されるか検討しなければならない。換価分割でよく適用される特例は以下の３つである（後記ケース21、ケース22参照）。

ア　居住用財産の売却に3000万円の特別控除（租特35条）

①居住用不動産を売却した場合、所有期間の長短にかかわらず3000万円の特別控除が認められる。なお、居住の用に供していたかどうかの判断は、換価分割により居住用不動産を売却した者ごとに行う。

②被相続人の居住用不動産を、相続の日から３年目の年末までに売却した場合おいて、次の要件を満たすときは、①と同様に3000万円の特別控除が認められる（平成28年4月1日から令和5年12月31日までの間の措置）。

(a)　相続開始の直前において被相続人の居住の用に供されていた家屋であること

(b)　昭和56年5月31日以前に建築されたものであること

(c)　区分所有建物でないこと

(d)　相続開始直前に被相続人のみが居住していたこと

(e)　譲渡対価の額が１億円以下であること

(f)　建物およびその敷地等が、相続の時から譲渡の時まで、事業の用、貸付の用または居住の用に供されたことがないこと

(g)　次の（イ）（ロ）のいずれかの要件を満たすこと

（イ）建物が耐震基準に適合することが証明され、または建設住宅性能評価書に

より耐震等級が1～3とされている建物およびその敷地等の譲渡であること

（ロ）相続等により取得した被相続人の居住用家屋の全部の取壊し、除却または滅失をした後におけるその敷地の譲渡であること

※相続財産を譲渡した場合の取得費の特例（租特39条）との重複適用は認められていない。

イ　居住用財産の譲渡の軽減税率（租特31条の3）

居住用財産の不動産の所有期間が被相続人の所有期間も含めて10年を超えている場合、課税長期譲渡所得金額が6000万円以下であれば10%、6000万円を超える分については15%とされる。なお、居住の用に供していたかどうかの判断は、換価分割により居住用不動産を売却した者ごとに行う。

■居住用資産を譲渡した場合の軽減税率の特例

課税所得金額	所得税（住民税）	控除額（住民税）
6000万円以下	10%（4%）	−
6000万円超	15%（5%）	300万円（60万円）

ウ　相続税の取得費の加算（租特39条）

申告期限から3年以内に遺産分割を終えて、遺産である不動産を売却した場合、不動産に課税された相続税相当額を売却の際の取得費に加算できる。

$$\text{その者の相続税額} \times \frac{\text{その者の相続税の課税価格の計算の基礎とされたその譲渡した財産の価額}}{\text{その者の相続税の課税価格} + \text{その者の債務控除額}} = \text{取得費に加算する相続税額}^{※}$$

※この算式により計算した金額が、この特例を適用しないで計算した譲渡益の金額を超える場合は、その譲渡益相当額となる。

(6)　換価分割において問題となる具体的ケースと税金

ケース21：特例の宝庫、居住用不動産の売却

乙は、配偶者である被相続人甲の居住用不動産を相続した（乙は小規模宅地等の減額の特例および配偶者の税額軽減の適用を受けているため相続税の納税はしていない）。乙は、甲の相続後も引き続きこの不動産に居住していたが、甲が死亡して

3年経過した現在、この不動産を売却して、老人ホームに入居したいと考えている。不動産を売却した場合、乙の譲渡所得税・住民税を計算する上でどのような特例の適用を受けることができるか。

※売却した年の1月1日現在では所有期間が10年を超え、売却先は特別な間柄にない第三者である（時価3億円、取得費等2億円）。

解　答

相続により取得した居住用不動産を売却する場合の譲渡所得税の計算については「居住用財産を譲渡した場合の3000万円の特別控除の特例」「居住用財産を譲渡した場合の軽減税率の特例」「特定の居住用財産の買換え特例」等の適用がある。

事業用不動産を売却する場合は、「事業用資産の買換え特例」がある。居住用・事業用資産以外でも相続により取得した資産の売却については「相続税額の取得費加算の特例」がある。

解　説

今回のケースでは、居住不動産の売却で売却益が生じ、「居住用財産を譲渡した場合の3000万円の特別控除の特例」の適用が受けられる。かつ、譲渡年の1月1日の所有期間が10年を超えるため、「居住用財産を譲渡した場合の軽減税率の特例」の適用も受けられる。この2つの特例は併用が可能である。なお、相続税の納税があり、相続税の申告期限から3年以内に相続により取得した財産を譲渡した場合には「相続税額の取得費加算の特例」の適用が受けられる。

なお、売却した不動産の所有期間、取得費は、甲の所有期間、取得費が引き継がれる。

■税　額

（3億円（譲渡価額） － 2億円（取得費等） － 3000万円（特別控除））× 20％ － 360万円（軽減税率） ＝ 1040万円

■居住用資産を譲渡した場合の軽減税率の特例

課税所得金額	所得税および住民税率	控除額
6000万円以下	14％	－
6000万円超	20％	360万円

ケース22：相続した不動産にしばらく住んでから売却したい

被相続人甲の相続人は、同居親族である長男丙および別居親族である二男丁である。甲の遺産は、居住用不動産のみであるが、相続人2名が半分ずつ共有で相続し、丙がしばらく居住した後に売却する予定である。相続税および所得税の特例適用に際し、どのような点に留意すべきか。

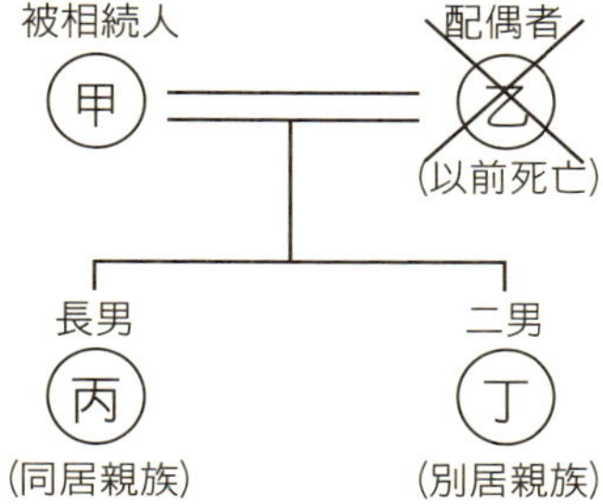

解　答

・居住用不動産を申告期限以前に売却した場合は、相続税の小規模宅地等の減額の特例の適用を受けることができないので注意すること。

・居住用財産の3000万円の特別控除の特例は不動産の所有者が居住している場合のみ適用される。

・相続税の取得費加算を適用するためには相続税の申告期限後3年以内に売却する必要がある。

解　説

相続税の特例である小規模宅地等の減額の特例の適用については甲の同居親族である丙は適用が受けられるが、丁は別居親族であるため適用は受けられない。ただし、丙についても甲の居住用不動産を相続税の申告期限まで所有することが適用の要件となるため、申告期限前に売却した場合は、小規模宅地等の減額の特例の適用が受けられない。譲渡所得税の特例である「居住用財産を譲渡した場合の3000万円の特別控除の特例」の適用については、所有者が居住していることが要件であるため、丙は相続により半分の所有者となるので居住していれば適用を受けられるが、丁は相続により半分所有するが居住していないため3000万円控除の特例の適用は受けられない。たとえ被相続人が居住していた不動産であっても、相続した本人が居住していなければ特例の適用がないので注意が必要である。

なお、相続税の取得費加算については、相続税の申告期限から3年以内に売却した場合に限り適用される。

■小規模宅地等の減額の特例および取得費加算の適用を受けるための売却時期

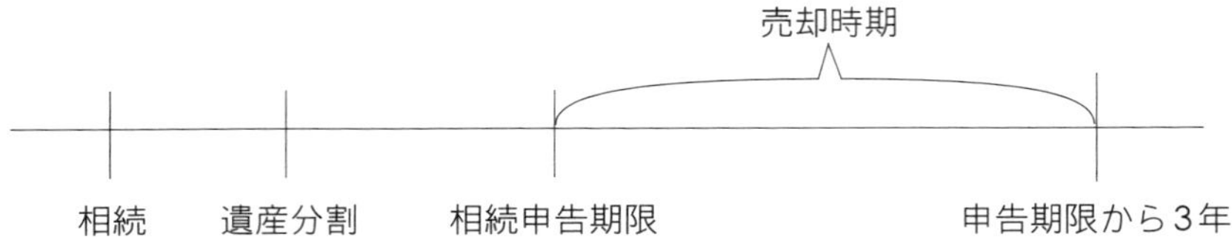

相続税の小規模宅地等の減額の特例の適用要件は「相続税申告期限まで居住用宅地を保有し続けること」であり、譲渡所得税の相続税額の取得費加算は相続税申告期限から3年以内の売却について適用される。

居住用財産の3000万円特別控除（被相続人の居住用財産（空き家）の3000万円控除を除く）

居住用不動産を譲渡した場合の3000万円の特別控除の適用要件は次のとおりである。

・自己の住んでいる家屋を売却するか、家屋とともにその敷地や借地権を売却すること。なお、以前に住んでいた家屋や敷地等の場合には、住まなくなった日から3年目の年の12月31日までに売却すること。
・売った年の前年および前々年に、この特例またはマイホームの買換えやマイホームの交換の特例もしくは、マイホームの譲渡損失についての損益通算および繰越控除の特例の適用を受けていないこと。
・売った家屋や敷地について、収用等の場合の特別控除など他の特例の適用を受けていないこと。
・住んでいた家屋または住まなくなった家屋を取り壊した場合は、次の2つの要件すべてに当てはまること。
①その敷地の譲渡契約が、家屋を取り壊した日から1年以内に締結され、かつ、住まなくなった日から3年目の年の12月31日までに売却すること。
②家屋を取り壊してから譲渡契約を締結した日まで、その敷地を貸駐車場などその他の用に供していないこと。
・売手と買手の関係が、親子や夫婦など特別な間柄でないこと。特別な間柄には、このほか生計を一にする親族、内縁関係にある人、 特殊な関係のある法人なども含まれる。
・災害によって滅失した家屋の場合には、その敷地を一定期間内に売却すること。

ケース23：居宅を売却するなら申告期限後に！

被相続人甲の相続人は、長男丙および二男丁であり、丙のみ相続開始の直前まで甲と同居していた。甲の遺産は居住用不動産（相続税評価額1億円、時価1億2000

万円、取得価額は不明）であり、相続人らで遺産分割協議を行った結果、丙と丁はこの居住用不動産を売却し、売却代金を半分ずつ取得することが決定した。相続税の計算にあたって、小規模宅地等の減額の特例の適用を受けることができるか。また譲渡所得税はだれがどのように負担するか。

なお、居住用不動産は相続税の申告期限前に売却され、売却代金の一部が相続税の納税資金に充当されている。

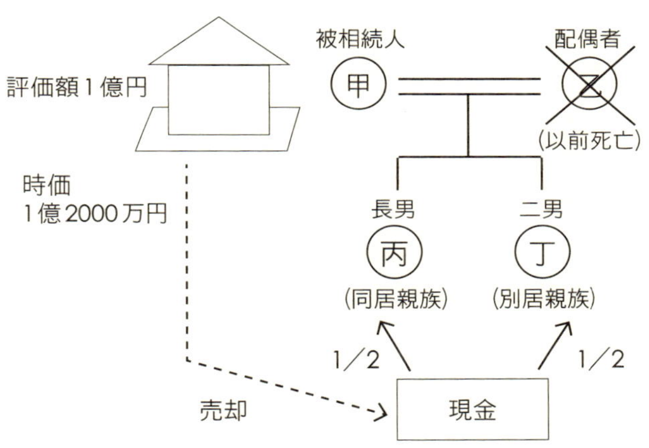

【財産目録】

種　類	相続税評価額	備　考
居住用不動産	1億円	甲および丙の居住の用に供されている。 時価 1億2000万円
合　計	1億円	

解　答

小規模宅地等の減額の特例の適用はない。

丙丁がそれぞれ売却額の2分の1に対して、譲渡所得税を計算し負担する。

解　説

宅地を共有で相続した場合の小規模宅地等の減額の特例は、その取得した者ごとに適用の可否を判定し計算する。本ケースでは、二男丁は別居親族であり、被相続人甲と同居していた親族である長男丙がいるため、そもそも小規模宅地等の減額の特例を適用することはできない。また、長男丙についても、同居親族ではあるが、相続税の申告期限前に居住用不動産を売却しているため、同特例を適用することはできない。

譲渡所得税については、譲渡代金の2分の1の金額について丙丁それぞれ個々に計算する。丙は売却時点で当該不動産に居住していたため「居住用財産を譲渡した場合の3000万円の特別控除の特例」を適用することができるが、丙は居住していないため適用することができない。

■相続税額の計算

（単位：万円）

項　目	合計額	丙	丁
居住用不動産	10,000	5,000	5,000
課税価格	10,000	5,000	5,000
基礎控除額	4,200		
相続税額	700	385	385

■譲渡所得税および住民税額の計算

① 丙の譲渡所得税住民税

譲渡価額※1　取得費※2　相続税額の取得費加算※3　居住用財産の3000万円特別控除　譲渡所得税住民税

［｛6000万円 －（300万円＋385万円）｝－ 3000万円］× 20% ＝ 463万円

② 丁の譲渡所得税住民税

譲渡価額※1　取得費※2　相続税額の取得費加算※3　譲渡所得税住民税

｛6000万円 －（300万円＋385万円）｝× 20% ＝ 1063万円

※1）譲渡価額：1億2000万円（譲渡価額の合計）× 1/2（持分）＝ 6000万円

※2）取得費：6000万円 × 5% ＝ 300万円（取得価額が不明な場合の概算取得費）

※3）相続税額の取得費加算特例

$$385万円（相続税額）\times \frac{譲渡した財産の価額\ 5000万円}{相続税の課税価格\ 5000万円} = 385万円$$

ケース24：相続財産を売却したけれど配分額が決まらない

前掲ケース23において、相続税および所得税の申告期限までに換価代金の取得割合が確定していない場合の相続税および所得税の申告はどのように行うか。その後、取得割合が確定した場合の相続税および所得税につき、修正申告や更正の請求を行うことができるか。

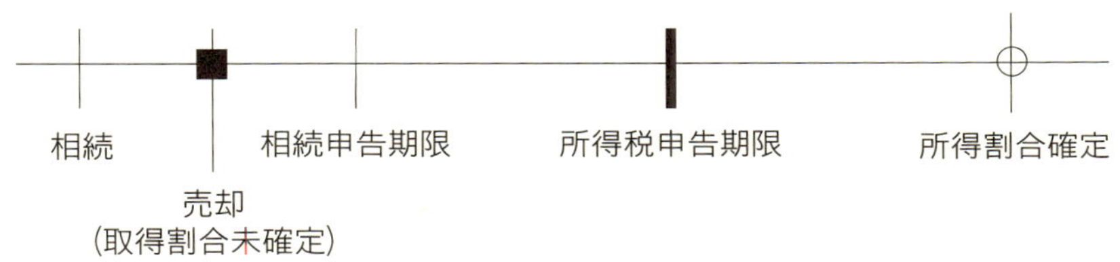

解　答

相続税および所得税の申告期限において換価代金の取得割合が確定していない場合（未分割の場合）には、いずれも、法定相続分を基礎に申告を行う。

その後、取得割合が確定した場合は、相続税については、実際の取得に基づいて修正申告および更正の請求を行うことができる。しかし、所得税については、所得税の申告期限後に所得割合が確定しても、修正申告および更正の請求は行うことができない。

解　説

所得税の確定申告期限において未分割である遺産を譲渡した場合には、法定相続分で申告することとなるが、その後、換価代金の取得割合が申告期限後に確定した場合でも法定相続分による譲渡に異動が生ずることにはならない。したがって、国税通則法23条2項の更正の請求事由に該当せず、更正の請求をすることはできない。

ケース25：共同相続登記をしている居住用不動産を１人が相続して売却

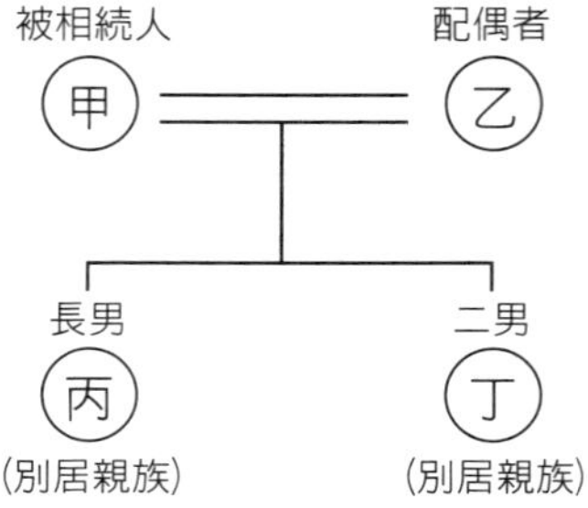

被相続人甲の相続人は配偶者乙、長男丙および二男丁である。甲の遺産は、甲が乙と同居していた居住用不動産（時価8000万円、相続税評価額6000万円、取得価額不明）のみでほかに主だった遺産はない。遺産分割協議では乙が居住用不動産を取得することで確定した。ただし、乙、丙および丁は売却作業をスムーズに進めるため、戸籍謄本のみを原因証書として法定相続分で相続登記を行い売却した。この場合、相続税および譲渡所得税は、誰が、どのぐらい負担することになるのか。

【財産目録】

種　類	相続税評価額	備　考
居住用不動産	6000万円	甲、乙の居住の用に供されている 時価　8000万円
合　計	6000万円	

解　答

遺産分割協議で確定した内容を基礎に乙が相続税および譲渡所得税を負担する。丙、丁は負担しない。

解　説

実態が換価分割であると認められる場合は、たとえ相続登記が法定相続分で行われていたとしても、遺産分割協議どおり乙が取得したものとして相続税および譲渡所得税の計算を行う。登記名義ではなく、実体に基づいて相続税および譲渡所得税が判断される。

相続税の申告期限後に売却した場合は、特定居住用宅地等として小規模宅地等の減額の特例の適用が受けることができ、乙は自身で所有する居住用不動産を売却したため譲渡所得税の計算上、「居住用財産を譲渡した場合の3000万円の特別控除の特例」「居住用財産を譲渡した場合の軽減税率の特例」等の適用が可能となる。

6　代償分割による遺産分割

(1)　代償分割の意義

代償分割とは、相続人の１人が遺産の全部または一部を現物で取得して、代償金を支払うかまたは代償金支払債務を負担する方法によって行う遺産分割である（相基通達19の2-8）。代償分割においては代償金に代えて不動産等を譲渡する場合もある（後記ケース27参照）。

代償分割は、現物分割が困難であったり、現物分割により遺産価値を減少させるような場合、遺産である居住用建物に相続人の家族が居住し、その者に代償金を支払う資力がある場合など特定の相続人に遺産を相続させる必要性が大きい場合に行われることが多い。

(2)　代償分割に関わる相続税

ア　課税価格の計算

代償分割において、相続税の課税価格の計算は次の方法で行われる（相基通達11の２－９）。

①　代償財産の交付を受けた者

相続または遺贈により取得した現物の財産の価額と交付を受けた代償財産の価額との合計額を課税価額とする。

②　代償財産の交付をした者

相続または遺贈により取得した現物の財産の価額から交付をした代償財産の価額を控除した金額を課税価額とする。

代償金は実際に交付されなくとも債務負担することにより相続税の課税価格に反映されることに留意する必要がある。

イ　代償債務の課税価格

代償財産が現金で支払われるとき、代償債務の課税価格は債権額ではなく時価按分方式をとり、次のように計算される（相基通達11の2-10）。

$$\text{代償金の金額} \times \frac{\text{代償分割の基礎に算入された資産の相続税評価額}}{\text{代償分割の基礎に算入された資産の実勢価格}}$$

たとえば時価2億円の不動産の代償金として1億円を支払った場合、その不動産の相続税評価額が1億6000万円であれば、

$$\text{1億円} \times \frac{\text{1億6000万円}}{\text{2億円}}$$

＝　8000万円となる。

この計算方式を採用するためには、①当事者全員が合意している場合か②代償債務の額が代償分割の対象となった財産が特定され、当該財産の代償分割の時における通常の取引価額を基に決定されていることが要件とされている（後記ケース26参照）。

代償分割の遺産分割協議書の記載例

1　当事者全員は、下記の不動産（以下「本件不動産」という）が被相続人甲（平成〇〇年〇月〇日死亡）の遺産であることを確認する。
2　乙は、本件不動産を取得する（取引価格〇〇円）※1。
3　乙は、本件不動産を取得した代償として、金〇〇円（前項記載の財産の取引価格を基準とした評価額）を平成〇〇年〇月〇日限り、丙が本件不動産にかかる共有持分移転登記手続をするのと引き換えに、丙に対し持参または送金して支払う（※1、※2）。
4　丙は、乙に対し、第3項の代償金の支払いを受けるのと引き換えに、第2項の遺産にかかる共有持分2分の1の移転登記手続をする※2。

不動産の表示（略）

※1）代償分割においては土地の相続税評価額と実勢価格とが乖離している場合が多いため、相続税基本通達11の2-10は代償金の評価額を圧縮できると定めている（時価按分方式）。
　時価按分方式での相続税申告は、当事者全員が合意している場合、もしくは当事者全員の合意がなくとも、代償分割の対象となった財産が特定され、かつその代償金の額が当該財産の代償分割時の実勢価格を元にして決定されているときは、時価按分方式で申告できるとされている。したがって、合意書作成時や遺産分割調停時において、当事者間で相続税の申告を時価按分方式によるとの合意が成立しなかった場合に備えて、条項中に「代償分割の対象となった財産の取引価格（実勢価格）」および「その取引価格（実勢価格）を元にして決定された代償金の価格」を明記しておくとよい。
※2）代償金の支払いを担保するために、所有権移転登記手続との同時履行を定める。

(3) 代償分割と取得費性

被相続人から相続した不動産を譲渡する場合において、その不動産を取得するために他の相続人に支払った代償金は譲渡資産の取得費には算入できない（後記ケース28参照、所税通達38－7）。取得者はあくまでも相続により、相続開始時に遡って取得したことになり（民909条）、他の相続人から法定相続分を買い取ったのではないからである（最判平成6年9月13日判時1513号97頁）。

(4) 代償分割と換価分割との区別

相続財産を一部の相続人の名義で売却して、売却代金を他の相続人に分配する場合、換価分割と代償分割との区別があいまいとなるおそれがある（後記ケース26参照）。相続財産の売却時に売却代金の分配割合が確定している場合は、売却時にその趣旨を明確に遺産分割協議書に記載すべきである。なお、換価分割と代償分割との区別が問題となった事例で、遺産分割協議書に「代償金」と記載されているにもかかわらず、実質に従って換価分割とした裁判例がある（横浜地判平成3年10月30日判時1440号66頁）。

(5) 代償分割において問題となる具体的ケースと税金

ケース26：代償分割、相続税はこう計算する！

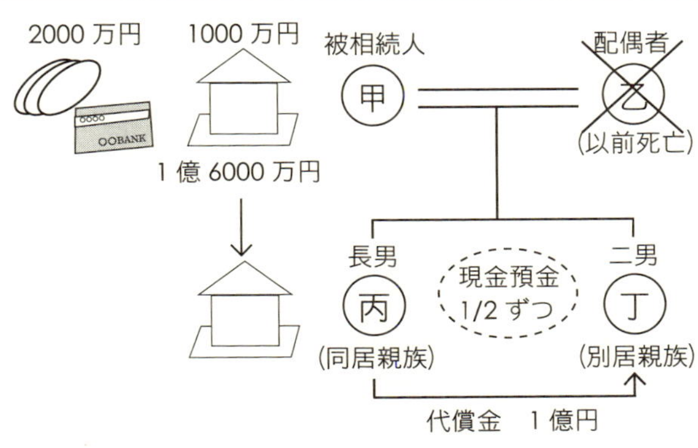

被相続人甲の相続人は、長男丙、二男丁である。相続財産は、甲が丙夫婦と同居していた居住用宅地、建物と現金貯金である。丙は、居住用宅地、建物を単独相続し、居住することを希望している。そこで居住用宅地、建物については丙が代償金として1億円を丙の手持ち預金で丁に対し支払い相続し、現金貯金については丙および丁で半分ずつ相続する旨の遺産分割協議が成立した。この場合の各人の相続税額

はどのように計算されるか。

【財産目録】

種　類	相続税評価額	備　考
居住用宅地	1億6000万円	地積200㎡、時価2億円
居住用建物	1000万円	甲と丙の居住の用に供されている
現金預金	2000万円	
合　計	1億9000万円	

【遺産分割協議案】

居住用宅地および建物については丙が相続する。居住用宅地および建物を相続する代償として丙が丁に1億円を支払うものとする。現金貯金については丙および丁で半分ずつ相続する。

解　答

代償金を支払う者の課税価格から代償額をマイナスし、受け取る者の課税価格に代償額を加算して相続税額を計算する。課税価格に加減する代償額についてはその決定根拠が時価もしくは相続税評価ベースかにより異なる。

解　説

今回のケースでは、甲と同居していた丙が居住用宅地、建物を相続する代償として自身の現預金を丁に支払っている。丙が相続する居住用宅地については、小規模宅地等の減額の特例の適用が受けられるため、代償債務控除前の丙の課税価格は5200万円（1億6000万円＋1000万円－1億2800万円＋1000万円）であり、丁に支払う代償金額を下回っている。したがって、債務控除の金額は控除前の直前の課税価格を限度とするため丙の課税価格は0となる。丁の課税価格に計上される代償金の額によって相続税額が決定する。計上される代償金額が実際の支払額の1億円か、相続税評価額ベースに引き直した金額かによって全体の相続税額が異なってくる。

相続税基本通達11の2-10では、代償分割の対象となった財産が特定され、かつ、代償債務の額がその財産の代償分割の時における通常の取引価額を基として決定されている場合には、その代償債務の額に、代償分割の対象となった財産の相続開始の時における相続税評価額が代償分割の対象となった財産の代償分割の時において通常取引されると認められる価額に占める割合を掛けて求めた価額を代償財産の額とするものとしている。したがって、

$$1億円（代償債務の額）\times \frac{1億6000万円（相続税評価額）}{2億円（通常取引価額）}$$

＝8000万円

が代償債務の額となる。

■相続税額

（単位：万円）

項　目	合　計	丙	丁
居住用宅地	16,000	16,000	
居住用建物	1,000	1,000	
小規模宅地等減額※	▲12,800	▲12,800	
現金預金	2,000	1,000	1,000
代償財産		**▲8,000**	**8,000**
課税価格	9,000	0	9,000
基礎控除額	▲4,200		
相続税額	620	0	620

※1億6000万円×200㎡／200㎡×80％＝1億2800万円

（居住用宅地等減額・限度200㎡、割合80％）

ケース27：要注意！代償金に代わる不動産の譲渡

被相続人甲の相続人は、長男丙と二男丁である。甲の遺産は、甲が経営していたX社株式（相続税評価額1億円）が大部分で他に主だった遺産はない。現在、丙はX社の代表を務めており、甲が所有していたX社株式の全株を承継したいと考えている。なお、丙は遊休地（甲の配偶者乙から相続により取得。時価5000万円。乙の取得価額不明）を所有している。

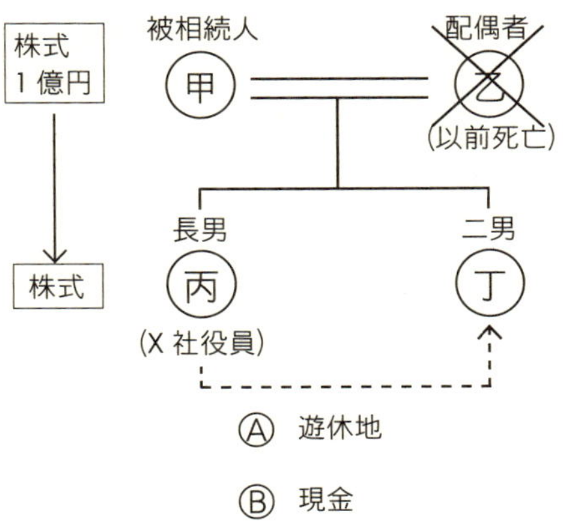

丙にとって、この遊休地を代償財産として丁に譲渡するA案と丙の現金預金5000万円を代償財産とするB案とでは税務

上どちらが有利か。

【遺産分割協議案】

A案：丙がX社株式を全株承継し、その代償として丙が以前より所有する遊休地を丁に譲渡する。

B案：丙がX社株式を全株承継し、その代償として丙が現金預金5000万円を丁に渡す。

【A案B案比較】

このケースでは、相続税について差異はない。譲渡所得税については、A案では丙が代償財産を丁に売却したとみなされるため含み益に対して課税がされるが、B案では代償財産が現金預金であるので含み益が生じることがないため課税がない。なお、A案では、遊休地を取得した丁には登録免許税・不動産取得税が課税される。

【相続税額】

■A案：代償財産が遊休地である場合

（単位：万円）

項　目	合　計	丙	丁
X社株式	10,000	10,000	0
代償分割（遊休地）		**▲5,000**	**5,000**
課税価格合計	10,000	5,000	5,000
基礎控除額	▲4,200		
相続税額	770	385	385

■B案：代償財産が現金である場合

（単位：万円）

項　目	合　計	丙	丁
X社株式	10,000	10,000	0
代償分割（現金預金）		**▲5,000**	**5,000**
課税価格合計	10,000	5,000	5,000
基礎控除額	▲4,200		
相続税額	770	385	385

【A案の譲渡所得税・住民税額】

代償財産が不動産や株式等である場合には、それを交付した者に対し含み益（売却したときに生ずる所得）について譲渡所得税および住民税が課税される。

譲渡価額　－　譲渡価額の5％　×　所得税・住民税率
＝（5000万円－（5000万円×5％））×20％＝950万円（譲渡所得税・住民税額）

ケース28：経費にならない代償金

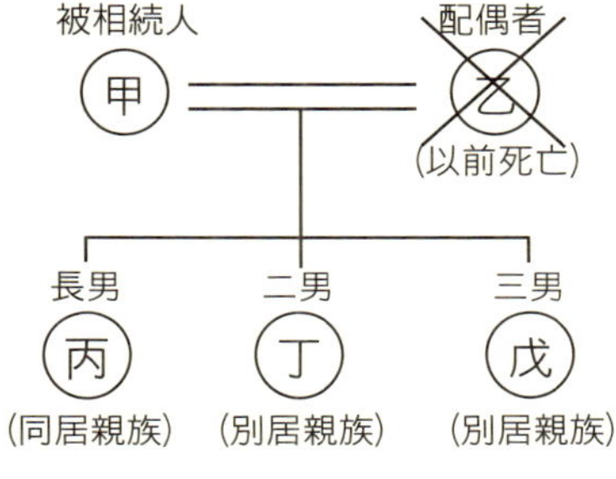

被相続人甲の相続人は、長男丙、二男丁、三男戊である。丙は甲と同居していたが、丁、戊は別居であった。甲の遺産は、居住用不動産（時価1億5000万円、相続税評価額1億2000万円）のみである。丙が居住用不動産を相続する代償として2500万円ずつ丁、戊に金銭で渡した。丙がこの居住用不動産を売却した場合、丁、戊に支払った代償金は取得費とできるか。

解　答

被相続人から遺産を取得する代償として他の相続人に支払った代償金は、当該財産を売却する場合の譲渡所得税の計算上取得費とすることはできない。

解　説

被相続人から相続した不動産を譲渡する場合において、その不動産を取得するために他の相続人に支払った代償金は、譲渡資産の取得費には算入できない。所得税法60条では、相続により取得した資産の取得費は引き続き相続人が所有していたものとみなされるとしている。つまり、被相続人が取得した金額はそのまま相続人に引き継がれる。代償金を取得費にできないことは所得税法基本通達38-7でも規定されている。ただし、所得税法基本通達60-2では、相続により取得したときに発生する登録免許税（登記費用も含む)、不動産取得税については、事業用資産として必要経費に算入される場合を除き取得費に算入されるとしている。ただし、相続財産である土地を遺産分割するためにかかった訴訟費用等は取得費には算入されない。

ケース29：譲渡所得税どちらが有利？代償分割と換価分割

被相続人甲の相続人は、長男丙、二男丁、三男戊である。相続人は、いずれも別居親族であり、持家がある。甲の遺産は、居住用不動産（時価2億2500万円、相続税評価額1億8000万円）のみで売却予定である。丙が居住用不動産を取得し、代償分割により丙の手持現金預金を丁と戊に渡すA案と換価分割により丙、丁および戊が売却代金を1／3ずつ分けるB案では、譲渡所得税はどちらが得か。なお、居住用不動産の取得価額は不明である。

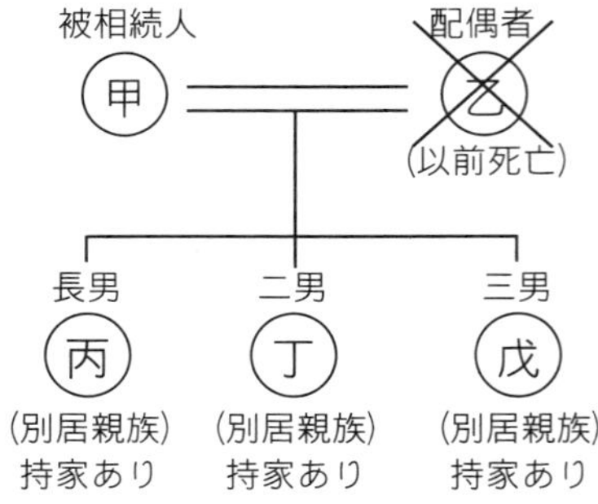

【遺産分割協議】

A案：代償分割

丙は、居住用不動産を相続する。居住用不動産を相続する代償として丁および戊に6000万円ずつ支払う。

B案：換価分割

共同相続人全員は、居住用不動産を売却換価し、その売却代金から売却費用（不動産仲介手数料・契約書作成費用・登記手続費用）を控除した金額を、丙、丁および戊が各1／3の割合で分配するものとする。

【A案B案比較】

代償分割は取得した相続人のみが譲渡所得税等を負担するが、換価分割は各相続人がそれぞれ譲渡所得税等を負担する。なお、代償分割の場合の代償金は取得費とならない。

相続税額の取得費加算（租特39条）は、代償分割では譲渡所得税の発生する丙のみに適用され、換価分割では譲渡所得税の発生する丙、丁、戊の3名に適用されるため、本ケースでは換価分割のほうが譲渡所得税の計算上は有利となる。

【相続税額】

■A案：代償分割

（単位：万円）

項　目	合計額	丙	丁	戊
居住用不動産	18,000	18,000		
代償分割		**▲12,000**	**6,000**	**6,000**
課税価格	18,000	6,000	6,000	6,000
基礎控除額	▲4,800			
相続税額	2,040	680	680	680

■B案：換価分割

項　目	合計額	丙	丁	戊
居住用不動産	**18,000**	**6,000**	**6,000**	**6,000**
課税価格	18,000	6,000	6,000	6,000
基礎控除額	▲4,800			
相続税額	2,040	680	680	680

【譲渡所得税額等】

A案（代償分割）：丙に譲渡所得税額等が発生する。

（譲渡価額　－　譲渡価額の5％　＋　相続税額取得費加算額※）×所得税・住民税率

＝2億2500万円－（2億2500万円×5％＋680万円）×20％

＝4181万8000円（譲渡所得税・住民税額）

B案（換価分割）：丙、丁、戊に譲渡所得税額等が発生する。

（譲渡価額　－　譲渡価額の5％　＋　相続税額取得費加算額※）×所得税・住民税率

＝7500万円－（7500万円×5％＋680万円）×20％

＝1331万8000円（1名分の譲渡所得税・住民税額）

合計では1331万8000円×3名（丙、丁、戊）＝3995万4000円

【参考】※相続税額取得費加算

※相続税取得費加算額　＝　相続税額　×　A／課税価額

A：土地の価格－支払代償金×土地の価格／（課税価格＋支払代償金）

680万円×A／6000万円＝680万円

A＝1億8000万円－｛1億2000万円×1億8000万円／（6000万円＋1億2000万円））｝＝6000万円

【換価分割および代償分割の流れ】

■換価分割

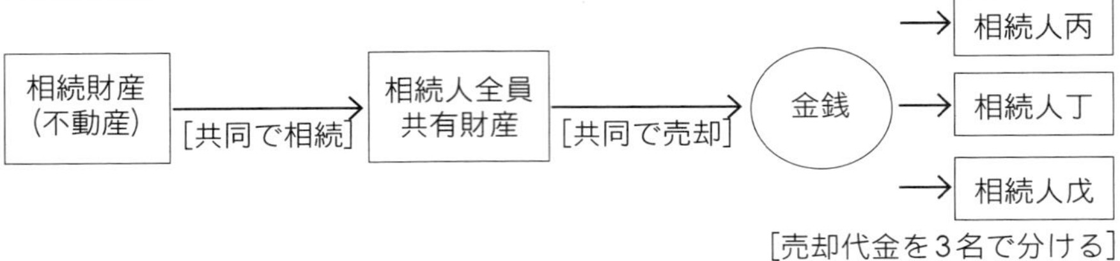

■代償分割

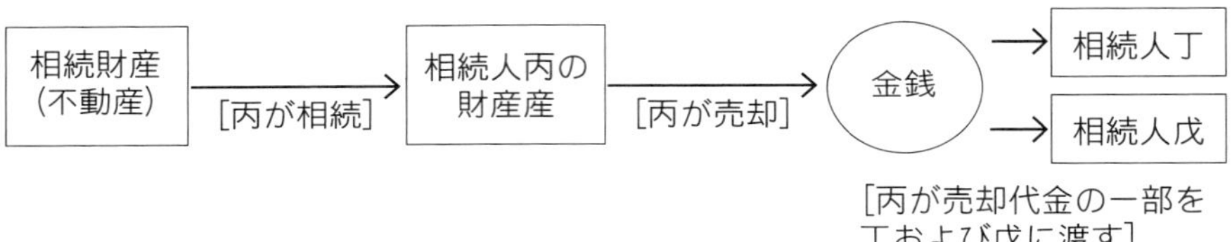

【換価分割・代償分割と譲渡所得税の関係まとめ】

種　類	内　容	相続税額取得費加算	居住用不動産特例
換価分割	相続人が共同で不動産等を売却し金銭で分配する方法	相続税取得費加算が売却した相続人全員に使える	相続人のうち要件を満たすもののみ適用可能
代償分割（相続により取得した不動産を売却）	相続人が相続財産を売却し相続財産の代償として他の相続人に、金銭を支払う方法	不動産を譲渡した相続人のみ適用	不動産を取得した相続人が要件を満たせば「小規模宅地等の減額の特例」「居住用※財産の3000万円控除特例」の適用が可能
代償分割（金銭）	相続人が相続財産の代償として他の相続人に金銭で支払う方法	譲渡所得税は発生しない	不動産を取得した相続人が要件を満たせば「小規模宅地等の減額の特例」の適用が可能

※居住用不動産を相続し、その後譲渡する場合において、相続した相続人が被相続人と同居親族であり、かつ、申告期限まで居住し申告期限後に売却した場合

ケース30：これ、換価分割？

被相続人甲の相続人は、長男丙、次男丁および三男戊である。甲の遺産は、居住用宅地および建物である。丙は、甲と同居しているが、丁および戊は別居である。丙は、居住用宅地および建物を相続し、その代償として手持ちの現預金を丁および戊に渡すこととした。しかし、相続税の申告期限後に丙の勤める会社が倒産したため、代償金の一部を支払えなくなった。そのため、丙は甲から相続した居住用宅地および建物を売却し、代償金の支払いにあてた。この場合の相続税および譲渡所得税の計算はどのようになるか。換価分割とみなされないか。

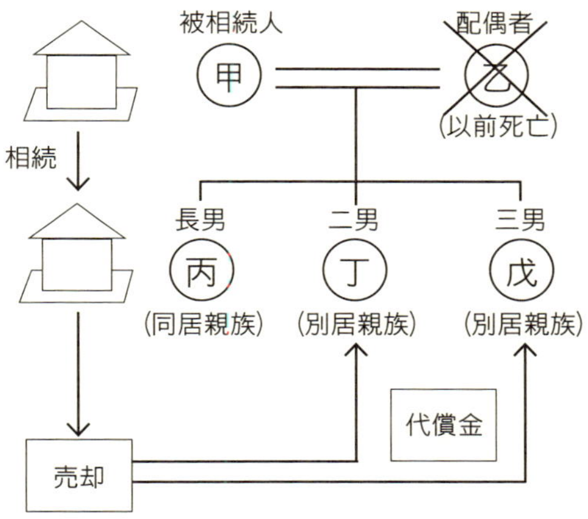

解　答

換価分割とはみなされない。

相続税については、被相続人の居住用宅地および建物を同居親族が取得し、申告期限まで所有し居住していたため、特定居住用宅地等に該当し80％減額の適用がある。また譲渡所得税については、丙の居住用不動産を譲渡したため、「居住用財産を譲渡した場合の3000万円の特別控除の特例」の適用がある。

また譲渡年の1月1日の所有期間（被相続人の取得時期から起算した期間）が10年を超える場合には、「居住用財産を譲渡した場合の軽減税率の特例」の適用が受け

られ、さらに相続税の納税があり、相続税の申告期限から3年以内に相続により取得した財産を譲渡した場合には、「相続税額の取得費加算の特例」の適用が受けられる。

❶解　説

本ケースでは、遺産分割協議時点において売却後の換金を前提としていないため換価分割には該当しない。仮に、遺産分割協議成立時の当初から、不動産を売却し、代金を配分することを予定していたのであれば、当局より、換価分割とみなされ、丙、丁、戊がそれぞれ配分額に応じて譲渡所得税を負担するおそれが高い。また、相続税についても、小規模宅地等の減額の特例も丙の持分についてのみ適用が限定されるおそれがある。本ケースは遺産分割後の丙の資力悪化という事後的な事情により、不動産を売却することになったので換価分割とはみなされない。

なお、相続税の申告期限前に居住用不動産の売却を行った場合には、小規模宅地等の減額の特例の適用は受けられないため注意が必要である。

7　債務控除と遺産分割

(1)　概　略

相続税は、被相続人の積極財産から消極財産を控除した正味の財産に課税されるものである。そこで、相続または遺贈により財産を取得した者が被相続人の債務を引き継いだ場合には、相続税の課税価格の計算をする際に、その債務を相続財産から控除することとされている。

民法上、借入金等の金銭債務は、相続開始と同時に法定相続分に応じて当然に分割承継され、遺産分割協議において法定相続分と異なる割合で負担する旨を合意しても、これを第三者である債権者に対抗することはできない（東京高決昭和37年4月13日判タ142号74頁参照）。

これに対して、相続税法上は、相続人間で決定されたところに従って、債務控除の規定が適用される（後記ケース31参照）。

なお、後述のとおり（ケース32、遺言ファイル5参照）、債務について遺産分割が未了の場合には、法定相続分に応じて負担するものとして申告を行えばこれが認められる（相基通達13-3）。

(2) 適用対象者と控除される債務の範囲

ア　適用対象者

債務控除の適用対象者には、相続によって財産を承継した者は当然含まれるが、遺贈に関しては、包括受遺者または相続人である受遺者に限られる。

相続人でない特定受遺者は、被相続人の債務を承継しないため債務控除の適用対象とされていない。相続放棄および相続廃除・欠格などにより相続権を剥奪された者も被相続人の債務を承継しないことから、遺贈によって財産を取得しても債務控除の適用はない。

イ　控除される債務の範囲

控除される債務の範囲は、納税義務者の態様により異なる。

日本国内に住所を有していて、被相続人から相続または遺贈により財産を取得したというごく一般的な場合（無制限納税義務者の場合）には、原則として承継した被相続人の債務すべてが控除の対象となる。公租公課も債務に含まれる。また、無制限納税義務者に関しては、被相続人に係る葬儀費用も債務控除の対象となる。

これに対して、日本国内に住所を有しないなどの制限納税義務者が被相続人から相続または包括遺贈等によって財産を取得した場合は、国内にある財産のみが課税対象となるため、債務控除の対象となる債務も、国内にある財産にかかる物的債務に限定される。そのため、葬儀費用や生前の医療費、また被相続人にかかる未払いの所得税等の人的債務に関しては控除が認められない。

(3) 債務の金額と控除の対象となる債務

控除すべき債務の金額は、相続開始時の現況によるものとされている（相税22条）。もっとも、確定金額の債務であっても、当該金額が当然に控除すべき債務の額となるものではなく、債務の利率や弁済期等の現況によって控除すべき額を個別的に評価すべきものとされており、約定利率が通常より低利である場合に、通常の利率による中間利息を控除して得られた現在価額を元本額から差し引いた金額を、控除すべき債務額とした例がある（最判昭和49年9月20日判タ313号252頁、判時757号60頁）。

次に、債務控除の対象となる債務は、相続の際に現に存在し、確実と認められるものに限られる（相税13条、14条）。

「現に存在し」とは、現に債務が発生しているとの意味であり、履行期の到来の有無は問われない。なお、公租公課については、被相続人死亡時に確定しているもののほか、被相続人死亡後に相続人等が納付することになったものも控除の対象となる。

「確実と認められる」とは、債務の存在だけでなく履行が確実と認められる債務をいうものとされており、保証債務は原則として対象とならない。これに対して、連帯債務は、原則として、各相続人の負担部分に相当する金額が債務控除の対象となる。なお、履行するまでは撤回が可能とされている口頭による贈与に関しては、撤回権が行使されず、債務が履行されることが確実かどうかが重視されており、実際に債務控除を認めたものとして東京高判平成4年2月6日（判タ803号91頁）がある。

▣コラム——保証債務と連帯債務の債務控除

本文で触れたとおり、債務控除は現に存在し、確実と認められる債務を対象として認められるものである。保証債務は、将来現実に履行義務が発生するか否かが不確実であり、また仮に将来履行した場合でも法律上は求償権の行使によって補塡されるものであって、確実な債務とは言いがたいため債務控除の対象とならないとされている。そこで、相続開始時において、主債務者が弁済不能の状態にあるため、保証債務を履行しなければならない場合で、かつ、主債務者に求償して返還を受ける見込みがない場合には、主債務者が弁済不能の部分の金額は、保証人の債務として控除することが認められている（相基通達14-3(1)但書）。主たる債務者の求償能力が失われているときは、控除が認められることもある。なお、物上保証について、債務控除の対象となるかが争われたケースではいずれもこれが否定されている（東京地判昭和57年5月13日訟務月報28巻12号2347頁）。

連帯債務については、負担すべき額が明らかになっている場合にはその負担金額を控除できる。さらに、連帯債務者のうちに弁済不能の状態にある者があり、かつ、求償して弁済を受ける見込みがなく、弁済不能者の負担部分をも負担しなければならないと認められる場合には、その負担しなければならない部分の金額の控除も認められる（相基通達14-3(2)）。主債務者が債務超過であってもいまだ弁済不能といえない。連帯保証債務のうち、自己の負担部分までは債務控除の対象と認められたが、負担部分を超える部分については債務控除が認められない。

また、被相続人の債務のうち、墓所・墓標等（相税12条1項2号）、公益事業用財産（相税12条1項3号）の取得、維持または管理のために生じた債務は、債務控除の対象とならない。これらは、被相続人の債務であるものの、債務を生じさせた財産が相続税を課税されない非課税財産であるにもかかわらず、その取得代金等の債務については控除するというのが相当でないと考えられるためである。

■コラム――弁護士費用は債務控除される？

民法上、相続財産に関する費用は相続財産から支弁するものとされているが（民法885条1項）、相続税法上、相続財産に関する費用は債務控除の対象とならないとされている（相基通達13-2）。この理由については、相続にかかる費用は相続開始後に発生するものであるから、被相続人の債務でもなく、相続の際に現存する債務でもないためと説明されている。

そこで、遺産分割のための弁護士費用や遺産分割前の相続財産の管理費用、相続財産の鑑定、換価や弁済等に要する費用などは債務控除の対象とならない。遺言執行に関する費用については、同様に債務控除の対象とならない。

しかしながら、実際上、相続人は、上記のような費用を支払ったうえで、初めてこれらの費用を控除した相続財産を取得できるのであるから、これらの費用を控除せずに課税価格を算定することには疑問がもたれるところである。

(4) 葬式費用

葬式費用は、本来被相続人の債務ではないことは当然であるが、相続の開始すなわち被相続人の死亡に伴って、被相続人のために必然的に発生する債務であることから、相続債務に準じて、これを負担した相続人等の課税価格から控除されることとされている。

葬式費用とは、直接葬式に要した費用を指し、葬儀後に生じた費用は含まないとされている。葬式費用にあたるかの判断は、地域ないし宗教上の慣習とも関連して判断の難しい問題ではあるが、実務上は次のように通達がその範囲を示している。

葬式費用とされるもの（相基通達13－4）	葬式費用とされないもの（相基通達13－5）
・埋葬・火葬その他に要した費用 ・葬式に際し施与した金品で、被相続人の職業、財産などから相当程度と認められるものに要した費用 ・その他葬式の前後に要した費用で通常葬式に伴うと認められるもの ・遺体捜索、遺体・遺骨の運搬費用	・香典返し ・墓石・墓地の購入費用、墓地の借入費用 ・法会（初七日、忌み明け等）に要した費用 ・医学上または裁判上の特別の処置の費用

(5) 債務控除において問題となる具体的ケースと税金

ケース31：遺産を取得していない相続人が債務を負担したら……

被相続人甲の相続人は、長男丙および二男丁である。甲の遺産は、居住用不動産（相続税評価額6000万円（小規模宅地等の減額の特例適用後））現預金3000万円であるが、他に友人からの借入金2000万円がある。甲は生前丙に対し多額の贈与を行っていたことから、丁は甲の遺産分割にあたり居住用不動産および現預金のすべてを自分が相続し、借入金2000万円は全額丙が負担するという分割案（A案）を主張する。丁が債務を全額負担する分割案（B案）と比較して税務上、どのように異なるか。

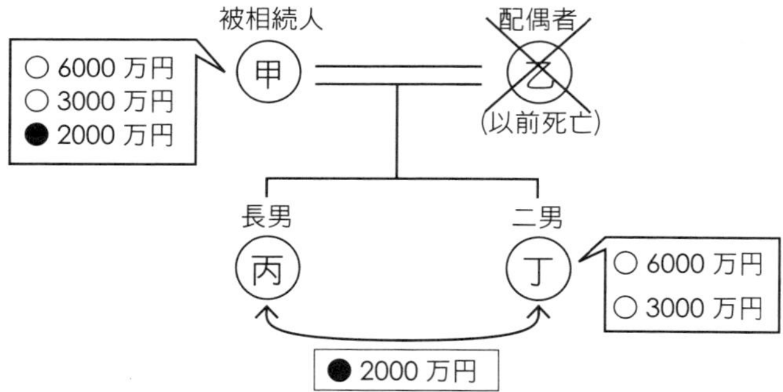

【遺産分割協議案】

A案：丁が甲の財産のすべてを相続し、丙が甲の債務を全額負担する。

B案：丁が甲の財産のすべてを相続し、丁が甲の債務を全額負担する。

【A案B案比較】

債務控除は、各相続人の債務控除直前の課税価格が限度となる。

A案の場合は、債務の負担者である丙が財産を取得していないため、債務控除は適用されない。B案の場合は、債務の負担者である丁が財産を取得しているため、債務控除が適用され、相続税の総額はA案と比較し低くなる。

■A案

(単位：万円)

種　類	合計額	丙	丁
居住用不動産 (小規模減額適用後)	6,000		6,000
現預金	3,000		3,000
債務控除 (実際適用なし)	▲2,000	▲2,000	
課税価格	9,000	0	9,000
基礎控除額	▲4,200		
相続税額	620	0	620

■B案

(単位：万円)

種　類	合計額	丙	丁
居住用不動産 (小規模減額適用後)	6,000		6,000
現預金	3,000		3,000
債務控除 (適用あり)	**▲2,000**		**▲2,000**
課税価格	7,000		7,000
基礎控除額	▲4,200		
相続税額	320	−	320

ケース32：債務の分担を定めていない遺産分割協議のゆくえ

ケース31で債務額の分担を遺産分割協議で定めていない場合の相続税額はどのように計算するか。

解　答

民法に規定する法定相続分に応じて負担したものとして課税価格および相続税額を計算する。

解　説

判例によると遺産分割の対象となるものは、被相続人の有していた積極財産だけであり、被相続人の負担していた消極財産たる金銭債務は相続開始と同時に共同相続人にその相続分に応じて当然分割承継されるものであり、遺産分割によって分配されるものではないとされている（東京高決昭和37年4月13日）。ただし相続税法では債務のうちその者の負担に属する部分の金額を債務控除すると規定されている。また、相続税法基本通達によると、負担する金額が確定していないときは民法に規定する相続分に応じて負担するものとして申告がされたときはこれを認めるとされている（相基通達13-3本文）。

また、同通達によれば、「共同相続人または包括受遺者が当該相続分または包括遺贈の割合に応じて負担することとした場合の金額が相続または遺贈により取得した財産の価額を超えることとなる場合において、その超える部分の金額を他の共同相続人または包括受遺者の相続税の課税価格の計算上控除することとして申告があったときは、これを認める。」（相基通達13-3但書）と規定されている。

【相続税額】

■相基通達13-3本文（民法規定の相続分に応じた負担）

（単位：万円）

項　目	合　計	丙	丁
居住用不動産（小規模減額適用後）	6,000		6,000
現預金	3,000		3,000
債務控除	▲2,000	▲1,000	▲1,000
課税価格	8,000	0	8,000
基礎控除額	▲4,200		
相続税額	470	0	470

■相基通達13-3但書

（単位：万円）

項　目	合　計	丙	丁
居住用不動産（小規模減額適用後）	6,000		6,000
現預金	3,000		3,000
債務控除	**▲2,000**		**▲2,000**
課税価格	7,000	0	7,000
基礎控除額	▲4,200		
相続税額	320	0	320

8 財産評価と遺産分割

(1) 財産評価の概要

相続税額は、相続により取得した財産の価額に基づいて算出される。そのため、相続税額を算出するには、まず財産の評価を行わなければならない。

財産の評価は、その財産を取得した時の「時価」によって行い（相税22条）、その評価の方法は、国税庁の定める財産評価基本通達によって規定されている。しかし、宅地の場合は取得者が誰であるかによって宅地の評価単位が異なったり、株式の場合も取得者の持株割合によって株式の評価方法が異なったりするため、遺産分割の方法を工夫することにより財産の評価額を下げ、節税に資することも可能である（後記ケース33参照）。

以下では、遺産分割の際に、遺産に含まれていることの多い宅地、宅地の上に存する権利（借地権等）、家屋、株式について、評価の方法を簡単に解説する。

(2) 宅地の評価

ア　土地の評価上の区分

土地の価額は、宅地、田、畑、山林、原野、牧場、池沼、鉱泉地、雑種地の地目ごとに区別して評価する。一体として利用されている一団の土地が2以上の地目からなる場合は、主たる地目により評価する（評基通達7）。

また、地目は登記簿の記載ではなく、相続開始時の現況によって判定する。

イ　宅地の評価単位

宅地は、利用の単位である「1画地」ごとに評価する。

1画地の宅地とは、原則として、①所有者の使用収益を制約する他者の権利（使用借権はこれに含まれない）の存在によって区分し、②他者の権利が存在する場合は、その権利者および権利の性質によって区分する。

具体的には以下のようになる。

自宅	事業所	⇒両方自用地のため、全体で評価
自宅	貸地	⇒自用地と貸地のため、別個で評価
Aに賃貸	Bに賃貸	⇒別々の借地人に貸し付けているので、別個で評価
自宅	Aに使用貸借	⇒使用貸借は権利としての性質が弱く、所有権を制限しないため、両方自用地として全体で評価

なお、全体で1画地の宅地といえる場合でも、贈与や遺産分割によって取得者が別々になる場合には、別個の宅地として評価する（後記ケース33参照）。ただし、分割後の画地が宅地として通常の用途に供することができないなど分割方法が著しく不合理である場合は、その分割前の宅地を1画地の宅地として評価する（3章遺言ファイル7参照）。

自宅 ↓ Aが取得	自営店舗 ↓ Bが取得	⇒別個で評価

ウ　宅地の評価方法（路線価方式と倍率方式）

宅地の評価の方法には、路線価方式と倍率方式とがある。

路線価方式とは、その宅地に面する路線に付された路線価を基として、その宅地の形状等により修正を加えた金額によって評価する方法をいう（評基通達13）。

路線価とは、国税局長が路線ごとに評定する1㎡あたりの土地の価額であり（評基通達14）、毎年7月ころに発表され、国税庁のHPに公開されている（http://www.rosenka.nta.go.jp）。市街地などの宅地にはほとんど路線価が付されているので、路線価方式を用いることが大多数である。相続税評価は相続開始の年の路線価を基準とする。

【路線価図の例】

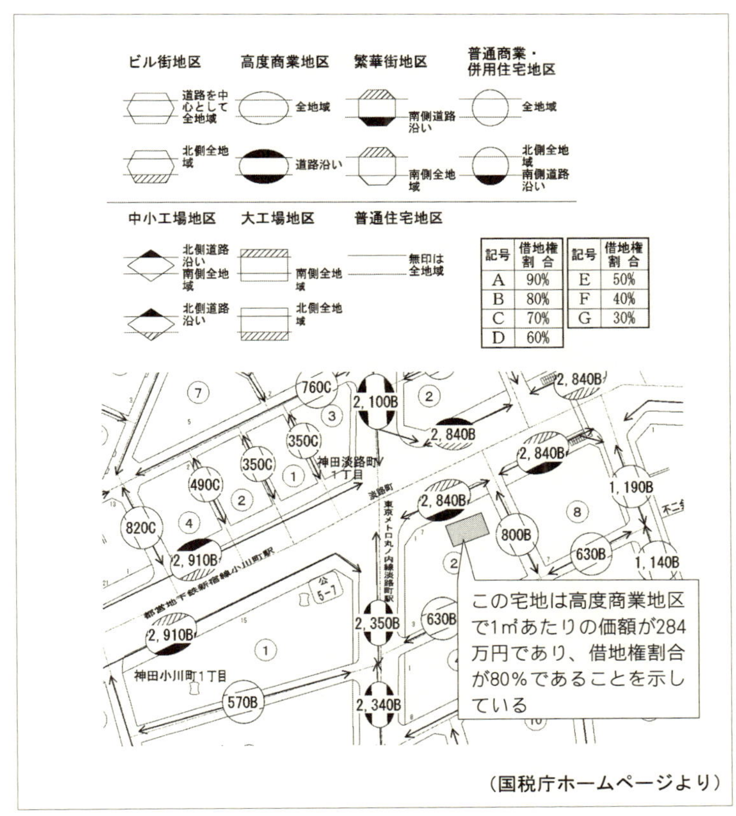

（国税庁ホームページより）

倍率方式とは、路線価の定められていない地域の宅地について、固定資産税評価額を基として、地域ごとに定められた倍率を乗じて評価する方法である（評基通達21、21-2)。

倍率表は、路線価と同様に国税庁のホームページで公表されている。

【評価倍率表の例】

市区町村名：○○○市　　　　　　　　　　　　　　　　○○○税務署

音順	町（丁目）又は大字名	適用地域名	借地権割合	固定資産税評価額に乗ずる倍率等						
				宅地	田	畑	山林	原野	牧場	池沼
			%	倍	倍	倍	倍	倍	倍	倍
あ	旭町	全域	－	路線	比準	比準	比準	比準		
	東町	全域	－	路線	比準	比準	比準	比準		
	暁町１丁目	全域	－	路線	比準	比準	比準	比準		
	暁町２丁目	全域	－	路線	比準	比準	比準	比準		
	暁町３丁目	全域	60	1.1	比準	比準	比準	比準		
い	石川町	一部	－	路線	比準	比準	比準	比準		
		上記以外の地域	60	1.1	比準	比準	比準	比準		

（国税庁ホームページより）

エ　路線価方式による評価

①　一つの道路に面している宅地（評基通達15）

路線価方式による評価は、路線ごとに付された路線価に地積を乗じて行う。ただし、同じ道路に面していても、土地の奥行距離によって土地の利用価値は異なってくることから、奥行距離に応じた奥行価格補正率（巻末資料参照）を乗じて補正を行うこととなる。

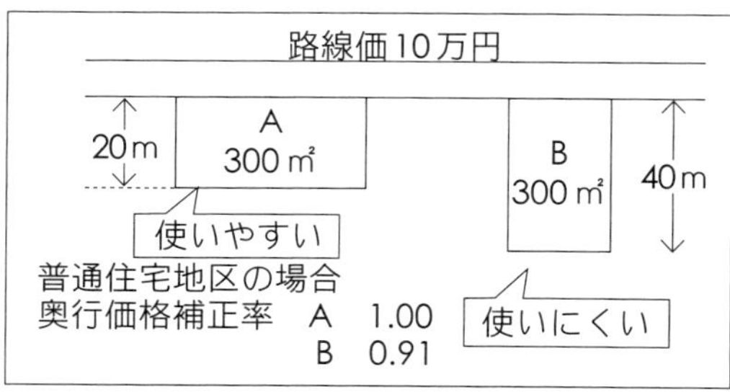

宅地の評価額　＝　路線価　×　奥行価格補正率　×　地積

たとえば、上記宅地について評価額を計算してみよう。

宅地Aと宅地Bはいずれも路線価10万円／㎡の土地である。しかし宅地Aは奥行価格補正率1.00であるのに対し、宅地Bは0.92であるので、それぞれの評価は以下のようになる。

	路線価		奥行価格補正率		地積	
宅地A	10万円	×	1.00	×	300㎡	＝3000万円
宅地B	10万円	×	0.91	×	300㎡	＝2730万円

②　正面と側方に道路のある宅地（評基通達16）

2方が道路に面している宅地は、1方しか面していない宅地と比べて利用価値が高いため評価も高くなる。そこで、下記のとおり、正面路線価だけでなく、側方路線価に側方路線影響加算率（巻末資料参照）を乗じたものを考慮して評価を行う。

なお、2方のうち、（路線価×奥行価格補正率）の高いほうの路線を正面路線とする。

正面路線価　×　奥行価格補正率……1

側方路線価　×　奥行価格補正率　×　側方路線影響加算率……2

宅地の評価額　＝　（1　＋　2）　×　地積

以下の土地について評価額を計算してみよう。なお、宅地Aと宅地Bはいずれも2

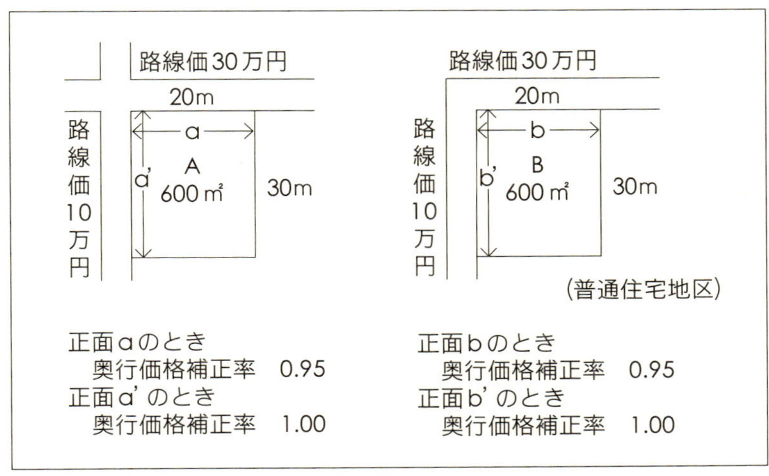

方で路線に面している宅地であるが、宅地Aのように2系統の路線に面しているものを角地、宅地Bのように1系統の路線の屈折部の内側に位置するものを準角地という。

■宅地A評価額

正面を決める　⇒　30万円×0.95　＞　10万円×1.00……正面はaとなる
30万円　×　0.95　＝　28万5000円……[1]
10万円　×　1.00　×　0.03（角地の加算率）　＝　3000円……[2]
（[1]＋[2]）×地積＝（28万5000円＋3000円）×600㎡＝1億7280万円

■宅地B評価額

正面を決める　⇒　30万円×0.95　＞　10万円×1.00……正面はbとなる
30万円×0.95　＝28万5000円……[1]
10万円×1.00×0.02（準角地の加算率）　＝2000円……[2]
（[1]＋[2]）×地積＝（28万5000円＋2000円）×600㎡＝1億7220万円

③　裏面も道路と接する宅地（評基通達17）

宅地の裏面も道路に面している場合は、1方しか道路に面していない場合と比べて利用価値が高いため、評価も高くなる。そのため、正面路線価だけでなく、裏面路線価に二方路線影響加算率（253頁資料参照）を乗じたものを考慮して、評価を行う。

なお、2方のうち、「路線価×奥行価格補正率」の高いほうの路線を正面路線とする。

正面路線価×奥行価格補正率……[1]
裏面路線価×奥行価格補正率×二方路線影響加算率……[2]
宅地の評価額　＝　（[1]＋[2]）　×　地積

たとえば、以下の宅地の評価額を計算してみよう。

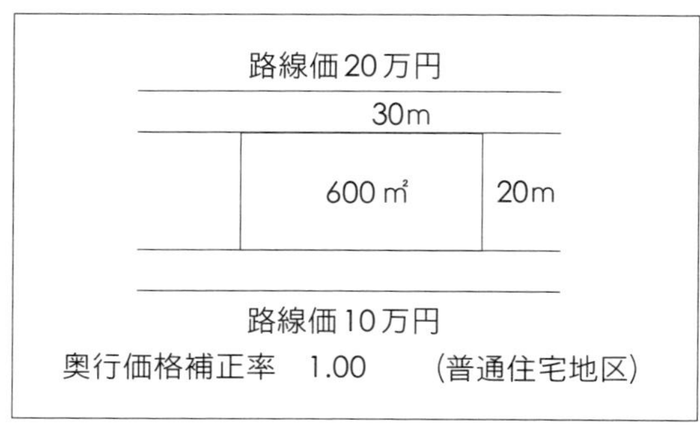

正面を決める　⇒　20万円×1.00　＞　10万円×1.00

20万円　×　1.00　＝　20万円……[1]

10万円　×　1.00　×　0.02　＝　2000円……[2]

（[1]＋[2]）×地積＝（20万円＋2000円）×600㎡＝1億2120万円

なお、三方、四方を路線と接する宅地は、路線に接する部分が多い分利用価値が高いことから、評価の加算を行う。その方法は、上記の計算方法の組合せである（評基通達18）。

④　**形状による補正**

同じ路線価の宅地であっても、間口が狭い宅地や、いびつな形状の宅地は、建物を建てにくいため、土地としての利用価値が低くなる。そのため、土地の形状によって、それぞれの補正率を乗じて評価の調整を行う。

間口が狭小な宅地（評基通達20－3(1)）　間口の狭い宅地は、土地の利用価値が低いので、間口狭小補正率（評基通達付表6）を乗じて評価額を補正する。

奥行が長大な宅地（評基通達20－3(2)）　間口の広さに対して奥行が長い宅地は、土地の利用価値が低いので、奥行長大補正率（評基通達付表7）を乗じて評価額を補正する。

がけ地（評基通達20－4）　宅地にがけ地を含む場合は、土地の利用価値が低いので、がけ地補正率（評基通達付表8）を乗じて評価額を補正する。

不整形地（評基通達20）　奥行距離が一様でない宅地（不整形地）は、単純に奥行価格補正率を乗じることができないため、平均的奥行距離もしくは最も奥行の長い部分の奥行距離によって奥行価格補正率を求めることになる。

また、建物が建てにくいなど土地の利用価値が低いので、不整形地補正率（評基通達付表5、地積区分は付表4）を乗じて評価額を補正する。

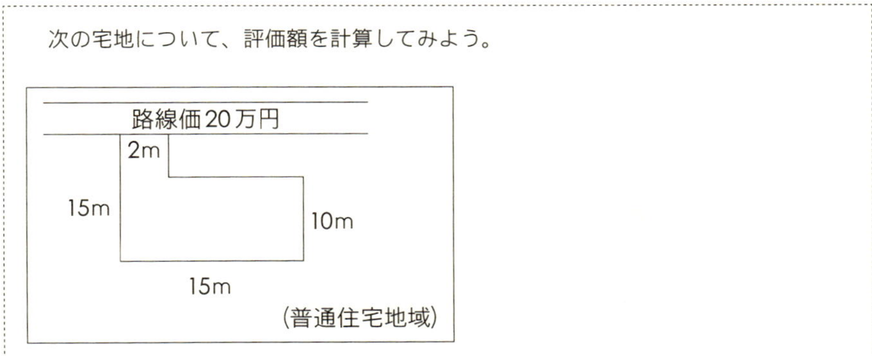

<基本的な考え方>

まず、宅地評価の基本は、すでに述べたとおり、「路線価×奥行価格補正率×地積」であるから、路線価20万円に奥行価格補正率と地積を乗じることになるが、上記の宅地は奥行距離が一定でない不整形地であるので、不整形地の奥行価格補正率を求めなければならない。

<不整形地の奥行価格補正率の求め方>

不整形地の奥行価格補正率は、「その宅地の平均的な奥行距離」もしくは「最も奥行の長い部分の奥行距離」の、いずれか小さいほうの距離をとることができる。

平均的な奥行距離（ア）は、宅地の地積÷間口の広さで求めることができるので、上記宅地では、「地積160㎡　÷　間口の広さ2m　＝　80m」となる。

他方、最も奥行が長い部分の奥行距離（イ）は15mであり、（ア）と（イ）を比較すると（イ）のほうが小さいので、奥行距離を15mとした奥行価格補正率（普通住宅地区、奥行15ｍ＝1.00）を採用することになる。

<形状による補正>

本件土地は、すでに述べたとおり不整形地であるため、不整形地補正率を用いて評価を調整することができる。また、間口距離が2mと短く、さらに、間口に対して奥行距離が長いので、間口狭小補正率、奥行長大補正率にも該当することとなる。

しかし、これらの補正率はすべて併用できるわけではなく、併用できるものと、併用できないものがある。

具体的には、

　不整形地補正率　×　間口狭小補正率　⇒　併用OK
　間口狭小補正率　×　奥行長大補正率　⇒　併用OK
　不整形地補正率　×　奥行長大補正率　⇒　併用NG　　となる。

そのため、併用可能な補正率を各種検討し、最も評価を下げることができる組み合わせを選択して評価を行うことが節税のポイントとなる。

では、どの補正率を用いるのが最も節税になるか検討してみよう。

ア　不整形地補正率による修正

　不整形地補正率は、財産評価基本通達の付表5に定められており、①地区区分、②地積区分、③かげ地割合の3つから判断する。

　まず、本件土地の①地積区分は普通住宅地区である。そして、②地積区分については、付表4に定められており、本件土地は普通住宅地区の160㎡の宅地であるから地積区分はAとなる。

　③かげ地割合とは、評価対象地の想定整形地（評価対象地の全域を囲む正面路線に面した矩形または正方形の土地）から、評価対象地からはみ出す部分の割合をいい、次の算式により計算する。

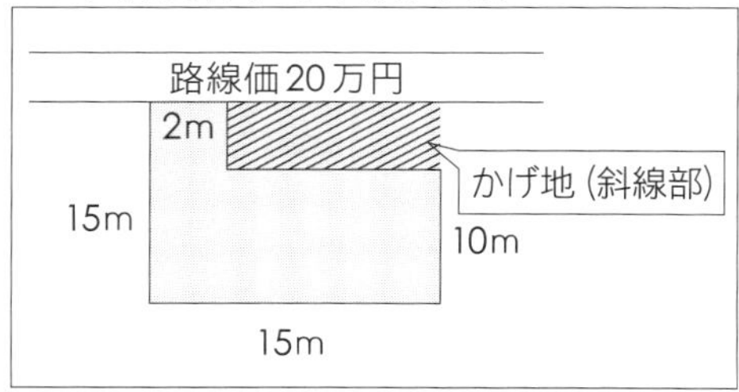

$$かげ地割合 = \frac{想定整形地の地積 - 不整形地の地積}{想定整形地の地積}$$

本件土地のかげ地割合は、

$$\frac{(想定整形地の地積)\ 225\,m^2 - (不整形地の地積)\ 160\,m^2}{(想定整形地の地積)\ 225\,m^2} = 28.888\cdots\%$$

であるから、付表5のうち、かげ地割合が「25%以上」の枠を選択することになる。したがって、本件土地の不整形地補正率は、「地区区分・普通住宅地区」「地積区分・A」「かげ地割合・25%以上」の欄を選択し、0.92となる。

イ　間口狭小補正率による補正

間口狭小補正率は、財産評価基本通達の付表6に定められており、地区区分と間口距離によって判断する。

本件土地は、普通住宅地区の間口距離2mの土地であるから、間口狭小補正率は0.90となる。

ウ　奥行長大補正率による補正

奥行長大補正率は、財産評価基本通達の付表7に定められており、地区区分のほか、「奥行距離／間口距離」の長さによって判断する。

本件土地は、普通住宅地区であり、「奥行距離／間口距離」は15m／2m＝7.5mであるから、0.90となる。

エ　各補正率の併用

以上より、各補正率は、不整形地補正率が0.92、間口狭小補正率が0.90、奥行長大補正率が0.90となるので、このうち、どの補正率を併用するのがもっとも評価額を下げることができるかを検討すると、

不整形地補正率0.92　×　間口狭小補正率0.90　＝　0.828
間口狭小補正率0.90　×　奥行長大補正率0.90　＝　0.81

となり、間口狭小補正率と奥行長大補正率の組合せが最も宅地の評価を下げることができるので、この二つを用いて宅地を評価する。

本件宅地の評価は、

路線価		奥行価格補正率		間口狭小補正率		奥行長大補正率		地積	
20万円	×	1.00	×	0.90	×	0.90	×	160㎡	＝2592万円

となる。

⑤　地積規模の大きな宅地の評価（評基通達20-2）

地積規模の大きな宅地とは、三大都市圏においては500㎡以上の地積の宅地、三大都市圏以外の地域においては1,000㎡以上の地積の宅地をいう。地積が大きな宅地は、開発行為を行う場合などに道路や公園など公益的施設用地の設置が必要になる場合があるなど、標準的な地積である宅地に比し、1㎡あたりの価値は低くなる

傾向にある。

このような事情を考慮し、広大地の評価（旧評基通達24-4）が定められていたが、適用の可否判断が明確でない、土地の地積のみから評価され形状等を一切考慮しない、などの問題点があり、平成30年1月1日以後の相続および贈与については、「地積規模の大きな宅地の評価」が適用されることになった。

なお、市街化調整区域、都市計画法上の工業専用地域、指定容積率が400％（東京都の特別区においては300％）以上の地域、財産評価基本通達22－2に定める大規模工場用地に所在する宅地については、地積規模の大きな宅地から除かれる。

＜評価方法＞

路線価地域に所在する宅地については路線価に、奥行価格補正率や不整形地補正率などの各種画地補正率のほか、規模格差補正率を乗じて求めた価額にその宅地の地積を乗じて計算した価額によって評価する。

評価額＝路線価×奥行価格補正率×不整形地補正率など各種画地補正率
×規模格差補正率※×地積

※規模格差補正率

$$規模格差補正率 = \frac{A\times B\times C}{地積規模の大きな宅地の地積A}\times 0.8$$

	地区区分	普通商業・併用住宅地区、普通住宅地区			
	地域	三大都市圏		三大都市圏以外	
	記号	B	C	B	C
地積(A)	500㎡以上1,000㎡未満	0.95	25		
	1,000㎡以上3,000㎡未満	0.90	75	0.90	1.00
	3,000㎡以上5,000㎡未満	0.85	225	0.85	250
	5,000㎡以上	0.80	475	0.80	500

たとえば、下記の宅地の評価額を求めてみよう。

	奥行価格補正率		奥行長大補正率		規模格差補正率※				
200,000円	× 0.91		× 0.98		× 0.78	×	800㎡	=	111,296,000円

※規模格差補正率

$$\frac{800㎡ \times 0.95 + 25}{800㎡} \times 0.8 = 0.78$$（小数点2位未満切捨て）

オ　倍率方式による評価（評基通達21－2）

倍率方式による評価は、固定資産評価額に倍率を乗じて計算する。

なお、登記簿上の地積と実際の地積が異なる場合は、実際の地積で評価する。

評価額　＝　固定資産評価額　×　倍率

カ　宅地の上に存する権利

①　貸宅地・借地権

＜A所有土地をBに賃貸、土地上にB所有家屋あり＞

A所有の宅地にBの借地権が設定されている場合、この借地権の価額を評価する必要がある。借地権の価額は、自用地評価額に借地権割合を乗じて評価する（評基通達27）。

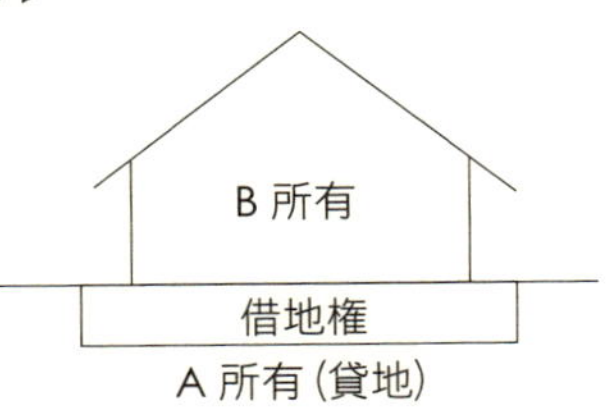

借地権割合は地域ごとに決められており、路線価図または倍率表に記載されている。

借地権の評価　＝　自用地評価額　×　借地権割合

他方、Ａの宅地は、Ｂの借地権により使用収益の制限を受ける宅地（貸宅地）として、その借地権の負担を差し引いて評価することとなる（評基通達25(1)）。

貸宅地の評価＝自用地評価額　×　(1－借地権割合)

②　貸家建付地・借家人

＜A所有土地上にA所有家屋あり（賃借人B）＞

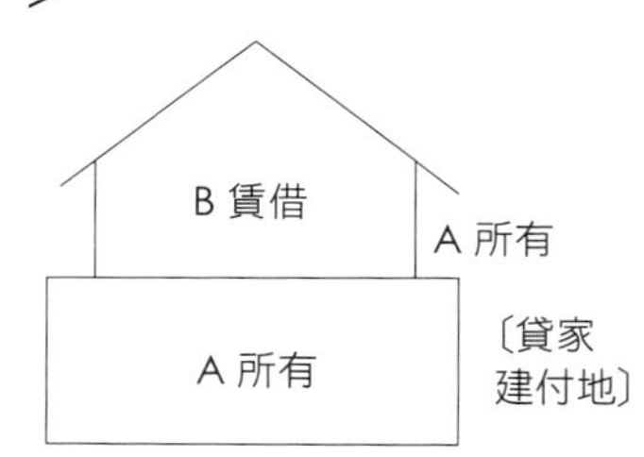

Ａ所有の宅地上にあるＡ所有の建物をＢに賃貸している場合も、理屈の上ではＢが借家人としての権利を有することになる。しかし、借家人の権利は通常取引の対象とならないため、評価しないこととなっている（評基通達31）。

借家人の権利　＝　0

他方、Ａの所有する土地は、現に借家人の権利により使用収益の制限を受けることになるから、その借家人の権利による負担を受ける宅地（貸家建付地）として評価することになる。ここで、借家人の権利による負担は、宅地の借地権の価額に借家権割合（一律30％）と賃貸割合を乗じて計算するので、貸家建付地の価額は、これを差し引いて評価することとなる（評基通達26）。

貸家建付地の評価＝自用地評価額×（1－借地権割合×30％×賃貸割合）
※賃貸割合＝（賃貸部分の床面積／総床面積）

③　使用貸借

＜A所有土地をBが使用貸借（土地上にB所有建物あり）＞

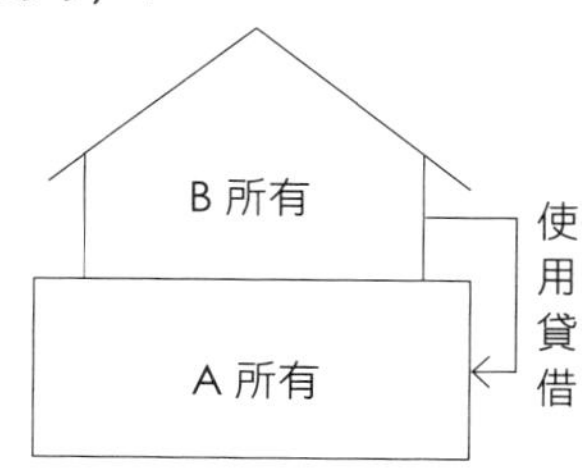

Ａの所有する宅地をＢに使用貸借している場合、Ｂの宅地に関する権利は0として扱われる（使用貸借関係個別通達3）。使用貸借には借地借家法の適用がなく権利としての価値が乏しいためである。なお、固定資産税相当額の授受があった場合も使用貸借として扱われる。

Bの使用貸借による権利　＝　0

また、Aの宅地についても使用貸借によって特に大きな制限を受けないため、通常の自用地評価による。

Aの宅地評価　＝　自用地評価

(3)　家屋の評価

ア　評価単位

家屋の価額は1棟ごとに評価する（評基通達88）。

イ　評　価

①　自用家屋<A所有家屋にA居住>

Aが所有する家屋を自ら使用している場合は、自用家屋として、固定資産税評価額に倍率（1.0）を乗じて評価する（評基通達89）。

自用家屋の評価額　＝　固定資産税評価額　×　1.0

②　貸家と借家権

Aが所有する家屋をBに賃貸している場合、Bは借家権を有する。しかし、借家権は通常取引の対象とならないため、評価額は0である（評基通達94）。

借家権の評価額　＝　0

他方、Aの家屋は、Bの借家権の負担を負う家屋（貸家）として評価する。ここで、借家権の負担は、自用家屋の評価額に借家権割合（一律30%）と賃貸割合を乗じたものとされているため、自用地評価額からこれを控除して計算する（評基通達93）。

貸家の評価額　＝　自用家屋の評価額　×　（1－30％×賃貸割合）

(4) 株式の評価

ア　評価単位

株式の価額は、上場株式、非上場株式の区分に従って、1株ごとに評価する（評基通達168）。

イ　上場株式

上場株式の価額は、その株式が上場されている証券取引所（複数の証券取引所に上場されている場合は、納税義務者が選択）が公表する課税時期の最終価格（終値）によって評価する（評基通達169(1)）。ただし、一つの最終価格だけを採用すると不安定となるため、次のうち最も低い価額によって評価する。

①課税時期の最終価格
②課税時期の属する月の毎日の最終価格の月平均
③課税時期の属する月の前月の毎日の最終価格の月平均
④課税時期の属する月の前々月の毎日の最終価格の月平均

ウ　非上場株式

非上場株式は、取引相場がないことから客観的な時価は存在しない。そこで、会社の純資産価額や利益金額、類似業種の株価等を基礎に評価することとなる。

なお、非上場株式の評価方法は複雑であるため、ここでは基本的な考え方の流れを押さえてほしい。

非上場株式の評価方法は、「株主の地位」と「会社の規模」という2つの視点により区分され、それぞれの評価方法が定められている。

①　株主の地位による区分

株式は、その会社の経営者等の支配株主にとっては会社の支配権という重要な価値を有するが、他方、少数株主にとっては会社に対する支配権がないため配当金を受け取ることについての期待程度の価値しかない。

そこで、非上場株式の評価は、まず、株主が支配株主か少数株主かで区分し（評基通達188）、支配株主の場合は、会社支配権として会社の業績や資産内容を反映した原則的評価方法、少数株主の場合は、配当実績に基づく例外的評価方法（配当還元方式）を採用している（後記ケース36参照）。

【同族株主のいる会社】

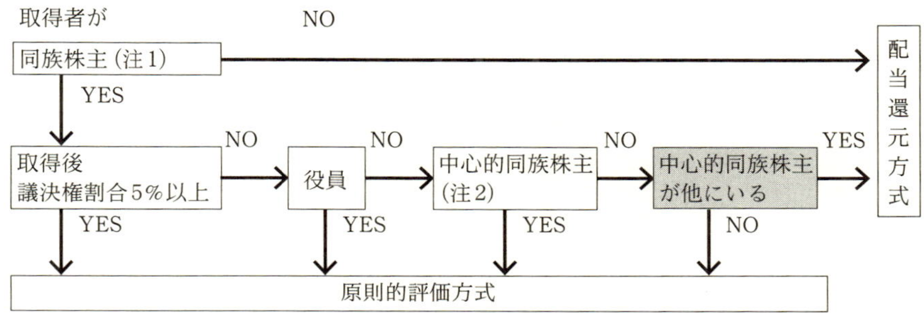

注1）同族株主：株主の1人およびその同族関係者の有する議決権の合計数が議決権総数の30%以上（50%超※）である場合におけるその株主および同族関係者
※50%超の株主グループがいる場合はそのグループのみが同族株主となる

注2）中心的同族株主：同族株主のいる会社の株主で、同族株主の1人ならびにその株主の配偶者、直系親族、兄弟姉妹および1親等の姻族（一定の会社を含む）の有する議決権の合計数が議決権総数の25%以上である場合におけるその株主をいう

【同族株主のいない会社】

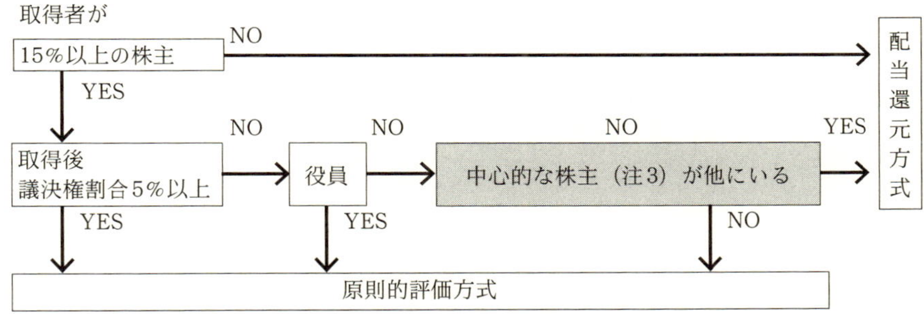

注3）中心的な株主：同族株主のいない会社の株主で、株主の1人およびその同族関係者の有する議決権の合計数が議決権総数の15%以上である株主グループのうち、いずれかのグループに単独で議決権総数の10%以上の株式を所有している株主をいう。

（詳しい解説は、第3章遺言ファイル8、9参照）

②　会社規模による区分

原則的評価方式を用いる場合でも、会社の中には、上場企業に準じる程度の規模のものから、個人商店に等しいものまで様々であることから、それらの特徴に応じた株式の評価が行われる。

そこで、会社の純資産価額や従業員数、年間の取引金額によって会社の規模を大会社、中会社、小会社と区分し、それぞれの評価方法を定めている。このうち、大会社は、上場企業に準じる経営規模であるから、業種の類似する上場会社の平均株価に比準させて評価する（類似業種比準価額方式、評基通179(1)）。

他方、小会社は、個人商店と変わらない規模のものであるため、その会社の経営者が株式を通じてその会社の財産を有しているに等しい。そこで、会社の純資産価額を基礎に株式を評価する（純資産価額方式、評基通179(3)）。

両者の中間である中会社は、両方の要素があることから上記二つの評価方式を併用して評価する（併用方式、評基通(2)）。

【株主の地位による区分】

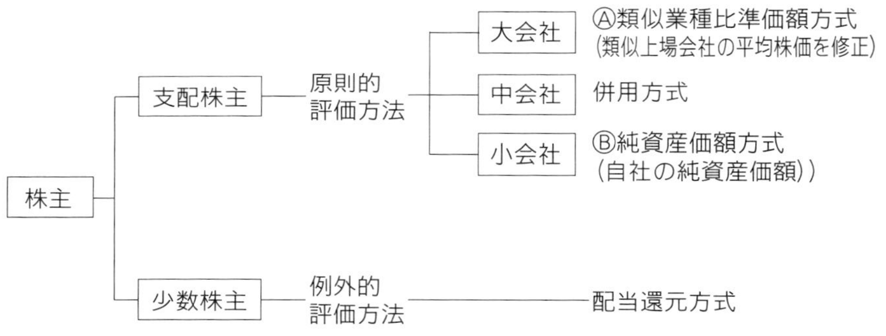

【会社規模による区分】

	会社規模		評価方法	
			Ⓐ類似	Ⓑ純資産※1
原則	大会社		100%※2	−
	中会社	大	0.90※2	1−0.90
		中	0.75※2	1−0.75
		小	0.60※2	1−0.60
	小会社		0.50	1−0.50
			−	100%
例外	配当還元方式（または原則的評価方法）			

※1）取得者と同族関係者の議決割合が50%以下の場合⇒純資産価額×80／100

※2）純資産価額のほうが低い場合は純資産価額

【会社規模判定表】

会社の規模		総資産価額（帳簿価額）			従業員数	年間の取引金額		
		卸売業	小売・サービス業	それ以外の業種		卸売業	小売・サービス業	それ以外の業種
大会社					70人以上			
		20億円以上	15億円以上	15億円以上	35人超	30億円以上	20億円以上	15億円以上
中会社	大 0.90	4億円以上 20億円未満	5億円以上 15億円未満	5億円以上 15億円未満	35人超	7億円以上 30億円未満	5億円以上 20億円未満	4億円以上 15億円未満
	中 0.75	2億円以上 4億円未満	2億5000万円以上 5億円未満	2億5000万円以上 5億円未満	20人超 35人以下	3億5000万円以上 7億円未満	2億5000万円以上 5億円未満	2億円以上 4億円未満
	小 0.60	7000万円以上 2億円未満	4000万円以上 2億5000万円未満	5000万円以上 2億5000万円未満	5人超 20人以下	2億円以上 3億5000万円未満	6000万円以上 2億5000万円未満	8000万円以上 2億円未満
小会社		7000万円未満	4000万円未満	5000万円未満	5人以下	2億円未満	6000万円未満	8000万円未満

従業員が70人以上の会社はすべて「大会社」となる。従業員が70人未満の会社は「総資産価額」と「従業員数」とをみて、どちらか低いほうの会社規模に該当する。

「総資産価額」と「従業員数」による判定結果と「年間の取引金額」とをみて、どちらか大きいほうの会社規模に該当することになる。

▣コラム――5分でわかる非上場株式の評価の仕組み

非上場会社の株式評価について複雑でわかりにくいという方も多いと思うがコラムで簡単に説明してみる。

まず、評価会社を大会社・中会社・小会社に区分する（区分基準は従業員数・取引金額・総資産額等である）。

大会社は上場会社に近い会社であるため、同業の上場会社の平均株価を評価会社の利益・配当・純資産を基礎に修正をかける方法（「類似業種比準価額方式（下記参照）」）で評価する。

小会社は個人事業者により近い会社であるため会社の「時価純資産価額方式」で評価する。

一般的に内部留保の高い会社は「類似業種比準価額」より「時価純資産価額」のほうが高くなる。したがって一般的に内部留保の高い会社の株価は「時価純資産価額」が株価の最高値と考えてよい。逆に「時価純資産価額」がマイナスの会社（債務超過の会社）の株価は0となる。

また大会社であっても一定期間利益・純資産がマイナスで配当もない会社、

土地や株式の保有割合の高い会社等は上場会社の株価に準ずる「類似業種比準価額」にはなじまないため「時価純資産価額」を中心に評価される。

したがって、内部留保が高い会社で近年利益も配当も出していない会社は、利益が出ていないのに利益が出ている時の株価と比較し高くなってしまう可能性があるので注意が必要である。

■類似業種比準価額の計算式（評基通達180）

$$A \times \left[\frac{\frac{Ⓑ}{B} + \frac{Ⓒ}{C} + \frac{Ⓓ}{D}}{5} \right] \times 0.7$$（中会社0.6、小会社0.5）……[1]

$$[1] \times \frac{\text{評価会社の1株あたりの資本金等の額}^{※}}{50\text{円}}$$

＝　類似業種比準価額

※評価会社の直前期末における資本金等の額を直前期末における発行済株式数で除した金額

上記の計算式のA、B、C、DおよびⒷ、Ⓒ、Ⓓは、それぞれ次の金額をいう。

A＝類似業種の課税時期の属する月以前3か月間の各月の株価及び前年平均株価および課税時期の属する月以前2年間の平均株価のうち最も低い金額（評基通達182）

B＝課税時期の属する年の類似業種の1株あたりの配当金額

C＝課税時期の属する年の類似業種の1株あたりの年利益金額

D＝課税時期の属する年の類似業種の1株あたりの純資産価額（帳簿価額によって計算した金額）

Ⓑ＝評価会社の1株あたりの配当金額

Ⓒ＝評価会社の1株あたりの年利益金額

Ⓓ＝評価会社の1株あたりの純資産価額（帳簿価額によって計算した金額）

(5)　財産評価において問題となる具体的ケースと税金

ケース33：これだけ下がる！土地の評価

被相続人甲の遺産には下図のように自己の居住用建物および事業用建物の敷地として利用している宅地（いずれも小規模宅地等の減額の特例の適用要件を満たしていない）事業用建物3000万円、居住用建物3000万円であり他に現金預金が1000万円ある（金額はいずれも相続税評価額である）。甲の相続人は長男丙および次男丁である。税務上、どのような遺産分割案が得策か。

・高度商業地区

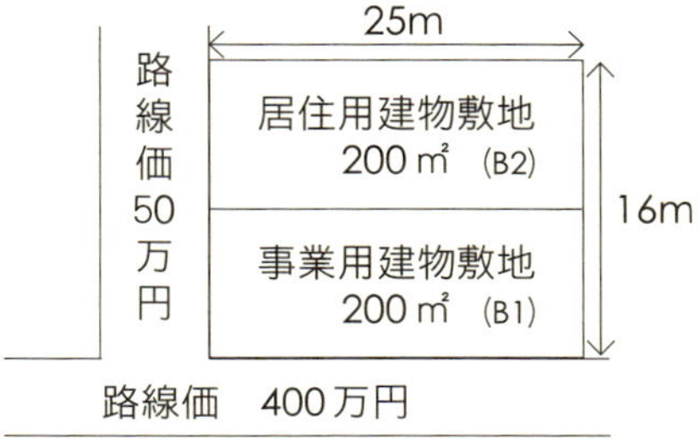

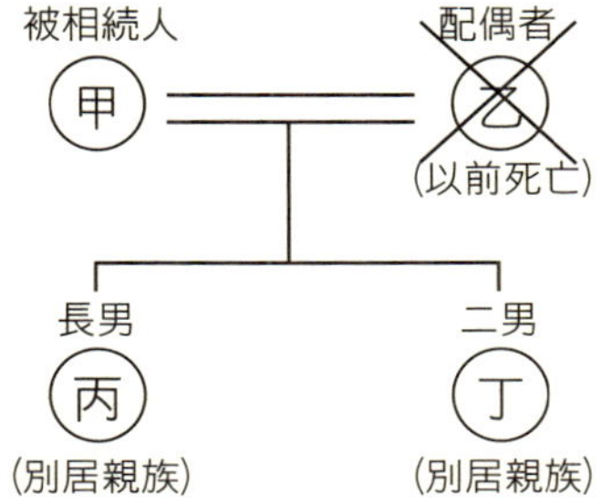

25m

路線価50万円	居住用建物敷地 200㎡ (B2)	16m
	事業用建物敷地 200㎡ (B1)	

路線価　400万円

被相続人 甲 ＝ 配偶者 乙（以前死亡）

長男 丙（別居親族）　二男 丁（別居親族）

【遺産分割協議案】

A案：丙および丁が甲の建物および敷地全体を各2分の1ずつ共有で相続し、丙および丁が現金預金を各2分の1で相続する。

B案：丙が甲の事業用建物および敷地部分を相続し、丁が居住用の建物および敷地部分を相続する。丙および丁が現金預金を各2分の1で相続する。

解　答

B案のほうが相続税が安くなる。

【A案B案比較】

本ケースの場合は土地が2筆に分かれているが、いずれも甲の自己の用に供されている宅地であるため評価単位は全体宅地となる。ただし、それぞれの宅地の取得者が異なる場合は不合理分割となる場合を除き、宅地の取得者ごとの評価が可能となる。A案の場合は、全体宅地を共有で取得するので宅地の評価単位は全体宅地となり、400万円／㎡の路線価が宅地全体に反映される。B案では、遺産分割により丙が事業用建物の敷地を、丁が居住用建物の敷地を取得するため、別々の宅地として評価することが可能である。そのため居住用建物の敷地部分については400万円／㎡の路線価が反映されず、50万円／㎡の路線価のみを使用して宅地の評価を行うことになるため、評価額および相続税額が安くなる。

【A案とB案との宅地評価比較】

（正面路線価ⓐ×奥行価格補正率ⓑ）＋（側方路線価ⓒ×奥行価格補正率×側方路線価影響加算率ⓓ）×地積

上記の式に基づいて算出する。

A案：全体評価の場合

ⓐ400万円、ⓑ1.0、ⓒ50万円、ⓓ0.10

{(400万円×1.0) ＋ (50万円×1.0) ×0.10)} ×400㎡＝16億2000万円

B案：別々評価の場合（取得者が異なる場合）

B1（事業用宅地） ⓐ400万円、ⓑ1.0、ⓒ50万円、ⓓ0.10

丙取得宅地評価＝ {400万円×1.0＋ (50万円×1.0×0.10) ×200㎡

＝8億1000万円

B2（居住用宅地） ⓐ50万円、ⓑ1.0

丁取得宅地評価＝50万円×1.0×200㎡＝1億円

■ **A案**

（単位：万円）

項　目	合計額	丙	丁
宅　地	**162,000**	81,000	81,000
建　物	6,000	3,000	3,000
現金預金	1,000	500	500
課税価格	169,000	84,500	84,500
基礎控除額	▲4,200		
相続税額	76,240	38,120	38,120

■ **B案**

（単位：万円）

項　目	合計額	丙	丁
事業用宅地	**81,000**	**81,000**	0
居住用宅地	10,000	0	**10,000**
事業用建物	3,000	3,000	0
居住用建物	3,000	0	3,000
現金預金	1,000	500	500
課税価格	98,000	84,500	13,500
基礎控除額	▲4,200		
相続税額	38,499	33,196	5,303

➊ポイント

本来は全体評価となる利用の単位が同一の宅地等であっても、その宅地等を区分して複数の者が別々に取得することにより、全体としての評価額を下げることが可能となる場合がある（不合理分割となる宅地等を除く）。

ケース34：地積規模の大きな宅地評価に要注意！

被相続人甲の有する900㎡の更地（一方路線（路線価30万円／㎡）に接する宅地で奥行価格補正率は0.90である）につき長男丙および次男丁で取得することとなった。当該更地は三大都市圏の市街化区域内に所在する。下記のA、Bいずれの遺産分割協議案が税務上有利か。

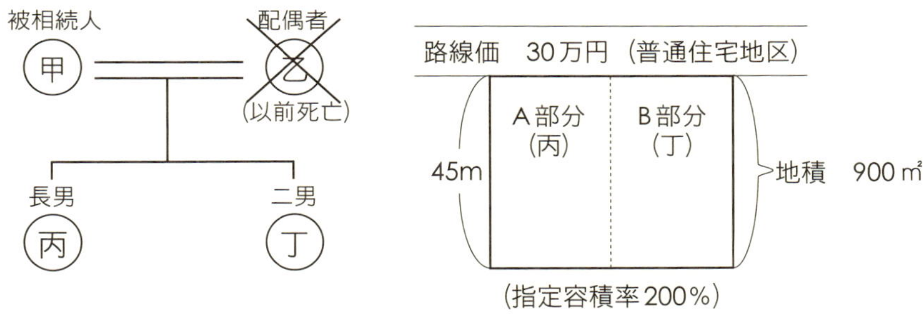

【遺産分割協議案】

A案：更地を上図破線のように分筆し、それぞれを丙、丁が相続する。

B案：更地を丙および丁が共有で半分ずつ相続する。

解　答

地積規模の大きな宅地の適用要件（面積要件等）を考慮したB案が有利である。

➊解　説

地積規模の大きな宅地の評価を適用する条件としては、1評価単位で500㎡以上（三大都市圏の場合）であることが要件となる。したがって、分筆して取得するA案の場合は、1評価単位が500㎡以下となるため地積規模の大きな宅地の評価の適用ができなくなる。地積規模の大きな宅地の評価の適用を受けるためには、宅地全体を共有で取得するB案でなくてはならない。適用の有無により宅地評価でかなりの差が出るため、遺産分割では注意が必要となる。

【A案B案宅地評価比較】

A案：分筆後丙および丁で取得

路線価		奥行価格補正率		地積		
30万円	×	0.90	×	450㎡	=	1億2150万円

（丙および丁が取得する宅地評価）

B案：丙および丁で共有取得

路線価	奥行価格補正率		規模格差補正率		地積		
30万円	×0.90	×	0.78※	×	900㎡	=	1億8954万円

$$※\frac{900㎡\times 0.95+25}{900㎡}\times 0.8=0.78$$

1億8954万円×1／2＝9477万円（丙および丁が取得する宅地評価）

【A案B案税額比較】

■A案：地積規模の大きな宅地の評価が適用されない分割（宅地を分筆して取得）

（単位：万円）

項　目	合　計	丙	丁
更　地	24,300	12,150	12,150
課税価格合計	24,300	12,150	12,150
基礎控除額	▲4,200		
相続税額	4,640	2,320	2,320

■B案：地積規模の大きな宅地の評価が適用される場合（宅地を共有で取得）

（単位：万円）

項　目	合　計	丙	丁
更地	18,954	9,477	9,477
課税価格合計	18,954	9,477	9,477
基礎控除額	▲4,200		
相続税額	3,026	1,513	1,513

■コラム——広大地の評価との違いは？

平成29年12月31日までに発生した相続等によって地積の大きな宅地を取得した場合において、一定の要件を満たした場合には「広大地の評価」が適用されていた。

広大地の評価と地積規模の大きな宅地の評価の主な違いは以下のとおり。

項　目	広大地	地積規模の大きな宅地
相続発生日	平成29年12月31日まで	平成30年1月1日以降
評価方法	路線価×広大地補正率 (他の補正率を使用しない)	宅地の評価額×規模格差補正率 (他の補正率を使用する)
補正率	広大地補正率＝ $0.6 - 0.05 \times \frac{\text{広大地の地積}}{1{,}000\,\text{m}^2}$	規模格差補正率＝ $\frac{A \times B + C}{\text{地積規模の大きな宅地の地積}A} \times 0.8$ (P118（規模格差補正率）参照)
地積要件	三大都市圏：500㎡以上 その他の地域：1,000㎡以上 非線引き都市計画区域等：3,000㎡以上	三大都市圏：500㎡以上 その他の地域：1,000㎡以上
容積率	指定容積率または基準容積率が300％未満	指定容積率400％未満 (東京23区は300％未満)
その他	上記要件を満たしている場合でも、その宅地が「開発行為を行うとした場合に、公共公益的施設用地の負担が必要でないもの」や「マンション適地」である場合には適用できない。	

▣コラム――同族の個人・法人間で安い地代で土地を借りた場合どうなるか？

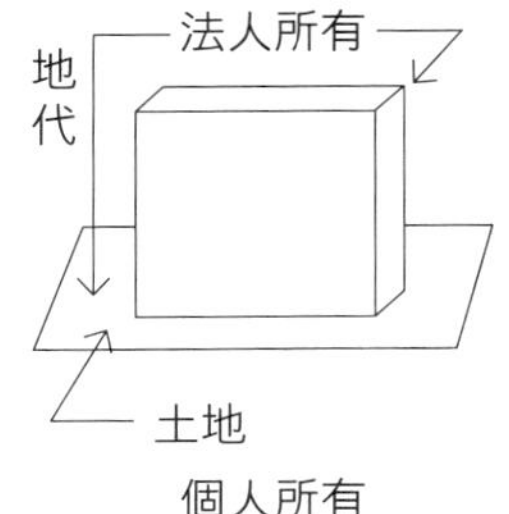

個人甲が所有する土地の上に法人（甲の同族会社）が建物を建て、法人の事業の用に供した場合において、土地につき権利金の支払いをせず、かつ、固定資産税の2倍ほどの地代の額の土地賃貸借契約がなされた場合

権利金の支払いもなく、かつ、相当地代の支払いもない場合は、土地賃貸借契約時において法人に自然発生借地権が発生し、法人に借地権相当額の課税が行われる（認定課税）。

ただし、土地賃貸借契約書に無償返還条項があり、かつ、税務署に対して「土地の無償返還に関する届出書」が提出されている場合は、借地権の発生を回避することができる（後記ケース35参照）。

ケース35：80％の底地評価！「土地の無償返還に関する届出書」

被相続人甲は、その所有していた宅地を同族会社Lに対し賃貸借契約により貸し付け（権利金の授受は行われていない）、その宅地はLの建物の敷地の用に供されていた。契約書には、Lが甲に対して無償で土地を返還する旨の合意が定められている。このような場合、甲所有の土地の評価は、通常の借地権が設定されている場合と評価が異なるか。

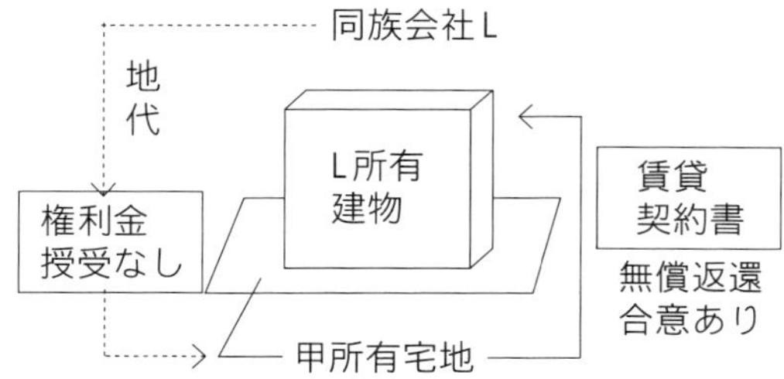

解　答

「土地の無償返還に関する届出書」の提出の有無により土地および株式の評価が異なる。「土地の無償返還に関する届出書」が提出されていない場合はＬ会社に借地権の認定課税が行われる。甲は全体評価から認定課税相当額を差し引いた残りの権利を有することとなる。

賃貸借契約の場合において「土地の無償返還に関する届出書」の提出があるときは、Ｌ会社に借地権の認定課税は行われず、自用地評価額の80／100が甲の権利となる。

【参考】土地の無償返還に関する届出書　借地権の設定等により他人に土地を使用させた場合で、その借地権の設定等にかかる契約書において借地人がその土地を無償で返還することが定められている場合の手続で、この届出書が土地所有者の所轄税務署長に提出された場合には借地権の認定課税は行われないこととなる。

安い地代を支払うと借地権が生じ、高い地代を支払うと借地権が生じない？

借地権を設定する際には、権利金の授受を行う場合と、行わない場合とがある。

民法上は、いずれの場合も借地権であることに疑いはないが、税法上は、権利金の授受が行われず、その代わりに権利金に対応した高額な地代（年額でおおむね自用地評価額の6%、「相当の地代」）が支払われる場合は借地権の評価は行われないこととなっている。

ただし、借地権設定時に権利金の授受が行われていない場合でも、相当の地代に満たない安い地代しか支払われていない場合には、相当の地代と実際の地代の差額について借地権の贈与があったものとみなされて、借地権の課税が行われるので注意が必要である（借地権の認定課税、相当の地代関係個別通達「相当の地代を支払っている場合の借地権等についての相続税及び贈与税の取扱いについて」）。

すなわち、権利金を支払って借地権を得る場合は図解の底地権部分のみにいわゆる「通常地代」を支払うことになる。しかし、権利金を支払わずに「通常地代」のみの支払いで済むような契約がされた場合は、借地権を借地人が無償で得ているのと同じことであるため、その得た権利に対して、贈与があったものとして課税を行われるのである。実際に支払われる地代が安ければ安いほど、借地権を契約設定時に多く得たということになるため、土地の賃貸契約に際して地代を設定する場合は注意が必要である。

・権利金を支払って借地権を得た場合

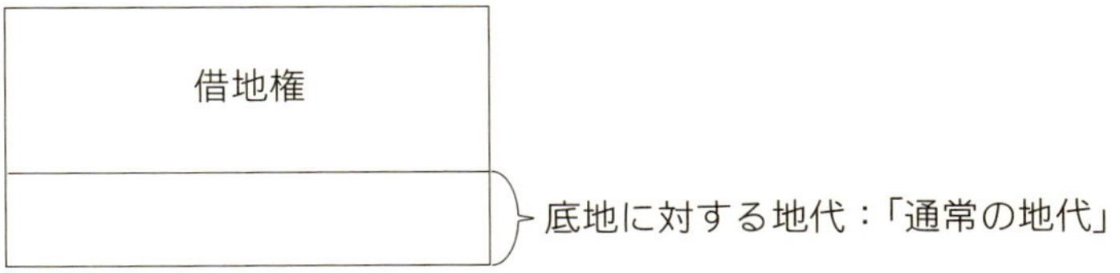

借地権

底地に対する地代：「通常の地代」

・権利金を支払わずに土地全体に対する地代を支払う場合

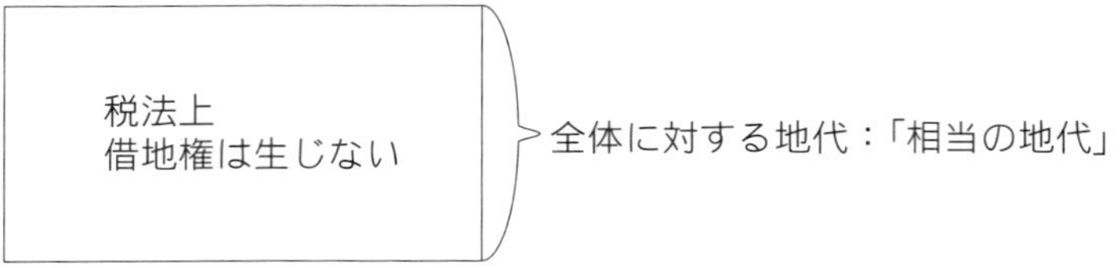

税法上 借地権は生じない	全体に対する地代：「相当の地代」

・権利金を支払わずに安い地代を支払う場合

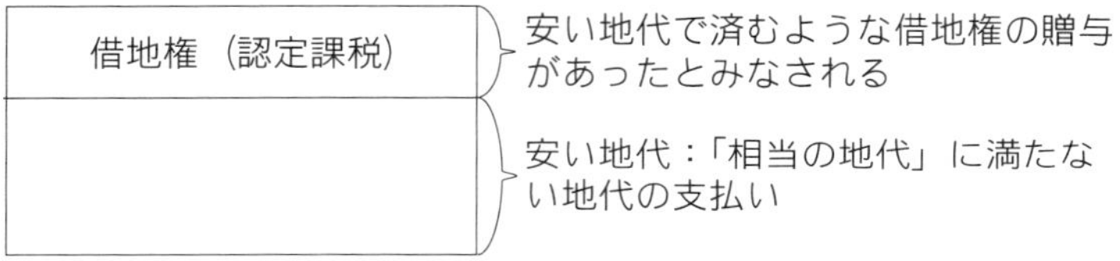

借地権（認定課税）	安い地代で済むような借地権の贈与があったとみなされる
	安い地代：「相当の地代」に満たない地代の支払い

【相続税評価額に与える影響】

■A案：土地の無償返還に関する届出書が提出されている場合（賃貸借契約）

甲の宅地（貸宅地）評価額　⇒　自用地評価額の80／100となる（使用貸借の場合は自用地評価額となる）。

甲のL株式評価額　⇒　甲がL会社株式を保有していた場合、株式の評価上は「自用地評価額×20／100」を純資産価額に算入する。

■B案：土地の無償返還に関する届出書が提出されていない場合

甲の宅地（貸宅地）評価額　⇒　自用地評価額から借地権価額※を差し引いた額となる（借地権認定課税）。（自用地評価額×80／100を超えるときは、自用地評価額×80／100）

※借地権価額の計算式

自用地評価額＝A、実際の地代の年額＝B、相当の地代の年額＝C

通常の地代の年額＝Dとした場合

$$A \times \frac{\text{借地権割合} \times \{1 - (B - D)\}}{C - D}$$

甲のL株式評価額　⇒　株式の評価上は「自用地評価額－甲の宅地（貸宅地）評価額」を純資産価額に算入する。

ケース36：計算してみよう　類似業種比準価格

被相続人甲の配偶者乙は、被相続人甲のS社株式（取引相場のない株式）150株を相続により取得した。次の資料により配偶者乙の相続税の課税価格に算入される金額は、いくらとなるか。

【会社情報】

1　S社の従業員は200名であり、配偶者乙はS社の中心的な同族株主である。

2　S社の1株あたりの配当金額等

S社の1株あたりの配当金額	9.0円	(Ⓑ)
S社の1株あたりの年利益金額	120円	(Ⓒ)
S社の1株あたりの純資産価額	160円	(Ⓓ)

3　類似業種の1株あたりの平均株価、配当金額等

①類似業種の株価（A）	相続月	400円
	相続月の前月	420円
	相続月の前々月	430円
	相続前年1年間平均	410円
	相続月以前2年間の平均	415円

②類似業種の1株あたりの配当金額	7.5円(B)
③類似業種の1株あたりの年利益金額	60円(C)
④類似業種の1株あたりの純資産価額	100円(D)

4　S社の直前期末の1株あたりの資本金額等の額　　5万円

5　S社の1株あたりの純資産価額（相続税評価額）　80万円

解　答

(1)類似業種比準価額

$$A \times \left[\frac{\frac{Ⓑ}{B} + \frac{Ⓒ}{C} + \frac{Ⓓ}{D}}{3} \right] \times 0.7 = 400円 \times 1.6 \times 0.7 = 448円 \cdots\cdots \boxed{1}$$

$$\boxed{1} \times \frac{5万円（S社の1株あたりの資本金額）}{50円}$$

$= 448円 \times 1000 = 44万8000円$

(2)　純資産価額　　80万円……$\boxed{2}$

(3)　$\boxed{1} < \boxed{2}$　　よって、課税価格に算入される金額は44万8000円

課税価格＝44万8000円×150（相続した株式数）＝6720万円

❶解　説

会社情報により、配偶者乙はS社の「中心的な同族株主」であるため原則的評価方法により評価する。また会社規模の判定では従業員数が200名であるため70名以上の会社となり「大会社」に該当する。大会社の評価方法は類似業種比準価額と純資産価額を比較し、いずれか低い価額を採用する方法（(4)「株式」ウの②、115頁参照）による。本ケースでは類似業種比準価額が44万8000円で純資産価額が80万円であるため、低い価額である類似業種比準価額の44万8000円が採用される。

ケース37：赤字会社であっても株価は高い！

被相続人甲は、X社株式全株（20万株）を有していたが、X社は近年赤字続きであったため株価は0であると思われるところ、実際はどのように評価されるか。またこのような会社について注意すべき点はあるか。

【会社情報】

・業　種　　設備工事業
・資本金　　1000万円
・従業員数　　150人
・直前期の売上高　　30億円
・相続開始直前の事業年度の当期純利益

期　数	決算期	当期純利益
第48期	令和××年3月期	▲700万円
第49期	令和○○年3月期	▲3,000万円
第50期	令和△△年3月期	▲5,000万円
第51期	令和■■年3月期	▲2,000万円

相続時点の貸借対照表　　　　(単位：万円)

科　目	相続税評価額	帳簿価額	科　目	相続税評価額	帳簿価額
(資産の部)			(負債の部)		
流動資産	90,000	90,000	流動負債	30,000	30,000
固定資産	40,000	40,000	固定負債	20,000	20,000
			(純資産の部)		
			資本金		1,000
			利益剰余金		79,000
資産合計	130,000	130,000	純資産・負債合計	130,000	130,000

・配当金支払状況

第50期……無配

第51期……無配

【株　価】

・財産評価基本通達における株価

類似業種比準価額	197円／株
純資産価額	4000円
配当還元価額	250円

解　答

赤字の会社であっても、貸借対照表上純資産の部がプラスの場合は、株価が算出される可能性がある。赤字続きの会社の場合は、相続税評価上、特殊な会社（比準要素数1の会社※）に該当するため、純資産価額を中心とした評価となる。

※課税時期直前期末の配当・利益・純資産のうちいずれか2が0であり、直前前期末の比準要素のうち、いずれか2以上が0である会社を「比準要素数1の会社」という。

解　説

非上場会社の評価方法については、大会社・中会社・小会社の区分に応じ、それぞれ定められた評価方法により類似業種比準価額および純資産価額を用いて評価する。ただし、類似業種比準価額は、評価会社と類似する業種の上場会社株価を基準に評価されるため、次に示す特殊な会社は純資産価額を中心とした評価となる。

本ケースの赤字続きの会社は、比準要素数1の会社に該当するため、一般の評価方法が適用されず、類似業種比準価額を採用できる割合（税法上は「Lの割合」として規定されている）を25%とした評価が採用され、通常の会社の評価額と比較し評価額が高くなることとなる。

＜一般の評価方法が採用されない特定の会社＞

・清算中の会社

・開業前または休業中の会社

・開業3年未満の会社（配当、利益、純資産が0の会社）

・土地保有特定会社

・株式保有特定会社

・比準要素数1の会社（配当・利益・純資産のいずれか2以上が0の会社）

【評価額】

■赤字続きの場合の評価額（本ケース）

純資産価額　4000円……[1]

類似業種比準価額197円×L（0.25）＋純資産価額4000円×（1－0.25）

＝3049円……[2]

[1]　＞　[2]

したがって1株あたりの評価額は3049円となる。

3049円　×　20万株　＝　6億980万円

■通常の会社に該当する場合の評価額（特殊な会社に該当しない場合）

直前期の利益が4000万円であった場合、類似業種比準価額を計算すると272円となり、類似業種比準価額を100％採用した評価が可能となる。

したがって、272円　×　20万株　＝　5440万円

ポイント

内部留保の高い会社は、比準要素数1の会社に該当するとき、純資産価額により評価される割合が高くなり、利益が出ている状態より株価が何倍にもなる場合がある。したがって同族会社決算については注意を払う必要がある。役員報酬の見直し、配当を経常的に出すことにより通常の会社評価を維持することが可能となる場合がある。

▣コラム——非上場会社株価簡易判定

評価会社の決算書の貸借対照表を確認することで、下記①の会社（株価が0となる会社）を把握することができ、かつ、①以外の会社については②により株価の上限値を把握することができる。

①　株価が0となる会社

含み益のある資産（取得価額を大幅に上回る土地等）、簿外資産（貸借対照表上に計上されていない保険積立金等）がなく、純資産の部がマイナスである場合

②　株価の上限値（上記以外の会社）

利益・配当が類似する上場会社並である場合、一般的には類似業種比準価額より純資産価額が高くなるため、上限値は純資産価額が100％採用されたケースとなる。したがって、会社の有する資産を時価で評価した場合の時価純資産価額が全体株価の上限値となる。

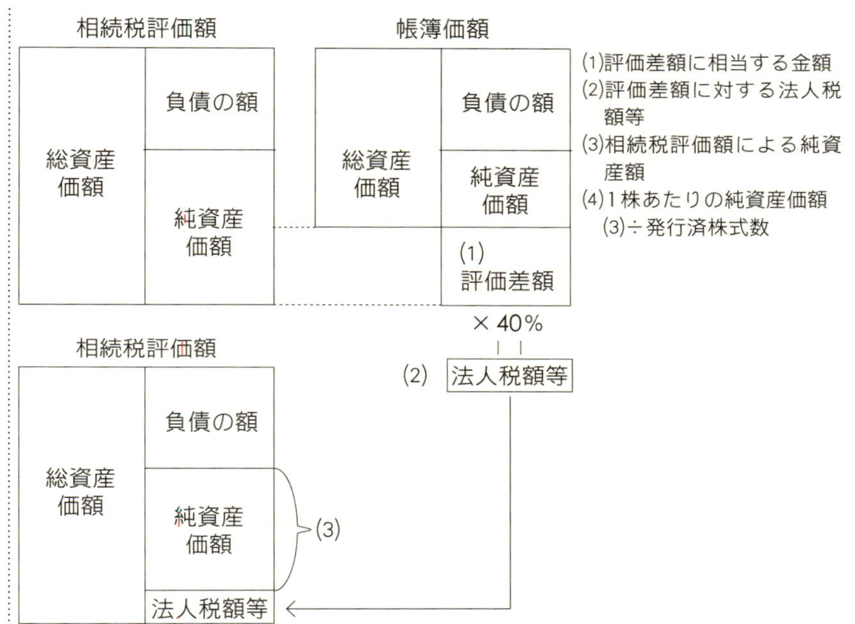

9 遺産分割のやり直し

遺産分割協議のやり直しが可能かどうかという点については、民法上と税法上の理解が大きく相違するので注意を要する。

(1) 民法上の遺産分割のやり直し

民法上は、次の場合に、遺産分割のやり直しが認められるかどうかが問題となる。

ア 相続人全員の合意解除による場合

平成2年9月27日最高裁判決（判時1380号89頁）はこれを肯定している。

イ　意思表示に瑕疵のある場合

遺産分割協議が通謀虚偽表示、詐欺、錯誤などによる場合などである。

民法の一般原則により、遺産分割協議は無効または取り消され、再分割協議がなされることになる。

ウ　債務不履行による解除

相続人の1人が他の相続人に対する債務を履行しない場合、たとえば代償金の支払いを履行しないような場合に、他の相続人が民法541条によって債務不履行を理由に遺産分割協議を解除できるかが問題となる。判例は否定している（最判平成元年2月9日判時1308号118頁）。

複数の合意によって成立した遺産分割協議を一部の相続人による債務不履行を理由に契約解除するとなれば法的安定性を害するとされるからである。

(2)　税法上の遺産分割のやり直し

税法上、再度の遺産分割協議が可能かどうかは、民法上、遺産分割のやり直しが認められるかどうかとは別問題である。税法上、再度の遺産分割協議が可能になれば、いったん申告した相続税について更正ないし修正申告を行うことになるが、税法上、再度の遺産分割協議が認められなければ、遺産分割協議のやり直しは新たな財産の移転となり、相続財産を取得した者に対して贈与税等が課されることになる。

ア　相続人全員の合意解除による場合

税務上、新たな財産の移転として贈与として扱われる。

イ　意思表示に瑕疵のある場合

国税通則法23条2項の更正の請求を行うことができる。

ただし、税務上遺産分割のやり直しが認められるためには、意思表示の瑕疵が重大であり、遺産分割協議の取消し、無効が民事訴訟または調停で争われたという事実まで要求される可能性が高い。

ウ　債務不履行による解除

債務不履行による遺産分割の協議のやり直しは、民法上認められておらず、税法上も新たな財産の移転となり、贈与等として扱われる。

(3) 遺産分割のやり直しにおいて問題となる具体的ケースと税金

ケース38：ちょっと待った！遺産分割のやり直し

被相続人甲の相続人である配偶者乙、長男丙、二男丁は、遺産分割協議の成立に伴い財産を取得し相続税申告を行った。後日、丙が税理士に相談をしたところ、成立した遺産分割協議の内容と異なる遺産分割を行ったほうが相続税額上有利であることが判明した。遺産分割をやり直して相続税の更正を求めることができるか。

解　答

遺産分割のやり直しをすれば、新たな財産の移転とみなされ、贈与税等が発生するおそれがある。

解　説

民法907条では「協議による遺産の分割は被相続人が遺言で禁じた場合を除き、いつでも、その協議で、遺産の分割をすることができる」としている。判例も「共同相続人は、すでに成立している遺産分割協議につき、その全部または一部を全員の合意により解除した上、改めて分割協議を成立させることができる。」としている（前掲最判平成2年9月27日）。ただし、税務上の取扱いでは、相続税法基本通達19の2-8において「〔相続税〕法第19条の2第2項に規定する『分割』とは、相続開始後において相続又は包括遺贈により取得した財産を現実に共同相続人又は包括受遺者に分属させることをいい、その分割の方法が現物分割、代償分割若しくは換価分割であるか、またその分割の手続が協議、調停若しくは審判による分割であるかを問わないのであるから留意する。ただし、当初の分割により共同相続人又は包括受遺者に分属した財産を分割のやり直しとして再配分した場合には、その再配分により取得した財産は、同項に規定する分割により取得したものとはならないのであるから留意する。」ことを明らかにしている。したがって、遺産分割協議をやり直すことは可能であるが、税務上の取扱いではやり直された分割は相続税の計算基礎とされる分割には該当せず、最初の分割との差額分は贈与として取り扱われることとなる。

10 遺産分割と申告手続

(1) 相続税の申告手続

ア 申告が必要な者

相続や遺贈により財産を取得した者のうち次のいずれにも該当する者は、相続税の申告をしなければならない（相税27条1項）。

①相続税の課税価格の合計額が遺産にかかる基礎控除額を超える者

②納付すべき相続税額がある者

したがって、課税価格の合計額が基礎控除額以下である場合、または基礎控除額を超えても、税額控除をした結果納付すべき税額がない場合には申告を行う必要はない。

ただし、小規模宅地等の減額の特例および配偶者税額軽減規定等の適用については、相続税の申告書の提出が要件となっているため、これらの規定の適用により納付すべき税額がゼロになる場合でも申告書を提出する必要があることには、留意すべきである。

イ 申告書の提出期限

相続税の申告は、「相続の開始があったことを知った日」の翌日から10か月以内に行わなければならない（相税27条1項）。

「相続の開始」を知ったとは、単純に被相続人の死亡を知った日ではなく、「自己のために相続の開始があったことを知った日をいう」とされているものの（相基通達27-4）、遺族が被相続人の死亡を知るのは死亡日当日であるのが一般的であるため、「相続の開始があったことを知った日」は被相続人の死亡日となると考えられる。

災害等のやむをえない理由により申告期限までに申告書を提出できない場合には、納税者の申請により申告期限が延長される場合がある。

ウ 共同提出

相続税の申告義務は、相続人ごとに判断されるものであり、相続税の申告書も納税者ごとに個別に作成・提出するものとされている（相税27条1項）。

しかし、現実には、相続人等全員が一括して申告書を作成・提出することが便宜である場合が多く、そのため相続人が複数いる場合には、共同して申告書を提出することができるとされており（相税27条5項）、実務上はこの共同申告による場合がほとんどである（後記ケース42参照）。

エ　未分割の場合

申告期限までに遺産分割が成立していなくとも、申告期限が延長されることはなく、相続税の申告は期限内に行わなければならない。

そこで、期限内に遺産分割ができない場合には、各相続人が民法上の法定相続分に従って財産を取得したものとして申告と納税を行うこととなる。なお遺産が未分割である場合には小規模宅地等の減額の特例、配偶者の税額軽減等などの優遇規定を受けることができない（相税55条。後記ケース39、ケース40、ケース41参照）。

(2)　納税地

相続税の申告書の提出先は納税地の税務署長である（相税27条1項）。この場合の、納税地とは、相続人の住所地に関係なく、被相続人の住所地とされている（相税附則3項）。

(3)　納付手続

相続税の納付期限は、申告書の提出期限と同じである。

納付は金銭をもって行うのが原則であり、税額に相当する金銭に納付書を添えて、管轄の税務署または金融機関に納付することとされている（通則法34条1項）。

納付すべき税額が10万円を超え、かつ、納税義務者が金銭で一時に納付するのが困難な場合には、延納の許可を申請し、かつ、必要な担保を提供することにより、原則として5年以内の分割払いによる納付という延納を行うことができる。

延納によっても金銭で納付するのが困難な場合には、申告期限内に物納の許可を申請することもできる。この場合、税務署長は納付が困難な金額を限度として相続財産による物納を許可する。

(4)　申告期限に申告を行わなかった場合

申告期限を過ぎても申告しない場合には、税務署長の決定により税額が定められる。決定が行われた場合には、納付すべき税額の15%（50万円を超える部分に関しては20%）が無申告加算税として追徴される。

申告期限を過ぎた後でも、税務署長による決定があるまでは申告書を提出することは可能であり（通則法18条1項）、この規定により提出された申告書は「期限後申告書」と呼ばれる。期限後申告書を提出した場合、上記の無申告加算税は5%となる。ただし利息にあたる延滞税は課される。

(5) 修正申告と更正の請求

ア　修正申告（当初申告額が正しい申告額を下回る場合）

申告後において、新たな財産の発見、財産評価や計算、記入のミス等により、申告書に記載した税額に不足があることや納付すべき税額があることを発見した場合には、修正申告書を提出する（通則法19条1項）。この修正申告を行うことができる期間は、当該申告について税務署長の更正または決定があるまでの間である。

税務調査等により指摘を受けた後に行う修正申告においては、税額が不足していたことに対するペナルティーとしての過小申告加算税（原則10%）および利息としての延滞税が課せられる。これに対して、自主的に修正申告書を提出した場合には過少申告加算税は課せられない。

イ　更正の請求（当初申告額が正しい申告額を上回る場合）

上記の修正申告に対して、申告後において、申告額よりも実際に納付すべき税額が減少する場合には更正の請求を行うことができる（通則法23条）。

計算ミスなどを原因とする一般的な更正の請求は申告期限から5年以内に行う必要がある。ただし、

・未分割財産について民法上の法定相続分等に従って計算・申告された場合に、その後分割が行われ、当初申告と相続分の割合等が異なることとなったとき
・認知、相続人の廃除または取消しに関する裁判の確定、相続回復、相続の放棄の取消し等により相続人に異動を生じたとき
・遺留分減殺に基づき返還すべき、または弁償すべき額が確定したとき
・遺贈に係る遺言書が発見され、または遺贈の放棄があったとき

など、一定の後発的な事由が生じた場合には、5年を超えても、当該事由が発生したことを知った日の翌日から4か月以内に更正の請求をすることができる（相税32条）。

■コラム――「特別寄与制度の新設（民法1050条新設）」【令和元年7月1日施行】

これまでの民法では、被相続人の財産の維持や増加につながるような貢献をした者に対し、寄与分（民904条の2）や特別縁故者（民958条の3）の制度が認められているが、前者は相続人のみにしか認められず、後者は相続人が不在の場合にのみ認められるため、相続人が存在する場合の相続人以外の者の貢献について規定がなかった。

そこで、このような相続人以外の親族の貢献に報いる制度として、特別寄与制度が新設された。これにより、被相続人に対して無償で療養看護その他の労務を提供したことにより被相続人の財産の維持または増加について特別の寄与をした被相続人の親族は、相続人に対し、寄与に応じた額の金銭の支払いを請求することができる。

特別寄与者は、形式的には、相続人に対して特別寄与料の支払いを請求できる権利を有するにとどまり、遺産そのものを取得するわけではない。しかし、遺産形成に対しての貢献に対する支払いであること、特別寄与料は遺産から遺贈の価額を控除した残金の範囲内で決めること等から、実質的には、相続人と遺産の一部を分け合う関係に立つ。そのため、特別寄与者は、受遺者と同様に、相続税の申告・納税を行うことが必要になる。

また、特別寄与料を支払った相続人は、支払った特別寄与料額を代償金の支払と同様にマイナスで計上することができるし、すでに相続税の申告が完了していれば、更正の請求をすることもできる。

⑹ 申告手続において問題となる具体的ケースと税金

ケース39：特例の適用なし！未分割申告

被相続人甲の遺産につき申告期限においても分割協議が調っていない。遺産が未分割で相続税申告期限を迎えることについて税務上不利益があるか。また申告期限後に優遇規定の適用を受ける場合に必要な手続はあるか。

解　答

申告期限において遺産が未分割の場合は、税務上の優遇規定が受けられないという不利益が生ずる。申告期限後の分割時に優遇規定を受けるためには、一定書類を提出しておくことが必要となる。

解　説

相続税の申告期限において遺産の分割が調わない場合は、相続税額の計算上「配偶者の税額軽減」「小規模宅地等の減額の特例」「非上場株式の相続税の納税猶予」等などの優遇規定が受けられない。したがって、相続税申告は優遇規定を受けず申告をし、相続税を納めなければならない。その後、分割時において「配偶者の税額軽減」「小規模宅地等の減額の特例」の適用を受ける予定の場合は「申告期限後3

年以内の分割見込書」を相続税の期限内申告書と共に提出しておく必要がある。なお、申告期限後3年を経過する日までに分割が調わず、その後の分割時において「配偶者に対する税額軽減」、「小規模宅地等の減額の特例」の適用を受ける予定の場合には、申告期限後3年を経過する日の翌日から2か月を経過する日までに「申告期限後3年以内に分割されなかったことにつきやむを得ない事由がある旨の承認申請書」を提出する必要がある（本章3(5)、57頁）。

ケース40：未分割でも賃貸不動産の賃料は各自の取得！

被相続人甲の所有する賃貸不動産が所得税の申告期限において未分割である場合、賃貸不動産から生ずる不動産所得についての所得税申告はどのように行うか。また、分割が確定した場合は修正申告および更正の請求は必要か。

解　答

所得税の申告期限において賃貸用不動産が未分割である場合には、法定相続分に基づき総収入金額および必要経費を計算し、申告を行う。その後分割が確定した場合においては、修正申告および更正の請求を行うことはできない。

解　説

相続財産について遺産分割協議が確定していない場合は、その相続財産は各相続人の共有に属する。また、当該相続財産から生ずる所得も各相続人の相続分に応じ帰属する。遺産分割協議が確定し当該相続財産が1名の相続人が取得する場合においても、その効果は未分割期間中の所得の帰属に影響はなく、遺産分割協議の確定により更正の請求または修正申告をすることはできない。

なお、最高裁判所は、相続開始から遺産分割までの間に遺産である賃貸不動産を使用管理した結果生ずる金銭債権たる賃料債権の帰属につき、「遺産は、相続人が数人あるときは、相続開始から遺産分割までの間、共同相続人の共有に属するものであるから、この間に遺産である賃貸不動産を使用管理した結果生ずる金銭債権たる賃料債権は遺産とは別個の財産というべきであって、各共同相続人がその相続分に応じて分割単独債権として確定的に取得」（最判平成17年9月8日民集59巻7号1931頁）するとした。したがって、各共同相続人がその相続分に応じてそれぞれ分割単独債権として賃料債権を取得したものとして、その賃料収入相当分に関する不動産所得につき所得税の申告納税をすることになる。

ケース41：生命保険金、未分割申告にどのように計上する？

被相続人甲の遺産につき申告期限においても分割協議が調っていない。

甲が契約した生命保険契約がある。この場合相続税の計算はどのようになるか。なお丙は甲が亡くなる5年前に甲から生前贈与を受けている（相続開始後3年を超える贈与であるため生前贈与加算対象外である）。

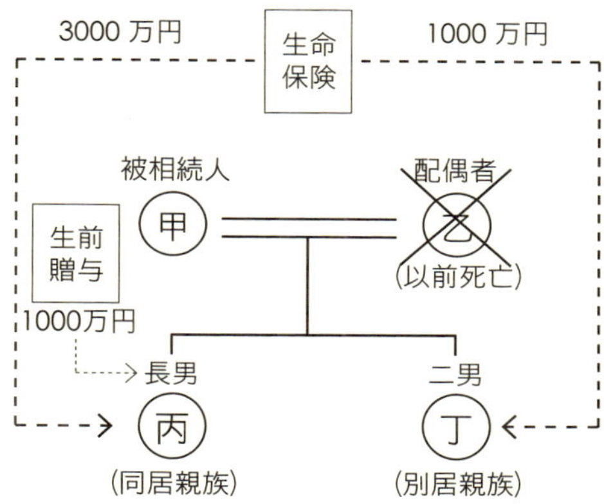

【財産目録】

種　類	相続税評価額	備　考
居住用土地	7000万円	
居住用建物	1000万円	甲と丙の居住の用に供されている
現金預金	3000万円	
その他の財産	4000万円	有価証券その他の財産
合　計	1億5000万円	

【生命保険契約】

契約者	被保険者	保険金額	受取人	保険料負担者
甲	甲	3000万円	丙	甲
甲	甲	1000万円	丁	甲

【生前贈与】

贈与者	受贈者	贈与財産	贈与金額
甲	丙	現金	1000万円

解　答

遺産が未分割である場合は、民法に規定する相続分で取得したものと仮定して相続税額が計算される。

❶解　説

生前贈与・遺贈がある場合は、特別受益者の相続分の計算を準用して各相続人の未分割遺産にかかる持分額を計算する。生命保険金については、契約で指定された受取人に課税がされる。小規模宅地等の減額の特例については、遺産が未分割であるため適用されない。ただし、一定の書類を提出の上、一定期間内に分割された場合には、小規模宅地等の減額の適用が受けられる。

【税　額】

・未分割遺産の額　　　1億5000万円……1

・特別受益額（生前贈与）　　丙　1000万円……2

・みなし相続財産　　　1＋2＝1億6000万円……3

・各人の持分額

　丙：3×1／2－2＝1億6000万円×1／2－1000万円＝7000万円

　丁：3×1／2＝8000万円

（単位：万円）

項　目	合計額	丙	丁
持分額	15,000	7,000	8,000
生命保険金	4,000	3,000	1,000
同上の非課税金額※	▲1,000	▲750	▲250
課税価格	18,000	9,250	8,750
基礎控除額	▲4,200		
相続税額	2,739	1,408	1,331

※非課税金額

500万円×2人（法定相続人の数）＝1000万円

1000万円　＜　4000万円（丙・丁の取得した保険金の合計←3000万円＋1000万円））

丙の非課税金額　1000万円×3000万円／4000万円＝750万円

丁の非課税金額　1000万円×1000万円／4000万円＝250万円

ケース42：誰も申告手続に協力してくれない……

弁護士Xは、相続人丁の代理人として、他の相続人である乙と丙を相手方として遺産分割協議を行っている。協議は難航し、申告期限までに協議が調いそうもない。丁は、相続税の申告を未分割で行いたいと思っている。しかし、乙と丙は相続税の申告に協力せず、独自に税理士を立てて申告しようとしている。丁は、単独で相続税の申告を行うことができるか。

解　答

単独で相続税申告を行うことができる。

解　説

相続税の申告書は、通常は、被相続人の住所地の所轄税務署長に対し相続人が共同で申告書を提出するが、これは相続税法27条5項にある「申告書を提出すべきもの又は提出することができるものが二人以上ある場合において、当該申告書の提出先の税務署長が同一であるときは、これらの者は、政令で定めるところにより、当該申告書を共同して提出することができる。」に由来している。したがって、相続人が単独で申告書を出すことは可能である。ただし、各相続人が甲の遺産について異なった評価額をもとに計算して提出する場合は、各申告書の相続税の総額が異なる可能性があり、税務署から提出後に更正を受ける可能性がある。

▣コラム――申告書閲覧

相続税申告において被相続人の相続人等への金銭支出等は、贈与税申告が行われている場合を除き、貸付金等として相続財産に計上されているケースが多いため、相続人がそれぞれ単独で申告している場合等は、お互いの申告内容がどのように行われたかが気になるところである。しかし、国税庁の事務運営指針によれば、申告書閲覧は、共同提出した納税者か、その代理人である税理士または弁護士等に限られるとされている。他の共同相続人は閲覧することができない。

ケース43：一部分割でも小規模宅地等の減額の特例はあるの？

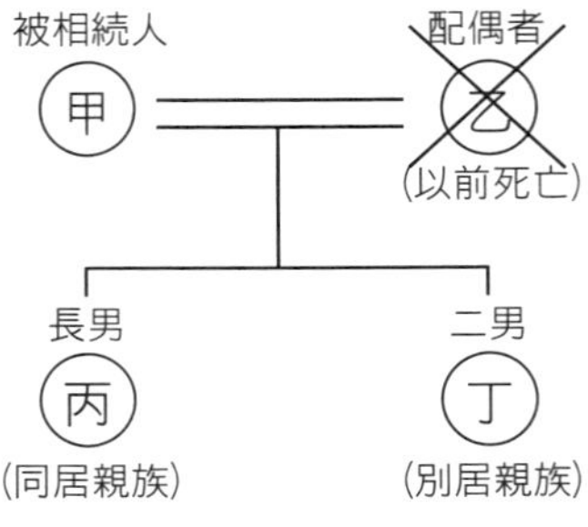

被相続人甲の相続人は、長男丙および二男丁である。甲の遺産は居住用不動産、その他財産である。居住用不動産については同居している丙が取得する予定であり、丁も当該取得について了解している。しかし、丙から丁に支払うべき代償金額について調整がついていない。居住用不動産のみ分割協議書を作成するA案と、全部の財産について未分割の場合のB案で、相続税額はどのようになるか。

【財産目録】

種　類	相続税評価額	備　考
居住用土地	2億円	地積250㎡
居住用建物	3000万円	甲と丙の居住の用に供されている
その他財産	1億円	
合　計	3億3000万円	

【遺産分割協議案】

A案：一部分割協議…丙が居住用不動産を相続し、丙が代償として丁に支払う金額は別途協議の上決定する。

B案：すべての財産について未分割

解　説

A案の場合、居住用不動産については、一部分割協議書を作成し、分割が確定すれば小規模宅地等の減額の特例の適用を受けることができる。全体の納税額が減少すれば手取額を有効に分けることができる。小規模宅地等の減額の特例の適用を受けるためには取得者が確定していることが条件となるため、丙はB案の未分割の場合、減額の特例の適用を受けることができず、申告期限に納税すべき金額が多額となる。なお、一定書類を提出した上で分割が確定した場合には、減額の特例の適用を受けることができる。

■**A案（居住用財産は丙が取得、その他財産は未分割）**

（単位：万円）

項　目	合計額	丙	丁
居住用土地	20,000	20,000	
居住用建物	3,000	3,000	
小規模宅地等減額※	▲16,000	▲16,000	
その他財産（未分割）	10,000	5,000	5,000
課税価格	17,000	12,000	5,000
基礎控除額	▲4,200		
相続税額	2,439	1,722	717

※2億円×250㎡／250㎡×80％＝1億6000万円

■**B案（すべての財産が未分割の場合）**

（単位：万円）

項　目	合計額	丙	丁
居住用土地（未分割）	20,000	10,000	10,000
居住用建物（未分割）	3,000	1,500	1,500
その他財産（未分割）	10,000	5,000	5,000
課税価格合計	33,000	16,500	16,500
基礎控除額	▲4,200		
相続税額	8,120	4,060	4,060

ケース44：一部分割でも配偶者の税額軽減の適用はあるの？

被相続人甲の相続人は、配偶者乙、長男丙および二男丁である。甲、乙および丙は賃貸マンションに同居している。甲の遺産は現金預金およびその他財産であり、現金預金については乙が取得することが決定しているが、その他の財産についての取得者は未確定である。申告期限までに支払う相続税額をなるべく抑えたいがどのようにすればよいか。

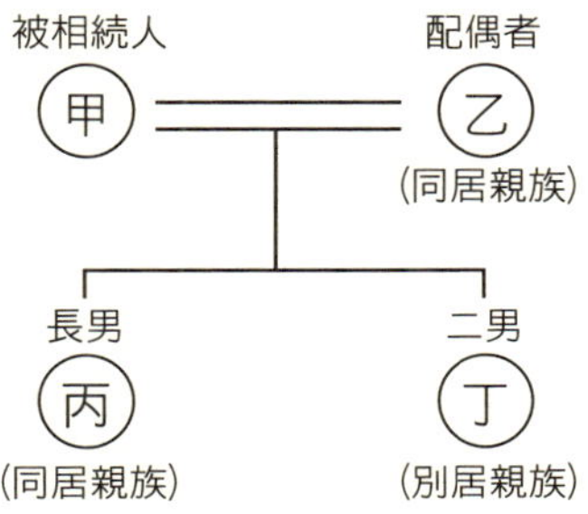

【財産目録】

種　類	相続税評価額	備　考
現金預金	6000万円	
その他財産	6000万円	上場有価証券等
合　計	1億2000万円	

解　答

取得者が確定している財産のみで一部分割協議書を作成する。

解　説

配偶者の税額軽減を適用するためには分割がすべて確定していることが条件となるため、一部でも配偶者が取得する財産を確定させることにより、確定部分のみにつき税額軽減の適用が可能となる。

■一部分割の場合の相続税額

（単位：万円）

項　目	合　計	乙	丙	丁
現金預金（確定）	6,000	6,000		
その他財産（未分割）	6,000	3,000	1,500	1,500
課税価格	12,000	9,000	1,500	1,500
基礎控除額	▲4,800			
算出相続税額	960	720	120	120
配偶者税額軽減※	▲480	▲480		
相続税額	480	240	120	120

※配偶者の税額軽減

「乙の法定相続分（6000万円）と1億6000万円の大きいほう」と「乙の課税価格合計のうち分割確定している額（6000万円）」の、少ないほう→　1億6000万円　>　6000万円なので6000万円。これを配偶者税額軽減の計算式（52頁参照）にあてはめる。

960万円×6000万円／1億2000万円＝480万円

■未分割の場合の相続税額

（単位：万円）

項　目	合　計	乙	丙	丁
現金預金（未分割）	6,000	3,000	1,500	1,500
その他財産（未分割）	6,000	3,000	1,500	1,500
課税価格	12,000	6,000	3,000	3,000
基礎控除額	▲4,800			
算出相続税額	960	480	240	240
相続税額	960	480	240	240

第3章

生前対策
～遺言と贈与～

はじめに

相続後に、遺産分割や相続税計算の仕方などによって、相続税を負担軽減させる方法は限られている。したがって、生前からの対策が重要となる。まずは、相続税対策を行う前段階として現状の把握をしなければならない。所有する各財産の評価額と相続税額を計算した上で様々な方策を検討する。場合によっては所得税や法人税など他の税金を含めて総合的に判断しなければならないこともある。相続直前に行う相続税対策はリスクを伴うため、できる限り早い時期から対策を開始することが有効である。本章では以下の点について説明する。

■遺言書を作成する

誰がどの財産を取得するかにより、相続税額が異なる場合がある。相続後の遺産分割において検討を行うことも可能であるが、最善の分割方法が相続人間で合意されるとは限らない。遺言により取得者を確定させておくことで、生前から相続税の納税計画を立てることも可能となる。

■生前贈与を行う

相続税の負担を減らすには、単純に被相続人の財産を減らすことが効果的である。そこで、なるべく多くの財産を親族等に生前贈与する方策をとることになる。財産の贈与には贈与税が関わってくるため、贈与税課税の知識を身につけなければならない。贈与財産によっては贈与税のかからないものがあるため、そのような財産については優先的に贈与を検討することになる。なお、贈与実態について後々税務当局との問題にならないよう、しっかりとした準備が必要である。

■不動産の売却により納税資金対策、分割対策を行う

不動産を売却した場合にはそのキャピタルゲインについて譲渡所得税の課税が行われることになる。譲渡所得税については種々の特例制度が存在するが、その売却の時期、所有者などの違いにより適用される特例が異なることがある。税額の負担をなるべく少なくするためには、相続税だけでなく所得税まで考慮して売却計画を立てなければならない（後記ケース51、52参照）。

1 遺言作成

遺言は遺言者の生前の意思を実現し、相続人間の紛争を予防する役割を果たす。それと同時に、遺産分割の方法によって相続税額が異なることがあるのは、第2章「遺産分割」と同様である。遺言書の作成にあたっては、相続税法の各種特例の効率的な利用や、財産評価額が極力低くなるかなども考慮すべきである。遺贈によれば相続人以外の個人や法人に対しても遺産を承継させることが可能であるが、場合によっては税負担が重くなることがあるので注意が必要である（本章202頁遺言ファイル10参照）。

(1) 遺言の方式

民法の定める遺言の方式には、普通方式の遺言と特別方式の遺言がある（民967条）。普通方式の遺言として、自筆証書遺言（民968条）、公正証書遺言（民969条、969条の2）、秘密証書遺言（民970条、971条、972条）の3種がある。

また、特別方式の遺言としては、死亡危急者遺言（民976条）、伝染病隔離者遺言（民977条）、船舶者遺言（民978条）、船舶遭難者遺言（民979条）の4種がある。

このうち、実務上多く用いられているのは、自筆証書遺言および公正証書遺言である。

(2) 自筆証書遺言に関する法改正

ア 自筆証書遺言の方式緩和（民法968条2項）〔平成31年1月13日施行〕

自筆証書遺言は、基本的には、全文、日付および氏名を自署しなければならない（民968条1項）。しかし、遺言は一般に高齢者が作成する機会が多いため、相続財産が多岐にわたる場合等に、高齢者が全文を自筆で作成するのはかなりの労力を伴うものであり、有効な自筆証書遺言の作成を妨げる要因となっていた。

そこで、平成30年の民法改正では、自筆証書遺言のうち財産目録部分については、自署を要求せず、ワープロ書きや代筆等による作成を認められることとなった（民968条2項）。ただし、自署でない場合においては、偽造や変造を防止するため、遺言者がその毎葉に署名押印をしなければならない。

イ　自筆証書遺言の保管制度の新設〔令和2年7月10日施行〕

自筆証書遺言は、遺言者自身の責任で保管することになるため、遺言書が作成されていても、相続人がその存在を把握できなかったり、相続人が見つけても隠匿されたり変造されるおそれがあった。

そこで、このような事態への対策として、法務局において自筆証書遺言を保管する制度が新設された（法務局における遺言書の保管等に関する法律）。

なお、法務局に保管される遺言書については、遺言書の検認（民1004条1項）を要しないこととなる。

(3)　遺言事項

法律上、遺言としての効力が認められるのは、民法やその他の法律で定められている事項に限られる。遺言事項については、下記のとおり、「身分上の事項に関する事項」、「相続法規の修正に関する事項」、「財産処分に関する事項」、「遺言の執行に関する事項」、「その他の遺言事項」に大まかに分類することができる。

ア　身分上の事項に関する事項

①認知（民781条2項）

②未成年後見人の指定、未成年後見監督人の指定（民839条1項、848条）

イ　相続法規の修正に関する事項

③推定相続人の廃除および取消し（民893条、894条2項）

④相続分の指定および指定の委託（民902条）

⑤遺産分割方法の指定および指定の委託（民902条）

⑥特別受益の持戻しの免除（民903条3項）

⑦相続人相互の担保責任の指定（民914条）

⑧遺留分侵害額方法の指定（民1047条1項2号但書）

ウ　財産処分に関する事項

⑨遺贈（民964条）

⑩特定財産承継遺言（民1014条2項）

⑪一般財団法人設立のための定款作成（一般法人152条2項）

⑫信託法上の信託の設定（信託3条）

エ　遺言の執行に関する事項

⑬遺言執行者の指定および指定の委託（民1006条1項）

オ　その他の遺言事項

⑭祭祀主宰者の指定（民897条1項但書）

⑮生命保険金受取人の変更（保険44条1項）

(4)　遺言と相続税

遺言書の中に財産処分に関する事項を記載した場合、遺言者が死亡した際には遺言書の内容に従って、相続人・受贈者が相続財産を取得し、取得した財産に応じて相続税を負担することになる。そこで、遺言書を作成する際には、相続税の問題を考慮することがきわめて重要であることは当然である。遺言書作成と遺産分割は、相続開始の前後という時期の差はあっても、いずれも相続財産の取得方法を決するものであり、相続税との関連でいえば同様の配慮が必要とされるといえよう。

(5)　遺留分と相続税

ア　遺留分の概要

兄弟姉妹以外の法定相続人は、相続に関し、被相続人の相続財産の一定割合を取得することが保障されており、その取得できる相続財産の一部を「遺留分」という。

被相続人が、遺留分を侵害する遺言を作成した場合、遺留分権利者は、受遺者（特定財産承継遺言により財産を相続した相続人を含む）または受贈者に対し、遺留分侵害額に相当する金銭の支払いを請求することができる（民1046条1項）。

なお、平成30年改正前の民法では、遺留分権を行使すると、遺留分を侵害する遺贈等がその範囲で無効となり、遺留分権利者が物権的に権利を取得するものと解されていたが、平成30年民法改正により、上述のとおり、遺留分侵害額に相当する金銭の請求をできるにとどまることとなった。〔令和元年7月1日施行〕

イ　遺留分と相続税

遺留分侵害額の請求がなされた場合、遺留分権利者は相続財産そのものを取得するわけではないが、それに相当する金銭の支払いを受けることとなるし、その反面、受遺者・受贈者は、遺留分権利者に対して同額の支払いをしなければならないこととなる。そのため、遺留分権利者は、金銭の支払いが確定したときから10か月以内に相続税の申告をしなければならないし、受遺者・受贈者がすでに相続税の申告を終えていたときは、当初の申告に掛かる税額が過大となるので、更正の請求を行うことが認められている（後記ケース45参照）。

⑹　遺留分侵害額請求において問題となる具体的ケースと税金

ケース45：遺留分と相続税の精算

弁護士Xは、相続人である二男丁を代理して、長男丙に対し、遺留分侵害額の請求の内容証明郵便で通知した。遺言には甲の全財産（相続時評価額2億円）をすべて長男丙に相続させる旨の記載がなされ、すでに丙は相続税の申告手続を終了し、2500万円の納税を済ませていた。長男丙と二男丁は、遺留分侵害額調停において、丙が丁に対し5000万円の和解金を支払うことでほぼ合意できる段階となった。この場合の相続税の精算をどのように行うか。

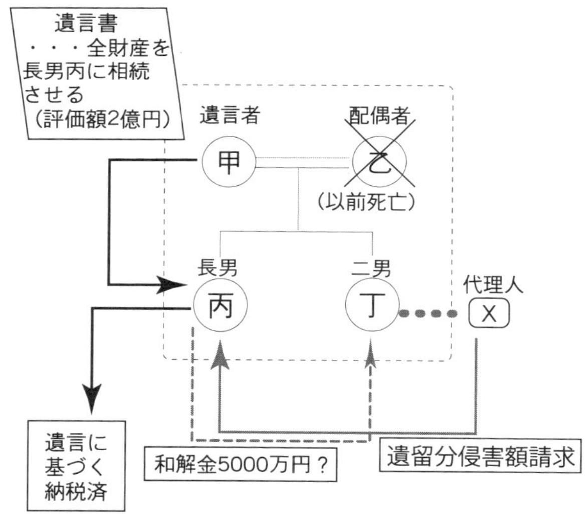

解　答

長男丙が「相続税の更正の請求」、二男丁が「相続税の期限後申告」を行うことにより、相続税を計算し直すことができる。「更正の請求」や「期限後申告」手続を行うかどうかは納税者の任意であるが、行う場合には和解の日の翌日から4か月以内にしなければならない。両者の税務手続を省略するためには、遺留分侵害額請求に関する協議の中で、長男丙の相続税額の減少額を考慮した形で和解金額を定めておくことが有効である。

❹解　説

長男丙が遺留分侵害額請求に基づき二男丁に和解金5000万円を支払ったことにより、長男丙が当初申告した相続税の課税価格および相続税額が過大になった場合には、長男丙はその和解の日の翌日から4か月以内に限り、税務署長に対し更正の請求をすることができる。一方、二男丁は和解金5000万円を取得したことにより相続税の申告書を提出すべきこととなった場合には、相続税の申告期限後においても期限後申告書を税務署長に対し提出することができる。長男丙が更正の請求をしたにもかかわらず、二男丁が期限後申告書を提出しない場合には、税務署長は二男丁に対しその申告書にかかる相続税の課税価格および税額を決定する。

①　相続税の更正の請求

相続または遺贈により財産を取得した場合において、相続税額があるときは、その相続の開始があったことを知った日の翌日から10か月以内に相続税の申告書を納税地の所轄税務署に提出しなければならない。長男丙は遺言書に基づき被相続人甲の全財産を取得し、その事実に基づき期限内申告書を提出している。相続税について申告書を提出した者は、一定の事由が生じたことによりその申告にかかる課税価格および相続税額が過大となったときは、その事由が生じたことを知った日の翌日から4か月以内に限り、納税地の所轄税務署長に対し、更正の請求をすることができるとされている（相税32条)。「遺留分による侵害額の請求があったこと」は更正の請求ができる事由とされているため、長男丙は和解金の支払いにより納め過ぎとなった税額について更正の請求をすることにより取り戻すことが可能となる。その期限は「遺留分による侵害額の請求があったことを知った日の翌日から4か月以内」であるが、当事者間に争い等があり調停が行われているような場合には、「その調停成立の日の翌日から4か月以内」と解される。

②　相続税の期限後申告

二男丁は相続税の申告期限においては、申告書を提出すべき要件に該当していないため期限内申告書を提出していない。しかし、期限内申告書の提出期限後において一定の事由が生じたため新たに期限内申告書を提出すべき要件に該当することとなった者は期限後申告書を提出することができるとされている（相税30条)。「遺留分による侵害額の請求があったこと」も期限後申告書が提出できる事由とされており、二男丁は和解金の取得により生じた相続税額について申告書を提出し納税をすることができる。なお、長男丙の更正の請求に基づき税務署長が相続税の更正をした場合において、二男丁より期限後申告書の提出がない場合には、税務署長は二男丁の相続税について決定を行うのが通常である。なお、この場合の期限内申告書の提出は任意であるため、その納付すべき相続税額にかかる延滞税については、その申告書の提出があった日までの期間は、延滞税の計算の基礎となる期間には算入されない。

▣コラム――遺留分侵害額相当額の金銭支払いに代えて資産を引き渡した場合

平成30年改正前の民法における遺留分制度は、遺留分権利者が遺留分を保全するのに必要な限度で、遺贈及び贈与の減殺を請求することができるとされており、遺留分相当分について物で返還することが原則であった（改正前民法1031条）。改正法では、遺留分権利者は、受遺者等に対し遺留分侵害額相当額の金銭の支払請求できる制度に変更となった（民1046条）。この改正により、税制はどのような影響を受けることとなるか検討する。

金銭支払いが原則となったため、改正法では、仮に受遺者が遺留分権利者に、金銭の支払いに代えて資産（遺贈や贈与により取得した資産を含む）を引き渡した場合には、受遺者は遺留分権利者に対して、その資産を時価で譲渡したものとして取り扱われ、受遺者に譲渡所得税が課税されることとなる。また、遺留分権利者は、金銭支払いに代えて受け取った資産については、代物弁済により資産を取得したと考えられるため、資産の取得費は時価（所税38条）となる。よって、遺留分権利者が引渡しを受けた資産をすぐに売却する場合には、譲渡所得税の課税を受けることはない。改正前では、資産で返還を受けた場合には、実際に資産を売却するまで譲渡所得税は留保される形であったが、改正後では、金銭支払いに代えて資産を引き渡した場合には、受遺者等がその時点で譲渡所得税が課税されることとなるため、受遺者の想定外の税負担に対し留意する必要があるといえる。

2 新人弁護士比木奈（びぎな）君の遺言ファイル ～事例で学ぶ遺言と相続税～

ここまで、遺言作成時に生じうる相続税務上の諸問題を解説してきた。ここからは、叙述の手法をガラリと変えて、遺言作成に臨む弁護士が陥りやすい問題を具体的なケースでイメージしていただこうと思う。そのために、本項では、以下の架空の人物に登場願おう。新人弁護士の奮闘を通して、読者諸兄にも、遺言作成の際の税務上の留意点を一緒にお考えいただけたら幸いである。

◆本項の登場人物◆

マメ太郎弁護士：弁護士35年目。相続を専門とするグリーンピース総合法律事務所の所長弁護士。とてもマメな性格からマメ太郎弁護士と呼ばれている。相続税については税理士顔負けの知識をもつ。

比木奈（びぎな）弁護士：弁護士2年目のビギナーイソ弁。目下、グリーンピース総合法律事務所の下で修業中。

加畑税理士：資産税専門の気鋭税理士。グリーンピース総合法律事務所と提携。

◆ある日のグリーンピース総合法律事務所◆

所　長　比木奈くん、君も2年目に入ったからね。そろそろ本格的な遺言を一人で作ってもらおう。

比木奈　はい。でも、私、今までも遺言作成はやってきましたけど。「本格的」というのはどんな意味でしょうか。

所　長　僕はね、比木奈くん、君の実力を考えて、今まで相続税がシビアな問題になるような案件は任せたことがないんだよ。

比木奈　えっ。言われてみれば……。でも、私、先生の境地を目指して、密かに相続税の本とか読み始めてますから。

所　長　それは楽しみだ。じゃあまずは、お手並み拝見だね。とにかく、文案を作ったら必ず僕の知り合いの税理士の加畑先生に見せるように。彼のOKが出たら、僕のところに持ってきてね。

比木奈　はい！

所　長　さあ。どうなることやら。

遺言ファイル

NO.1：土地を子供の1人に相続させたい

遺言者福島さんの相談内容

私には妻と2人の息子がいます。息子たちは立派に育ってくれて、すでに、独立して別に世帯を構えています。だから、私は妻と2人だけで、もう10数年来、私名義になっている家で暮らしています。

最近、私も健康面で不安が多く、自分の死んだ後のことを考えて遺言を書こうかと思っています。自分が死んだ後、一番心配なのは残された妻のことです。幸い、長男太郎は近所の賃貸マンションに住んでいますし、長男としての自覚をしっかり持っていて、妻の面倒はきちんとみると言ってくれています。まあ、なんと言っても、長男は跡継ぎですから。

私としては、跡を継ぐことになる長男に今住んでいる家と土地を相続させて、預貯金は妻に、二男には少しばかりある株を遺してやろうと思っています。

比木奈弁護士は早速、福島さんの財産の評価および相続人を調査した。

【相続財産】

宅地（200㎡）	
	相続税評価額：8000万円
家屋	相続税評価額：2000万円
預貯金	1億円
有価証券	5000万円

【親族図表】

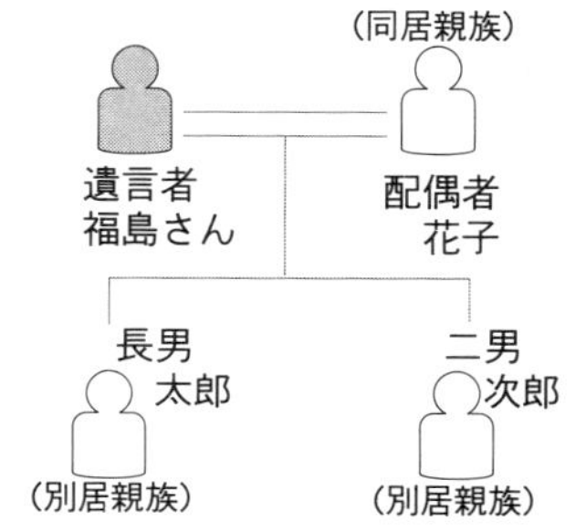

比木奈弁護士は、福島さんの意向に沿って次のとおり遺言書案を作成した。

1　遺言者は、遺言者の有する次の不動産を長男太郎に相続させる。ただし、長男太郎は、遺言者の死後、妻花子の老後の介護等を含む一切の世話をするものとする。

記

宅　地　　(省略)

家　屋　　(省略)

2　遺言者は、遺言者の有する有価証券全部を二男次郎に相続させる。

3　遺言者は、第1条および前条記載の財産を除く遺言者の有するその余の預貯金債権、動産その他一切の財産を妻花子に相続させる。

(以下略)

比木奈弁護士がマメ太郎弁護士に遺言書文案をみせると、マメ太郎弁護士はうーんとうなって、加畑税理士に遺言書の案文を見せてくるように指示した。

比木奈　先生、私が作る初めての遺言です。依頼者の方の希望どおりになっています。

税理士　なるほど。長男の太郎さんはご両親と別居していて、福島さんと一緒に住んでいるのは奥様の花子さんだけですね。

比木奈　そうです。

税理士　そうだとすると、相続税のことを考えるともう少し遺言書の内容を変えたほうがいいですね。

比木奈　えー、どうしてですか。

税理士　先生、小規模宅地等の減額の特例をお考えになりましたか。

比木奈　と言いますと。

税理士　遺言者の居住の用に供されている宅地等については、「小規模宅地等の相続税の課税価格の計算の特例」の適用があるかどうかを検討しないといけませんよ。

マメ太郎先生は、そのことを考えて比木奈先生を僕のところによこしたのでしょうね。小規模宅地等の減額の特例を確認しておきましょう。

「小規模宅地等の相続税の課税価格の計算の特例」の規定は、被相続人等の居住の用に供されていた宅地等については、次の①～④の要件のいずれかを満たす被相続人の親族が取得した部分について適用することができます。

①その親族が、被相続人の配偶者であること

②その親族が、被相続人の居住の用に供されていた家屋に居住していた者であって、申告期限まで引き続きその宅地等を有し、かつ、その家屋に居住していること

③次の(a)から(e)の要件をすべて満たすこと

(a)被相続人に配偶者がいないこと

(b)相続開始の直前において被相続人の居住の用に供されていた家屋に居住していた法定相続人がいないこと

(c)その宅地等を相続開始時から相続税の申告期限まで有していること

(d)相続開始前3年以内に日本国内にある取得者、取得者の配偶者、取得者の三親等内の親族または取得者と特別の関係がある一定の法人（租特施令40条の2第15号）が所有する家屋（相続開始の直前において被相続人の居住の用に供されていた家屋を除く）に居住したことがないこと

(e)相続開始時に、取得者が居住している家屋を相続開始前のいずれの時においても所有していたことがないこと

④その親族が、被相続人と生計を一にしていた者であって、申告期限まで引き続きその宅地等を有し、かつ、相続開始前から申告期限まで引き続きその宅地等を自己の居住の用に供していること

（租特69条の4第3項2号）

比木奈　なるほど。本件では、福島さんが亡くなったときに奥さんの花子さんがご存命だった場合には、別居している太郎さんには特例が適用されませんね。

税理士　そのとおりです。ですから、相続税の負担を減らすために、特例の適用が見込まれる花子さんに宅地を相続させるのはどうでしょうか。その代わり、太郎さんには、預貯金の半分を相続させることでバランスをとればいいと思うのですが。

比木奈　最初の案と先生の案ではどのくらい相続税が変わることになるのでしょうか。

税理士　私の作った表を見ながらお話ししましょうか。先生の作った案だと特例の適用はありませんから、宅地の評価は8000万円のままです。そうすると、課税価格は2億5000万円で、相続税は2382万円かかります。

（単位：万円）

項　目	合計額	配偶者花子	長男太郎	二男次郎
預貯金	10,000	10,000	−	−
有価証券	5,000	−	−	5,000
居住用家屋	2,000	−	2,000	−
宅　地	8,000	−	8,000	−
小規模宅地等減額		−	−	−
課税価格	25,000	10,000	10,000	5,000
基礎控除額	▲4,800			
相続税額	3,970	1,588	1,588	794
配偶者税額軽減額	▲1,588	▲1,588	−	−
納付税額	2,382	0	1,588	794

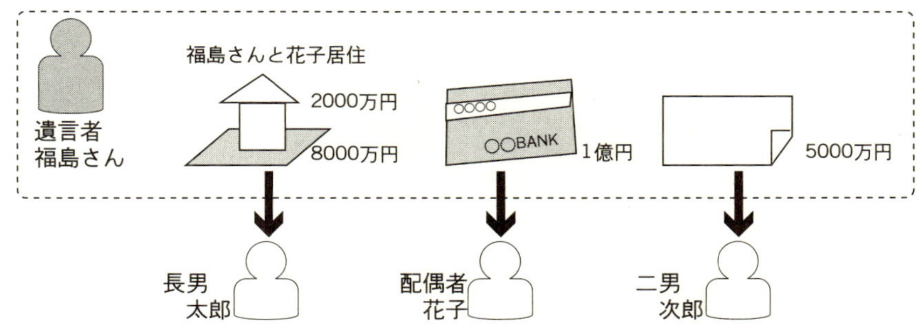

比木奈　ふむ。では、先生の案だとどうなりますか。

税理士　宅地を配偶者の花子さんに相続させる場合、特例が適用されて、宅地の評価額から、8000万円×200㎡／200㎡×80％＝6400万円減額されますから、課税価格は1億8600万円まで減らすことができます。そうすると、納付税額は1262万円になりますね。

(単位：万円)

項　目	合計額	配偶者花子	長男太郎	二男次郎
預貯金	10,000	5,000	5,000	—
有価証券	5,000	—	—	5,000
居住用家屋	2,000	2,000	—	—
宅　地	8,000	8,000	—	—
小規模宅地等減額	▲6,400	※▲6,400	—	—
課税価格	18,600	8,600	5,000	5,000
基礎控除額	▲4,800			
相続税額	2,348	1,086	631	631
配偶者税額軽減額	▲1,086	▲1,086	—	—
納付税額	1,262	0	631	631

※8000万円×200㎡／200㎡×80%＝6400万円

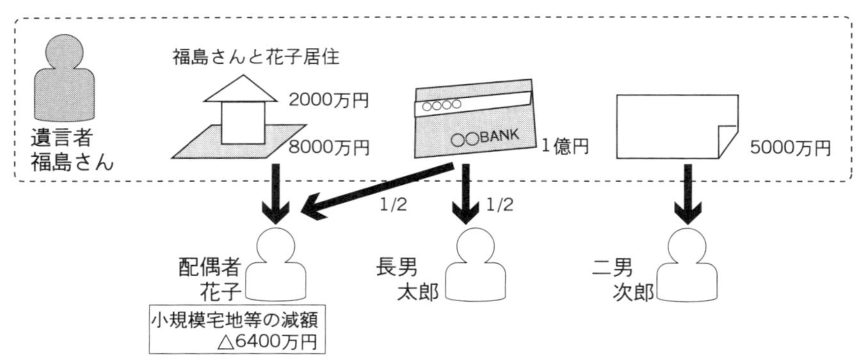

比木奈　えー1000万円以上違うんですか。それはちょっと福島さんに相談してみないといけませんね。

税理士　遺言を作る場合の考慮要素は、相続税額の負担だけではありませんが、こういったお話を福島さんにされた上で考えていただいたほうがいいでしょうね。

比木奈　ボスが言いたかったのはこのことだったのか。わかりました。福島さんと話してみます。

比木奈弁護士は、その後遺言者福島さんに相談して案文を次のように変えて公正証書遺言を作成した。

> 1　遺言者は、下記の不動産を、妻花子に相続させる。
>
> 記
>
> （不動産の表示）
>
> 土　地　（略）
>
> 家　屋　（略）
>
> 2　遺言者は下記の預貯金を、妻花子および長男太郎に2分の1の割合で相続させる。
>
> 3　遺言者は、下記の有価証券を、二男次郎に相続させる。
>
> （以下略）

解　説

被相続人の居住用宅地等について小規模宅地等の減額特例が適用されるかどうかは、3つのパターンに分けて判断するとわかりやすい。

①配偶者が取得するか

②被相続人の同居親族が取得するか

③被相続人の別居親族が取得するか

①の場合は、他に要件がないため、特例の適用が確定する。

②の場合は、取得後申告期限（相続開始があったことを知った日の翌日から10か月）までの「所有継続」、「保有継続」が要件となる。

③の場合には「相続開始前3年以内にその取得者とその配偶者、三親等親族および特別関係がある法人が所有する家屋に居住したことがない」「その取得者が相続開始時に居住していた家屋を過去に所有したことがない」「被相続人に配偶者がいない」「被相続人に同居法定相続人がいない」「申告期限までの所有継続」すべてが要件となる。

本設例では、太郎および次郎ともに福島と別居する親族に該当するため③の要件を満たすかどうか問題となる。福島の相続時に、花子が存命している場合は、「被相続人の配偶者がいない」という要件を満たさないため、同特例が適用されないこととなる（第2章ケース3参照）。

遺言ファイル

NO.2：2つの土地を誰に遺す？

遺言者秋田さんの相談内容

私はずいぶん前に妻を亡くしまして、2人の息子がいるのですが、今はどちらも独立して別に世帯を構えています。

私自身は、自分の土地の上に建てた持ち家に一人で住んでいます。長男の太郎は最近マンションを買って家族とそこに住んでいますが、二男の次郎はまだ借家住まいです。

今回遺言を作ろうと思っていろいろ考えたのですが、今私が住んでいる家と土地は長男に遺したいと思っています。私は自宅のある土地のほかに、もう一つ今は空地になっている土地を持っていまして、これを将来の居宅用として二男に遺そうと考えています。預貯金は多少ありますが、これは2人で半分ずつということでお願いしたいと思います。

比木奈弁護士は早速、秋田さんの財産の評価および相続人を調査した。

【相続財産】

家　屋（秋田さん居住）	1000万円
A宅地 （家屋の敷地、200㎡）	9000万円
B宅地 （空地、200㎡）	1億円
預貯金	5000万円

【親族図表】

比木奈弁護士は、秋田さんの意向に沿って次のとおり遺言書案を作成した。

1　遺言者は、遺言者の有する次の不動産を長男太郎に相続させる。

土　地（A宅地）

家　屋　（略）

2　遺言者は、遺言者の有する次の不動産を二男次郎に相続させる。

土　地（B宅地）

3　遺言者は、遺言者名義の預金債権を、長男太郎および二男次郎に2分の1の割合で相続させる。

比木奈弁護士は、今回の遺言書の内容は兄弟2人に均等に遺産を相続させる内容であり、兄弟間で争う余地はないと思い、相続税額の試算をしてもらおうと自信をもって、加畑税理士のところに出かけた。

税理士　またいらっしゃいましたね。拝見しましょう。

比木奈　今回はどうでしょう。自分なりに満足のいく内容だと思っています。

税理士　うーん。先生、小規模宅地等の減額の特例のことは考慮に入れて遺言書を作りましたか。

比木奈　いえ。だって、今回は配偶者もいないし、同居している親族もいませんよ。

税理士　いやいや、よく思い出してください。小規模宅地等の減額の特例が適用されるのは、配偶者や同居親族に限りませんよ。別居親族でも一定の要件を満たせば特例の適用があります。

比木奈　あ、うっかりしていました。別居親族に特例が適用されるかという問題ですね。長男の太郎さんは、自己所有の家屋に居住しているから、相続によって秋田さんから居住用宅地を取得しても特例の適用がないけれど、次郎さんは賃貸マンションに居住しているから、このままの状態が続けば一定の要件を満たせば、特例の適用があるということですね。

税理士　そうです。先生もだいぶ相続税について知識が増えてきたかな。今回は、特例の適用が見込まれる相続人の次郎さんがいるわけですから、次郎さんにA宅地を相続させたほうが相続税の負担を減らすことができるでしょうね。

比木奈　先生、次郎さんがA宅地を相続した場合、私の案と比較して、相続税がどのくらい変わるか教えてください。

税理士　では、また表を作って考えてみましょう。先生が作った最初の案だと、特例の適用はありませんから、減額もなく、課税価格は2億5000万円、相続税額が4000万円になりますね。

(単位：万円)

項　目	合計額	長男太郎	二男次郎
預貯金	5,000	2,500	2,500
居住用家屋	1,000	1,000	―
A宅地	9,000	9,000	―
小規模宅地等減額	―	―	―
B宅地	10,000	―	10,000
課税価格	25,000	12,500	12,500
基礎控除額	▲4,200		
相続税額	4,920	2,460	2,460

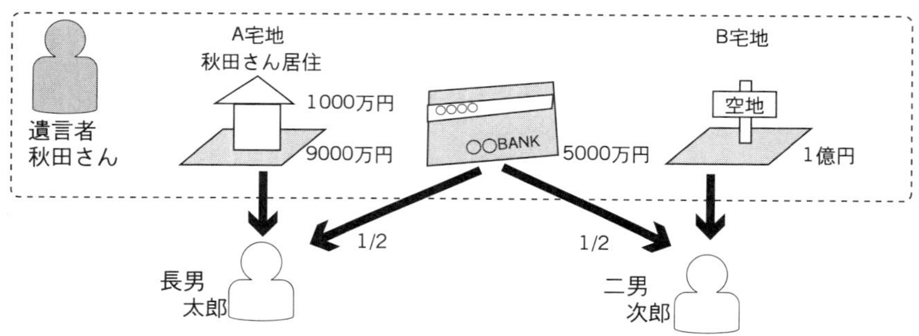

比木奈　4920万円の相続税ですか。高いなあ。じゃあ先生がおっしゃった案だとどうなりますか。

税理士　次郎さんにA宅地を相続させる場合、特例の適用により、9000万円×200㎡／200㎡×80％＝7200万円の減額がありますから、課税価格は1億7800万円まで減らすことができます。その結果、相続税額は2679万円になりますね。

(単位：万円)

項　目	合計額	長男太郎	二男次郎
預貯金	5,000	2,500	2,500
居住用家屋	1,000	—	1,000
A宅地	9,000	—	9,000
小規模宅地等減額	▲7,200	—	※▲7,200
B宅地	10,000	10,000	—
課税価格	17,800	12,500	5,300
基礎控除額	▲4,200		
相続税額	2,679	1,882	797

※9000万円×200㎡／200㎡×80％＝7200万円

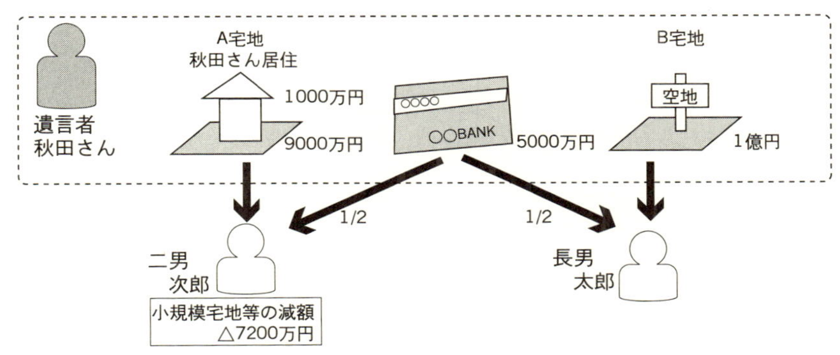

比木奈　え。その差は2241万円ですか。是非とも秋田さんに勧めなければいけませんね。秋田さんはどちらの土地を息子さんに相続させるかにそんなにこだわりはないようでしたので。

税理士　それなら今のお話をしたうえで考えていただいたほうがいいでしょうね。

比木奈弁護士は、その後秋田さんと相談して案文を次のように変えて公正証書遺言を作成した。

1　遺言者は、遺言者の有する次の不動産を長男太郎に相続させる。

土　地（B宅地）

2　遺言者は、遺言者の有する次の不動産を二男次郎に相続させる。

土　地　（A宅地）

家　屋　（略）

3　遺言者は、遺言者名義の預金債権を、長男太郎および二男次郎に2分の1の割合で相続させる。

❶解　説

被相続人の居住用宅地等を別居親族が取得する場合には、次のすべて要件を満たさなければ小規模宅地等の減額の特例の適用を受けることができない。

①相続開始前3年以内にその親族、その配偶者、三親等内親族または特別の関係がある一定の法人の所有する家屋に居住していないこと

②その別居親族が相続開始時に居住していた家屋を過去に所有したことがないこと

③申告期限までその宅地等を所有していること

④被相続人に配偶者がいないこと

⑤被相続人に同居法定相続人がいないこと

（租特69条の4第3項2号ロ）

本設例では、太郎は自己の所有するマンションに居住しているため①の要件を満たさず、相続時にも同様の状況であれば同特例は適用されない。一方、二男次郎は賃貸マンションに居住しているため、相続時にも同様の状況で②～④の要件を満たす場合には同特例を適用することができる（第2章ケース3参照）。

遺言ファイル

NO.3：子どもたちに平等に分けたいけれど……

遺言者栃木さんの相談内容

私は、妻を5年前に亡くしました。息子が2人おりまして、今は長男夫婦と一緒に自分の持家に住んでいます。

財産といっても、長男と住んでいる家とその敷地、その他には預貯金があるだけなのですが、私もそろそろ死んだ後のことを考えて遺言を書きたいと思って、相談に伺いました。

長男夫婦は私に本当によくしてくれて、とても感謝しています。二男のほうは、遠方におりまして、賃貸マンションに夫婦で住んでいます。今後、二男は私と一緒に住むことはないのですが、とても優しい性格なので、妻を亡くした私を気にかけて、なにかと連絡をくれるし、忙しい中でも時間を作って会いに来てくれます。

私としては、相続について、2人の息子に差をつけたくはありません。2人とも同じようにかわいい息子だし、感謝もしています。昨今、知人の中にも相続で揉めているという話をよく耳にするのですが、うちにはそんなことがないように今お話しした私の気持ちが伝わるような遺言書の作成をお願いします。

比木奈弁護士は早速、栃木さんの財産の評価および相続人を調査した。

【相続財産】

宅　地（200㎡）
相続税評価額：6000万円
家　屋　　相続税評価額：1000万円
預貯金　　2000万円

【親族図表】

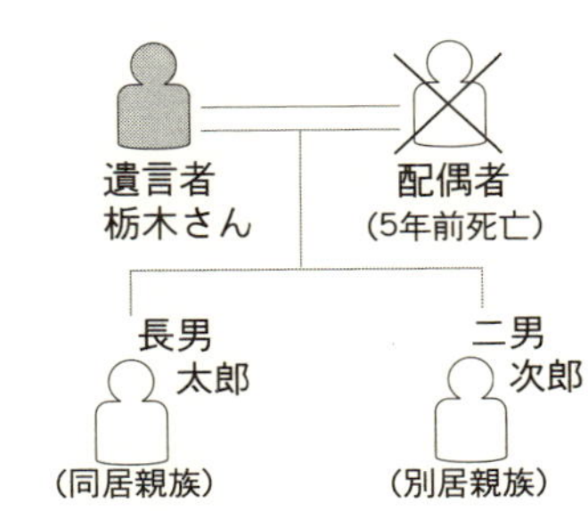

◆グリーンピース総合法律事務所にて◆

比木奈　マメ太郎先生、今回のご相談者は2人の子供に差をつけたくないので、すべての財産を2分の1ずつ分けたいというご希望です。これは法定相続分どおりの分配ですから、遺言書を作る必要はない、ということでいいですよね。

所　長　法的な視点から考えると当然そうなるね。ただ、相続税はどうなるかな。相続税の試算をして結果をお伝えしたほうがいいケースだと思うよ。

比木奈弁護士は、相続税の試算をしてもらおうと考えて、加畑税理士のもとを訪れた。

比木奈　加畑先生、今回のご相談者は、兄弟に差をつけたくないので、すべての財産を平等に2分の1ずつ分けることを希望されているのですが、相続税を考えるとどうなのでしょうか。

税理士　ご相談者の栃木さんは、今お住まいの家で長男の太郎さんと同居されていて、二男の次郎さんは今後もずっと別居の予定というわけですよね。

比木奈　そうです。

税理士　相続税の観点からみると、2分の1ずつというのはお勧めできないな。

比木奈　やはり、小規模宅地等の減額の特例の問題ですか。

税理士　そうです。比木奈先生もだいぶ相続税がわかってきましたね。

比木奈　遺産の中に、被相続人になられる方のご自宅、つまり居住の用に供されている宅地等が含まれる場合には、小規模宅地等の減額の特例の適用を考慮に入れる、これが鉄則ですよね！

税理士　そのとおり。では今回のケースはどう考えますか。

比木奈　遺言者栃木さんと同居している太郎さんが相続によって居住用宅地を取得する場合には一定の要件を満たせば特例が適用になります。これに対して、相続時に栃木さんと別居している次郎さんが相続によって居住用宅地を取得する場合には特例の適用がありません。

税理士　そうですね。法定相続分での相続の場合、居住用宅地200㎡のうち、太郎さんが取得する持分100㎡についてだけ特例が適用されることになりますね。

比木奈　特例を最大限活用して相続税の負担を減らすためには、居住用宅地を太郎さんに単独で取得させるほうがいいわけかあ。

税理士　くどいようですが、また試算表を見ながらお話ししましょう。2人が2

分の1ずつ相続した場合、6000万円の宅地のうち、太郎さんが取得する持分3000万円について、小規模宅地等の特例が適用されて、評価額から3000万円×100㎡／100㎡×80％＝2400万円減額することができます。他方、次郎さんが取得する持分については特例が適用されないので評価は3000万円のままです。

（単位：万円）

項　目	合計額	長男太郎	二男次郎
預貯金	2,000	1,000	1,000
居住用家屋	1,000	500	500
宅　地	6,000	3,000	3,000
小規模宅地等減額	▲2,400	※▲2,400	－
課税価格	6,600	2,100	4,500
基礎控除額	▲4,200		
相続税額	259	82	177

※3000万円×100㎡／100㎡×80％＝2400万円

そうすると課税価格は6600万円になりますから、基礎控除額を差し引いて計算すると、相続税は259万円になると考えられます。

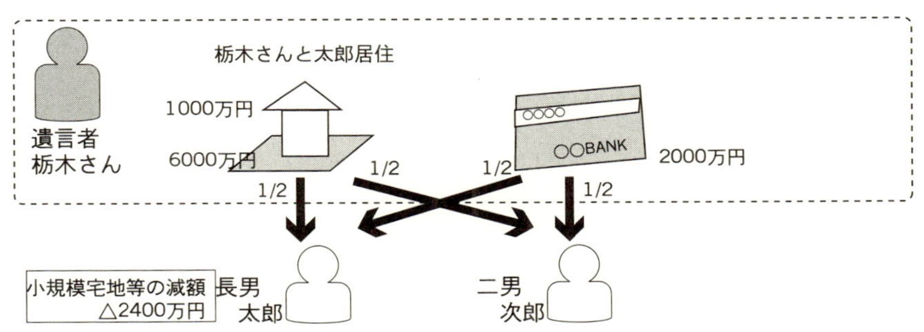

比木奈　宅地をすべて太郎さんに相続させるとどうなりますか。

税理士　結論から申し上げると、相続税はゼロです。

比木奈　えっ。ゼロですか！

税理士　これもまた私の作った表を見ながらお話ししましょう。宅地をすべて太郎さんが取得する場合には、宅地全体について特例が適用されるため、その評価額から6000万円×200㎡／200㎡×80％＝4800万円減額することができます。

（単位：万円）

項　目	合計額	長男太郎	二男次郎
預貯金	2,000	−	2,000
居住用家屋	1,000	1,000	
宅　地	6,000	6,000	
小規模宅地等減額	▲4,800	※▲4,800	−
課税価格	4,200	2,200	2,000
基礎控除額	▲4,200		
相続税額	0	0	0

※6000万円×200㎡／200㎡×80％＝4800万円

そうすると、課税価格は4200万円となって、基礎控除額以下になるので、相続税はかからないというわけです。

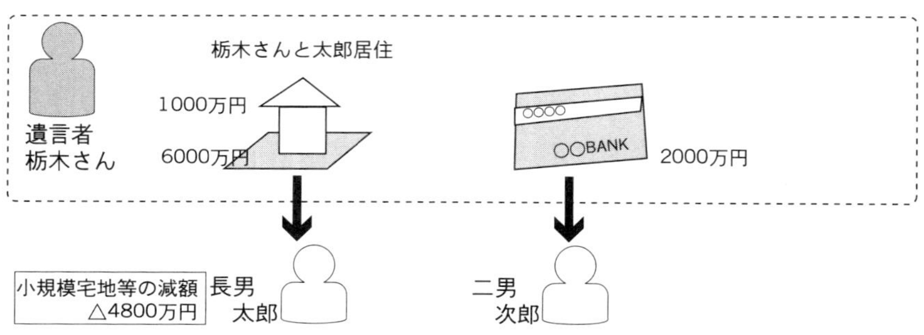

比木奈　それは、大変な違いですね。今回のケースでは、現段階で、宅地をすべて長男に相続させても遺留分を侵害しない計算になりますね。

今回栃木さんのお話を聞いていて、2人の子に差をつけたくないという強いお気持ちを感じているので、相続税の問題はあまり気にされていないと思います。とりあえず、マメ太郎先生に相談してみます。

◆グリーンピース総合法律事務所にて◆

比木奈　先生、こういった場合はどうしたらいいのでしょうか。

所　長　栃木さんの意向どおりの遺言の内容だと特例を十分活用できず、相続税の負担が増えることを話さなければいけないね。あともう一つ、弁護士の視点からのアドバイスも重要です。栃木さんの意向どおり分割するとなれば、いずれ自宅を換価分割し、代金を兄弟で分けることになるでしょう。しかし、太郎さん夫婦は自宅に居住しているので、そのような解決では納得いかないでしょう。依頼者の意向を最大限尊重することも重要ですが、将来の紛争を防止するという視点からどのような内容の遺言がベストか、栃木さんとじっくりと話し合うことが必要でしょうね。

比木奈　わかりました。私なりに栃木さんにとってベストと思われる遺言書の内容を検討して、栃木さんに提案したいと思います。

❶解　説

小規模宅地等の減額の特例の適用の有無は、宅地等の取得者ごとに行うこととされている。本設例では長男太郎は遺言者栃木の同居親族に該当するため、相続後、申告期限までの宅地の所有継続と居住継続により同特例が適用されることになる。これに対し、二男次郎は遺言者栃木の別居親族に該当するが、相続時にも長男太郎が栃木と同居を継続している場合には、「被相続人の居住の用に供されていた家屋に居住した親族で法定相続人に該当する者がいない場合」に該当しないことになるため同特例を適用することができないこととなる（第2章ケース3、4参照）。

遺言ファイル

NO.4：妻になるべく多く相続させて税金を安くしたい！

遺言者長野さんの相談内容

今日は遺言書作成の相談で先生のところに参りました。

私は妻と一人息子との３人家族で、私名義の家に住んでいます。家の建っている土地も私のものです。私の財産の大部分はこの不動産で、妻にも主だった財産はありません。

私が先に死んだ場合、やはり妻のことが心配ですね。息子も優しい性格だから妻の面倒はみてくれるでしょうが、いずれ結婚もするでしょうし。

配偶者は相続税があまりかからないと聞くので、妻には家と土地を遺してやって、長男には預金をやればいいかなと思っています。

【相続財産】

居住用家屋	1000万円
宅　地（家屋の敷地500㎡）	1億5000万円
預貯金	4000万円

【親族図表】

比木奈弁護士は、長野さんの意向に沿って次のとおり遺言書案を作成した。

１　遺言者は、遺言者の有する次の不動産を妻花子に相続させる。
　　宅　地（略）
　　居住用家屋（略）
２　遺言者は、遺言者の有する預金を長男太郎に相続させる。
３　遺言者は、第１条および前条記載の財産を除くその他一切の財産を妻花子に相続させる。

比木奈弁護士は、遺言書案を持って加畑税理士のチェックを受けることにした。

比木奈　先生。また遺言書の作成をしたので見てください。
税理士　ふむふむ。うーんこれはどうかなあ。ちょっともったいない気がしますね。

比木奈　え。どうしてですか。花子さんが取得すれば小規模宅地等の減額の特例は適用できますし、なにより花子さんが取得する財産が大きいので、配偶者の税額軽減が受けられることで相続税は少なくなると思ったのですが。

税理士　それでは、実際に相続税額を計算してみましょう。

【案1】一次相続　(単位：万円)

項　目	合計額	配偶者花子	長男太郎
宅地	15,000	15,000	
小規模宅地等減額	▲7,920	※▲7,920	
居住用家屋	1,000	1,000	
預金	4,000		4,000
課税価格	12,080	8,080	4,000
基礎控除額	▲4,200		
算出相続税額	1,175	786	389
配偶者税額軽減	▲786	▲786	—
相続税額	389	0	389

※1億5000万円×330㎡／500㎡×80%＝7920万円

税理士　相続税額は太郎さんの389万円になりますね。

比木奈　花子さんは、今回法定相続分以上の財産を取得していますが、配偶者の課税価格が「課税価格の合計額×法定相続分」を超えていても1億6000万円以下であれば配偶者の税額軽減により納付税額はなくなるんですよね。これだけの遺産ですから、太郎さんの389万円だけならだいぶ負担は少ないように思うのですが。

税理士　先生、二次相続については考えられましたか？

比木奈　花子さんが亡くなった時の相続税ですか？　それは考えていませんでした。

税理士　それにこの分割方法ですと、花子さんが小規模宅地等の減額の特例と配偶者の税額軽減という大きな特例を重ねて受けていますので、せっかくの特例の恩恵が十分に受けられなくなってしまっていますね。花子さんだけでみれば、小規模宅地等の減額の特例を受けなくても相続税額はゼロになりますからね。

比木奈　なるほど。ではこの場合、二次相続の時の相続税はどれくらいになるのでしょうか？

【案1】二次相続　（単位：万円）

項　目	合計額	長男太郎
宅地	15,000	15,000
小規模宅地等減額	▲7,920	※▲7,920
居住用家屋	1,000	1,000
課税価格	8,080	8,080
基礎控除額	▲3,600	
相続税額	696	696

※1億5000万円×330㎡／500㎡×80％＝7920万円

比木奈　一次相続と二次相続を合わせると389万円＋696万円で1085万円になるのですね。それなら、花子さんが配偶者の税額軽減、太郎さんが小規模宅地等の減額の特例をそれぞれ適用できるように、取得する財産を逆にしたほうがよいのでしょうか。

宅地・居住用家屋…太郎、預金…花子

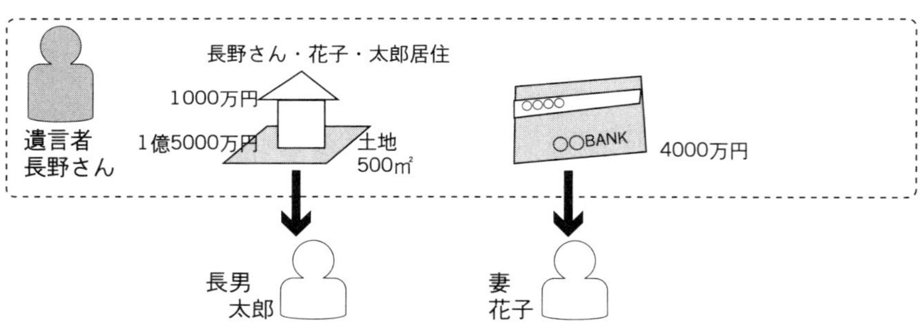

税理士　相続税額は一次、二次相続それぞれ、いろいろなケースを想定して計算比較する必要があります。では、計算してみましょう。

【案2】一次相続　（単位：万円）

項　目	合計額	配偶者花子	長男太郎
宅地	15,000	－	15,000
小規模宅地等減額	▲7,920	－	※▲7,920
居住用家屋	1,000	－	1,000
現金預金	4,000	4,000	－
課税価格	12,080	4,000	8,080
基礎控除額	▲4,200		
算出相続税額	1,175	389	786
配偶者税額軽減	▲389	▲389	－
相続税額	786	0	786

※1億5000万円×330㎡／500㎡×80％＝7920万円

【案2】二次相続　（単位：万円）

項　目	合計額	長男太郎
預金	4,000	4,000
課税価格	4,000	4,000
基礎控除額	▲3,600	
相続税額	40	40

比木奈　本当ですね。一次相続と二次相続を合わせると786万円＋40万円で826万円ですから、当初の案より相続税が少なくなりますね。一時相続だけで考えてしまうと、二次相続で思わぬ負担が生じてしまうのですね。

税理士　配偶者の税額軽減は確かに大きな優遇規定ですが、あくまでも課税の繰延べとしての性格を有していると考えなければなりません。配偶者への相続は、同一世代間の財産の移転であって次の世代に移転されるわけではないためです。順番からすると太郎さんより花子さんの相続が先でしょうから。しかも、その時には配偶者の税額軽減が適用できないのはもちろんのこと、法定相続人の数も1人少なくなるのでより税負担は重くなってしまうのです。

比木奈　そうですか。思わぬ落とし穴があるのですね。今回の件を長野さんに話してみます。

税理士　いえ、少し待ってください。もう少しやりようがあると思います。長野さんの土地は大きいので、小規模宅地等の減額の特例の限度面積を超えています。一次相続だけでなく、二次相続でも適用できるような分割も考えられます。たとえばこのような分け方です。

宅地…花子50分の17、太郎50分の33
居住用家屋…花子2分の1、太郎2分の1
預金…花子2000万円、太郎2000万円

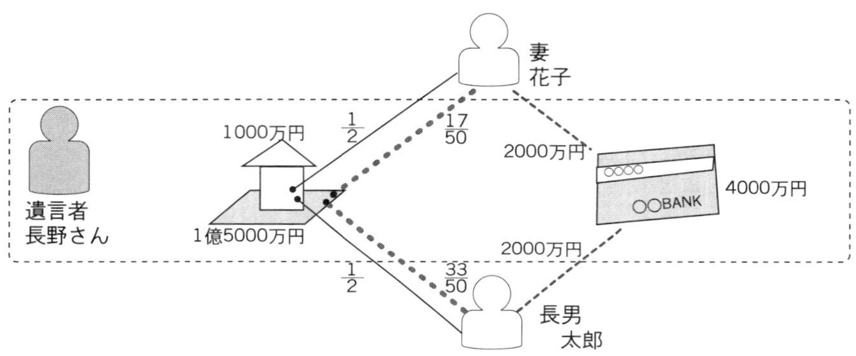

比木奈　長野さんは宅地と居住用家屋を花子さんに残すことを希望されていたので、この分け方のほうが本人も納得しやすいと思います。

相続税額はいくらくらいになりそうですか？

【案3】一次相続　(単位：万円)

項目	合計額	配偶者花子	長男太郎
宅地	15,000	5,100	9,900
小規模宅地等減額	▲7,920	－	※▲7,920
居住用家屋	1,000	500	500
預金	4,000	2,000	2,000
課税価格	12,080	7,600	4,480
基礎控除額	▲4,200		
算出相続税額	1,175	739	436
配偶者税額軽減	▲739	▲739	－
相続税額	436	0	436

※9900万円×330㎡／330㎡×80％＝7920万円
（330㎡：地積500㎡×持分33／50＝330㎡）

【案3】二次相続　　　　（単位：万円）

項　目	合計額	長男太郎
宅地	5,100	5,100
小規模宅地等減額	▲4,080	※▲4,080
居住用家屋	500	500
預金	2,000	2,000
課税価格	3,520	3,520
基礎控除額	▲3,600	
相続税額	0	0

※5100万円×170㎡／170㎡×80％＝4080万円

比木奈　当初の案より相続税額が半分以下ですか。しかも、一次相続の436万円だけで、二次相続では相続税が発生しないんですね。

うーん。今回も先生に相談してよかったです。長野さんにはもう一度今の話をしてみます。

比木奈弁護士は、加畑税理士の助言を参考にしつつ、その後遺言者長野氏に相談して案文を次のように変えて公正証書遺言を作成した。

1　遺言者は、遺言者の有する次の不動産を妻花子に50分の17、長男太郎に50分の33ずつ相続させる。

　　宅　地（省略）

　　居住用家屋（省略）

2　遺言者は、遺言者の有する居住用家屋を妻花子及び長男太郎にそれぞれ2分の1ずつ相続させる。

3　遺言者は、遺言者の有する預金を妻花子及び長男太郎にそれぞれ2分の1ずつ相続させる。

4　遺言者は、第1条乃至前条記載の財産を除くその他一切の財産を妻花子に相続させる。

解　説

被相続人の配偶者がその被相続人からの相続または遺贈により財産を取得した場合には、「配偶者の相続税額の軽減（相税19条の2）」の規定が適用される。この規定の適用により原則として、配偶者の相続税の課税価格が「課税価格の合計額×法定相続分」以下である場合、または1億6000万円以下である場合には配偶者については相続税額がゼロとなる。この規定は、同一世代間の財産の移転について設けられたものであるが、配偶者の相続は比較的短期間で発生すると想定される。したがって、一次相続だけでなく二次相続に係る相続税まで考慮して財産の分割方法を検討しなければならない。特にすでに配偶者が多額の財産を保有しているような場合には、一次相続時に配偶者に財産を相続させてしまうと、二次相続時の相続税負担はより重いものとなってしまうので注意が必要である。

また、被相続人の居住用宅地等については「小規模宅地等の相続税の課税価格の計算の特例（租特69条の4）」が適用される。本設例では、当初の遺言で「妻花子に対して居住用宅地を相続させる」とされているため、相続税の計算上、配偶者花子は上記2つの特例を重ねて受けることになる。そこで長男太郎に居住用宅地を相続させ「小規模宅地等の減額の特例」を適用し、さらに適用限度面積を超える部分については配偶者に相続させ、二次相続時も適用できるよう手当しておくことにより、一次相続、二次相続を通した相続税の軽減を図ることが可能となる。

遺言ファイル

NO.5：見落としやすい債務分担条項

遺言者福岡さんの遺言内容

　私には2人の息子がいます。私の財産は、預貯金、2階建ての賃貸用不動産があります。妻には、3年前に先立たれました。長男太郎と二男次郎は独立して、それぞれ持家を持ち、家族と暮らしています。これまで、長男太郎に対しては、会社の事業資金やマンションの購入資金の援助でかれこれ1億円以上のお金を援助しています。長男は私としばらく疎遠になっていますが、二男夫婦は、よく私のことを気にかけてくれています。二男次郎に対しては、長男のようにお金の援助は一切していませんので、賃貸不動産（1億円）を二男次郎に、預貯金3000万円を長男太郎に相続させようと思っています。そのような遺言書の作成をお願いします。

【親族図表】

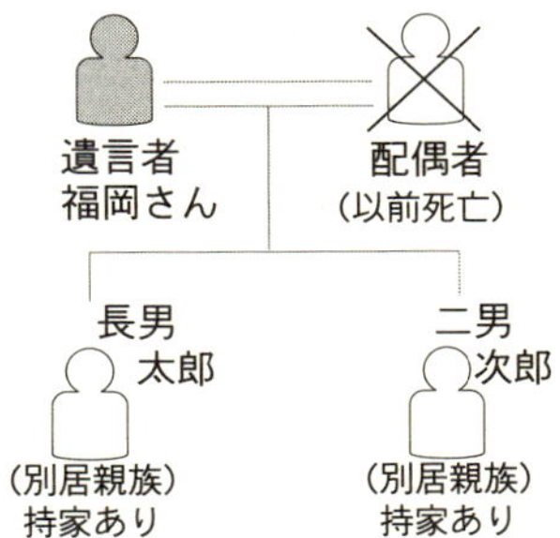

比木奈弁護士は早速次のような遺言書案を作成して、加畑税理士のもとを訪れた。

1　遺言者は、遺言者の次の不動産を、二男次郎に相続させる。
宅　地　（略）
家　屋　（略）

2　遺言者は、遺言者の次の預貯金を、長男太郎に相続させる。
（略）

（付言事項）
長男の太郎には、経営する会社の事業資金やマンションの購入資金などとして今まで金1億円にのぼる多額の贈与をしてきたが、二男の次郎にはこのような援助をしていない。そこで、このような特別受益として考慮して、前記の内容を定めたものである。

比木奈　財産目録を作りましたので、これを参考に相続税の試算をお願いします。

【財産目録】

種　類	相続税評価額	備　考
預貯金	3000万円	
賃貸用家屋	2000万円	
宅　地	8000万円	上記家屋の敷地（400㎡）
合　計	1億3000万円	

種　類	金　額	備　考
借入金	3000万円	上記賃貸用家屋の建築資金に充てられた

税理士　先生の遺言書案では債務について特に記載がありませんが、法定相続分で太郎さん、次郎さんにそれぞれ2分の1ずつ負担するという趣旨ですか。
比木奈　そうですが。
税理士　そうであればお2人の相続税額は次のとおりになります。

加畑税理士は次のような試算表を示した。

（単位：万円）

項　目	合計額	長男太郎	二男次郎
預貯金	3,000	3,000	—
賃貸用家屋	2,000	—	2,000
宅　地	8,000	—	8,000
小規模宅地等減額	▲2,000	—	※▲2,000
債務控除	▲3,000	▲1,500	▲1,500
課税価格	8,000	1,500	6,500

相続税の基礎控除額	▲4,200		
相続税額	469	88	381

※8000万円×200㎡／400㎡×50％＝2000万円

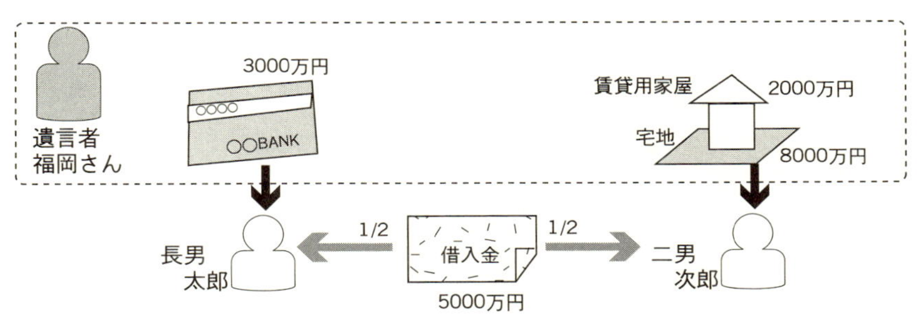

比木奈　それぞれ法定相続分の債務額が債務控除されているわけですね。

税理士　先生の遺言書案では、次郎さんに賃貸用家屋および宅地を相続させる旨の遺言をしていますが、借入金については特に承継者が指定されていません。したがって、借入金は法定相続分に従い太郎さんおよび次郎さんがそれぞれ2分の1ずつ承継したものとして相続税の計算をすることになるのです。ところで、この債務は、賃貸不動産の建築資金ですね。しかも、賃料収入から次郎さんが毎月返済を行うのですよね。

比木奈　そうです。遺言書案で、最初、債務を次郎さんの負担にすることも考えたのですが、対銀行との関係ではあまり意味がないかなと思って削除しました。

税理士　確かに、法律的には相続人間で債務の分担を決めても対銀行との関係ではその分担割合を主張することはできないでしょう。しかし、税法上は、債務を負担した者の取得する遺産総額から債務控除が認められ、正味の課税価格を計算する上で債務の控除が認められています。

比木奈　相続税額に大きく影響するということですか。

税理士　太郎さんも3000万円の遺産を相続しますので、債務控除後の課税価格の合計額に変更はありません。ですから、債務を法定相続分で控除したとしても、全体の相続税額が変わりませんね。次郎さんが債務を全部承継するとした場合、次のような相続税の試算となります。

(単位：万円)

項　目	合計額	長男太郎	二男次郎
預貯金	3,000	3,000	－
賃貸用家屋	2,000	－	2,000
宅　地	8,000	－	8,000
小規模宅地等減額	▲2,000	－	※▲2,000
債務控除	▲3,000	－	▲3,000
課税価格	8,000	3,000	5,000
基礎控除額	▲4,200		
相続税額	469	176	293

※8000万円×200㎡／400㎡×50％＝2000万円

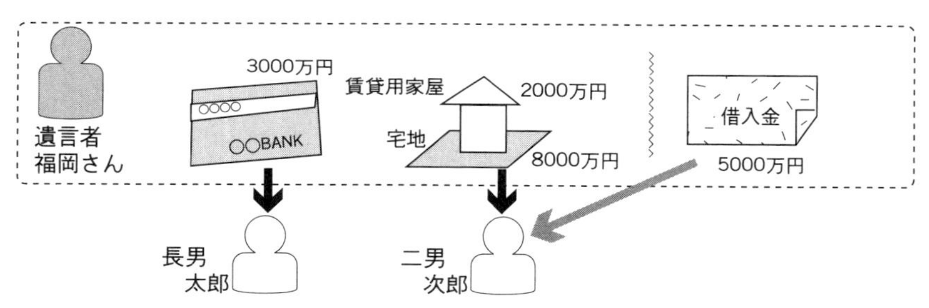

比木奈　なるほど、相続税額は同じですね。それでは、次郎さんに債務を全部分担させる意味はどこにあるのでしょうか。

税理士　実際に、相続する債務は賃貸物件の建築資金で、この返済原資は、次郎さんの賃料収入から支払われるわけですね。とすれば、相続債務の金利は、次郎さんの不動産所得の経費に計上できるわけです。この遺言書案であれば、相続債務の２分の１だけしか経費にならないことになります。

比木奈　なるほど。

税理士　それから、釈迦に説法ですけれど、遺言書に相続債務の分担をきっちりと定めておいたほうが、後日、相続人間でトラブルが起きるのを事前に防ぐことができると思います。

比木奈　おっしゃるとおりですね。私が作った最初の案ですと、仮に次郎さんが銀行に全額債務を返済した場合、太郎さんに、法律的には、その負担部分を求償できることになります。そうなれば、太郎さんは不動産をもらえず、債務だけ負担する結果になり、当然納得がいかないでしょうから、兄弟間でトラブルに発展してしまいますね。

比木奈弁護士は、遺言書案を手直しし、次のような3項を追加した。

> 3　遺言者は、遺言者の下記債務を二男次郎に負担させる。
>
> (略)

❶解　説

相続税法では、相続税の申告期限までに具体的な債務の承継者が定められなかった場合には、被相続人の債務は相続人・包括受遺者が相続分または包括遺贈の割合に従って負担するものとして各人の課税価格を計算するとされている（相基通達13-3)。本設例では、借入金の返済原資は賃貸用家屋から生ずる賃料であると推定されるものの、相続後、申告期限までに債務の負担についての協議が調わなかった場合には、借入金は法定相続分に従い長男太郎および二男次郎がそれぞれ2分の1ずつ承継したものとして相続税の計算をしなければならないこととなる（第2章ケース32参照)。

実際の借入金の返済者に借入金を承継させる内容の遺言を作成することで相続後の協議が不要になり、トラブルを防ぐことが可能となる。

遺言ファイル

NO.6：大きな土地があります（地積規模の大きな宅地の評価）

依頼者千葉さんの依頼内容

私は、駐車場用地として、都内の住宅地に800㎡の土地を持っています。路線価で3億2000万円ほどの評価です。私には2人の息子がいますので、兄弟仲よく駐車場を東西に半分に分けて相続させようと思っています。これだけの土地ですので相続税はそれなりにかかると思います。相続した後の処分は息子らの意思に任せたいと思います。土地を二筆に分けて、それぞれ息子らに相続させる遺言書の作成をお願いします。

【親族図表】

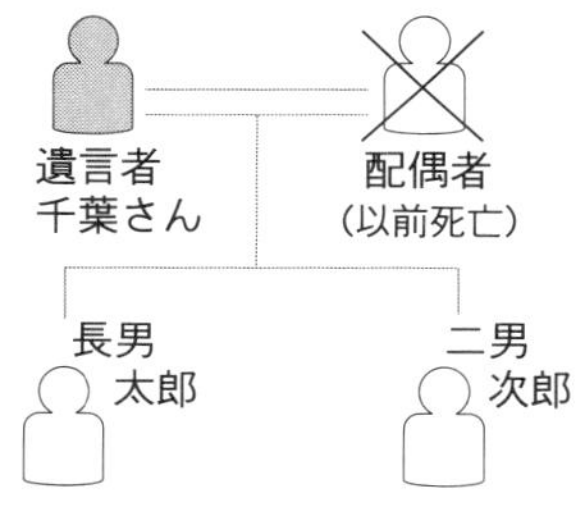

比木奈弁護士は、次のような遺言書を作成した上で、加畑税理士のもとを訪れた。

> 1　遺言者は、次の土地について、別紙図面のとおりアの地点とイの地点を結んだ分筆後の西側部分を長男太郎に相続させ、東側の部分を二男次郎に相続させる。
>
> 不動産の表示
>
> （略）

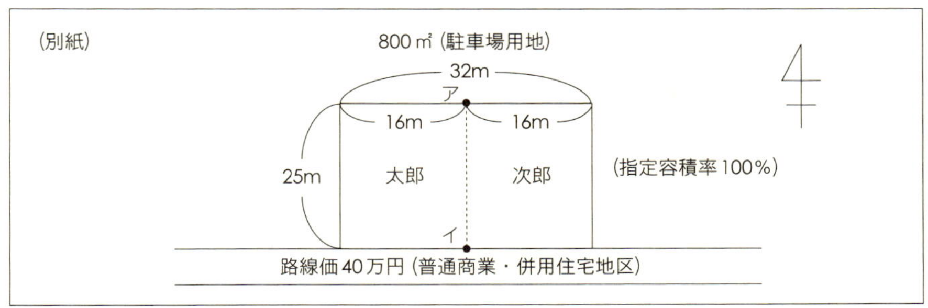

比木奈　先生、今回は問題ないですよね。土地を半分に分けるだけですから。

税理士　いやいや問題だらけですよ。先生の遺言書案ですと、この土地だけが相続財産とした場合、ざっくりと、相続税は総額7720万円かかることになります。

比木奈　7720万円ですか。すごい金額ですね。

税理士　それは、土地の評価額が大きいからです。この遺言書案では、息子さんの相続する土地の評価額は次のとおりになります。

（イ）長男太郎（西側）

	路線価		奥行価格補正率		地積		評価額
宅地の評価額：	40万円	×	1.00	×	400㎡	＝	1億6000万円

（ロ）二男次郎（東側）

	路線価		奥行価格補正率		地積		評価額
宅地の評価額：	40万円	×	1.00	×	400㎡	＝	1億6000万円

（ハ）評価額の合計額

(イ)＋(ロ)　＝　3億2000万円

比木奈　この場合、なにか相続税が安くなる分割の方法があるのですか。

税理士　ありますよ。地積規模の大きな宅地の評価を使う方法です。

比木奈　地積規模の大きな宅地の評価？　何ですかそれは？

税理士　三大都市圏である東京都内にある宅地であれば、500㎡以上の宅地なら通常地積規模の大きな宅地に該当します。地積規模の大きな宅地の評価は大きな評価減が見込まれるため、地積規模の大きな宅地として評価できるか否かは、相続税額に大きく影響する問題なのです。

税理士　原則として、次に掲げる地積以上であれば、地積要件はクリアします。

三大都市圏※1	500㎡
それ以外の地域	1,000㎡

※1）首都圏、近畿圏、中部圏

※2）次のいずれかに該当する宅地は除かれる。1）市街化調整区域（都市計画法34条10号または11号の規定に基づき宅地分譲に係る同法4条12項に指定する開発行為を行うことができる区域を除く）に所在する宅地、2）都市計画法の用途地域が工業専用地域に指定されている地域に所在する宅地、3）指定容積率が400％（東京都の特別区においては300％）以上の地域に所在する宅地、4）評基通達22-2に定める大規模工場用地

比木奈　千葉さんの駐車場は地積規模の大きな宅地にあたるということですか。

税理士　本件の駐車場用地は首都圏の市街化区域に所在する800㎡の宅地で、普通住宅地区にあり、指定容積率も100％ですから基準を満たしています。

比木奈　では、私の遺言書案でも、その地積規模の大きな宅地の評価を適用すれば、評価減が認められることになるのですね。

税理士　いや、先生の作られた遺言書案では地積規模の大きな宅地の評価は認められません。

比木奈　え！　どうしてですか？

税理士　宅地の評価は、原則として取得者ごとに行うこととされています。ですから、先生の遺言書案のように宅地を分筆後、西側を長男の太郎さんが取得し、東側を二男の次郎さんが取得するような場合は、評価もそれぞれが取得した部分ごとに行うことになります。その結果、宅地の地積はそれぞれ400㎡となり地積基準を満たさないことになるため地積規模の大きな宅地としての評価ができなくなってしまうわけです。

比木奈　そうでしたか。私が分筆して分けたのが失敗でしたね。

税理士　そのとおりです。息子さんお2人の共有持分で相続させるのがベストです。なお、共有で相続した場合であっても、将来の状況の変化により必要がある場合には、共有物の分割により宅地を分筆し、共有状態を解消することも可能です。

比木奈　なるほど！　ところで地積規模の大きな宅地の評価を受けることができれば、どのくらいの評価になるのでしょうか。

税理士　地積規模の大きな宅地の評価の計算は次のとおりとなります。相続税額は総額でざっと4904万円となりますね。

宅地の評価額：40万円（路線価）× 1.00※（奥行価格補正率）× 0.78※（規模格差補正率）× 800㎡（地積）＝ 2億4960万円（評価額）

※規模格差補正率

$$\frac{800\text{㎡} \times 0.95 + 25}{800\text{㎡}} \times 0.8 = 0.78$$

比木奈　え！　7720万円が4904万円になるんですか……。地積規模の大きな宅地として評価されるかどうかは本当に大きな違いですね。危うく、千葉さんに膨大な税金を負担させるところでした。税金は本当に怖いですね。

比木奈弁護士は、依頼者と打合せした後、次のような遺言書案に改めた。

> 1　遺言者は、次の土地について、長男太郎および二男次郎にそれぞれ2分の1の共有持分を相続させる。
>
> 不動産の表示
>
> （略）

❶解　説

宅地の評価は、利用の単位となっている1区画の宅地ごとに行うこととされている。ただし原則として、1区画の宅地であっても、その宅地を区分して異なる者が取得した場合には、それぞれが取得した者ごとに別々の宅地として評価することとなる。

本設例のように、もともと地積規模の大きな宅地としての評価が可能であるにもかかわらず、その宅地を長男太郎および二男次郎が区分して取得してしまうことで、地積規模の大きな宅地としての評価ができなくなってしまう場合があるので注意が必要である（第2章ケース34参照）。

遺言ファイル

NO.7：土地の評価を下げたいけれど……（不合理分割）

遺言者金沢さんの相談内容

私は、約200㎡の自宅を所有しています。そのほかに1000万円の預貯金があります。

妻が3年前に亡くなってから自宅で一人暮らしです。子供は長男と二男の2人おりますが、2人とも結婚して、それぞれ持家を持って家族と暮らしています。私は、この自宅の宅地と預貯金を子供らに半分ずつ相続させたいと思っています。ただ、土地の評価が路線価で8000万円と高額で、できる限り息子たちに相続税がかからないよう、自分なりに相続税の本を読んで、分割方法を検討しました。その結果、宅地を北側と南側に二分割して、北側の土地は道路に接しないようにして、土地の評価を下げる方法を思いつきました。このように分けても、私の死後は、兄弟間で土地を交換するなどして、東西に分け直すこともできると思います。とりあえず、南側の土地を二男に、北側の土地を長男に、預貯金はそれぞれ半分に分ける遺言書の作成を頼みます。

【親族図表】

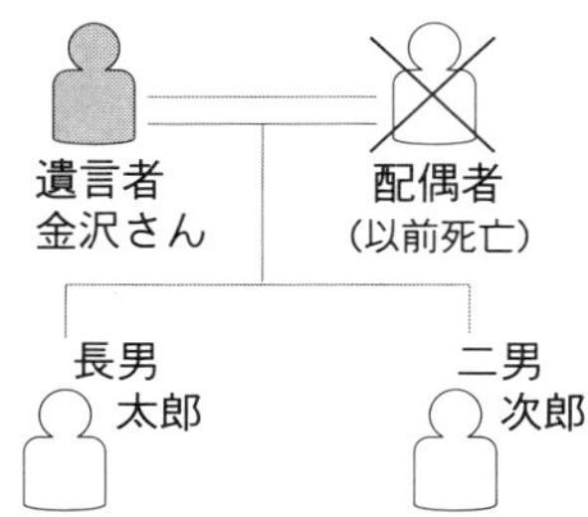

比木奈弁護士は、金沢さんの依頼のとおり、下記の遺言書案を作成した。しかし、比木奈弁護士は、金沢さんのアイデアがあまりに都合がよいように思えて加畑税理士に相談することにした。

1　遺言者は、次の土地について、別紙図面のとおりアの地点とイの地点を結んだ分筆後の北側部分を長男太郎に相続させ、南側の部分を二男次郎に相続させる。

土　地　（略）

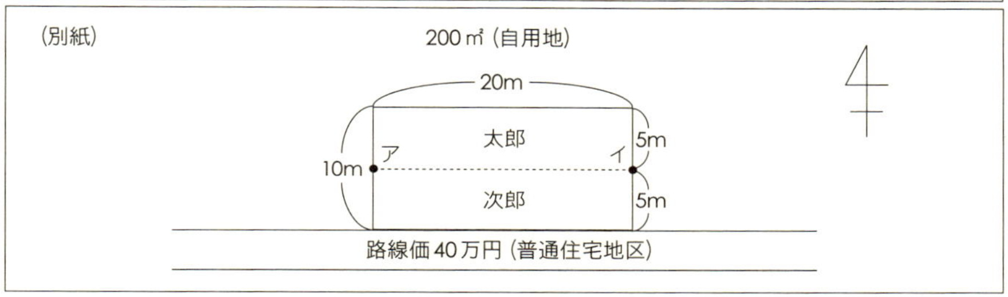

比木奈　依頼者のお話をそのままお伝えしますと、宅地を南北に分筆し、北側を長男の太郎さん、南側を二男の次郎さんが相続した場合には、その分筆後の2つの宅地を別々に評価することになり、長男太郎さんが取得する北側部分の宅地は無道路地として評価されることになり、結果として大幅な評価減が行われることになるとのことです。先生、この考え方で本当に大丈夫でしょうか。

税理士　比木奈先生、なかなか税務の感覚が鋭くなってきましたね。たしかに、一般的に無道路の宅地が、金沢さんのいうとおり、大幅な評価減となることは間違いないです。おそらく、金沢さんは次のような計算に基づいて宅地の評価額が減額されると考えられていると思います。

加畑税理士はメモに計算式を走り書きした。

長男太郎の評価額

	路線価		奥行価格補正率		地積		評価額
(a)	40万円	×	1.00	×	200㎡	=	8000万円

	路線価		奥行価格補正率		前面の地積		前面宅地の価額
(b)	40万円	×	0.92	×	100㎡	=	3680万円

			不整形地補正率		間口狭小補正率		評価対象地の価額
(c)	((a)—(b))	×	0.79	×	0.90	=	3071万円

(d)　40万円　×　(2ｍ×5ｍ)(注)＝　400万円

400万円　<　3071万円　×　0.4　＝　1228万円

∴400万円

(注)　接道義務に基づき通路を開設するとした場合に新たに開設される部分の地積

(c)　―　(d)　＝　2671万円

二男次郎の評価額

路線価		奥行価格補正率		地積		評価額
40万円	×	0.92	×	100㎡	＝	3680万円

比木奈　宅地の価額は、1画地の宅地（利用の単位となっている1区画の宅地をいう）ごとに評価するはずだったですよね（評基通達7－2(1)）。遺産分割の場合は異なるのですか？

税理士　相続開始前に1区画の宅地であっても、遺産分割や贈与などによってその取得者が異なる場合には、原則としてそれぞれの宅地を別々の宅地として評価することになります。

比木奈　なるほど、依頼者の方はよく勉強されているのですね。

税理士　たしかに勉強はされていますが……。生兵法怪我のもととはこのことです。

比木奈　やはり、そうでしたか。

税理士　残念ながら、金沢さんの分割案は不合理分割として、当局には否認されることになるでしょう。

比木奈　不合理分割ですか？

税理士　ええ、贈与や遺産分割等による宅地の分割が親族間等で行われた場合において、分割後の画地が宅地としての通常の用途に供することができないなど、その分割が著しく不合理であると認められる場合を不合理分割といいます。

比木奈　今回の遺言書案は、長男太郎さんに対し接道義務を満たさない宅地を相続させるものですよね。これだと、分割時のみならず将来においても有効な土地利用が図れず通常の用途に供することができないものとして、著しく不合理な分割ということになるということですね。

税理士　そのとおりです。そのため、このように著しく不合理な分割が行われた場合には、その分割前の画地を1画地として評価しなければならないとの評価通達があります（評基通達7－2(1)（注））。

比木奈　そうすると、今回の場合は相続税の評価はどのようになるのでしょうか。

税理士　正しい評価は次のとおりです。

加畑税理士は再びメモに計算式を示した。

	路線価		奥行価格補正率		地積		評価額
宅地の評価額：	40万円	×	1.00	×	200㎡	＝	8000万円

長男太郎の評価額

全体の評価額× $\frac{\text{長男太郎が取得した宅地の地積}}{\text{全体の地積}}$ ＝8000万円× $\frac{200\text{㎡}}{400\text{㎡}}$

＝4000万円

二男次郎の評価額

全体の評価額× $\frac{\text{二男次郎が取得した宅地の地積}}{\text{全体の地積}}$ ＝8000万円× $\frac{200\text{㎡}}{400\text{㎡}}$

＝4000万円

比木奈　生兵法、怪我のもとか……やはり、そんなにうまい方法はないものですね。

税理士　後々、税務調査で否認された場合には、不足分の税額のほかに過少申告加算税や延滞税が課されることになり、結局は高くついてしまいます。極端な節税方法には注意しなければなりませんね。

比木奈弁護士はアドバイスを受けて、次のとおり遺言書案を書き改めた。

1　遺言者は、次の土地について、別紙図面のとおりアの地点とイの地点を結んだ分筆後の東側部分を長男太郎に相続させ、西側の部分を二男次郎に相続させる。

土　地　（略）

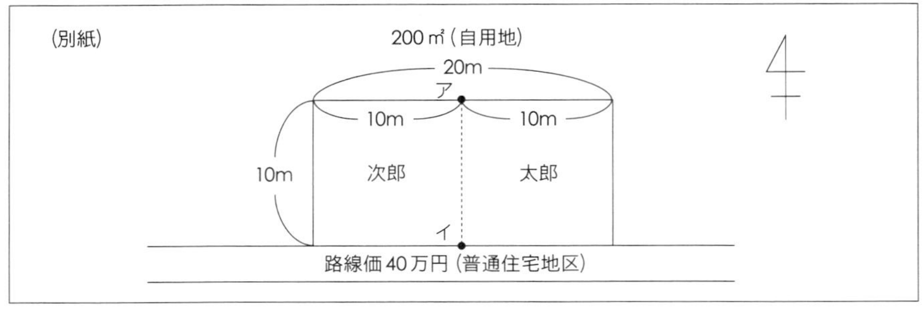

❶解　説

宅地の価額は、1画地の宅地（利用の単位となっている1区画の宅地をいう）ごとに評価する（評基通達7－2(1)）。ただし、遺産分割や贈与などによってその取得者が異なる場合には、原則としてそれぞれの宅地を別々の宅地として評価することになる。よって本設例のように、利用の単位が1つである宅地であっても、宅地を南北に分筆し、北側を長男太郎、南側を二男次郎が相続した場合には、その分筆後の2つの宅地を別々に評価するのが原則とされる。すると、長男太郎が取得する北側部分の宅地は無道路地として評価されることになり、結果として大幅な評価減が行われることになってしまう（第2章ケース33参照）。

しかし、この遺言は長男太郎に対し接道義務を満たさない宅地を相続させるものであり、分割時のみならず将来においても有効な土地利用が図られず通常の用途に供することができない著しく不合理な分割となり、実態に則した評価がなされないことになる。

そのため、このように著しく不合理な分割が行われた場合には、その分割前の画地を1画地の宅地として評価しなければならないことになる（評基通達7－2(1)(注)）。

遺言ファイル

NO.8：会社を継がせたい（非上場株式の評価）

遺言者石川さんの相談内容

私は、先代から㈱石川興業（非上場）の普通株を1200株相続しました。発行済株式数の12%にあたります。㈱石川興業は兄の一平が8800株式（発行済株式数の88%）をもち、会社の代表取締役をしており、私と甥の一郎は取締役をしております。㈱石川興業は非上場会社です。私は、長男太郎に対して、私の持っている株を全部相続させたいと思っています。長男は、現在㈱石川興業に勤務していますが、ゆくゆくは取締役となり、甥の一郎と協力して会社を仕切ってもらいたいと希望しています。ですから、株式全部を長男太郎に相続させる旨の遺言書の作成をお願いします。

【親族図表】

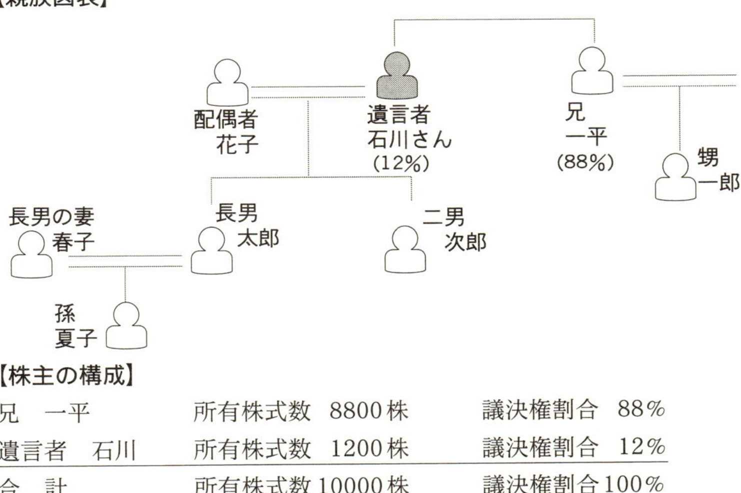

【株主の構成】

兄　一平	所有株式数　8800株	議決権割合　88%
遺言者　石川	所有株式数　1200株	議決権割合　12%
合　計	所有株式数 10000株	議決権割合 100%

比木奈弁護士は、依頼を受けて下記のとおり遺言書案を作成した。

1　遺言者は、別紙遺産目録記載の㈱石川興業株式をすべて、長男太郎へ相続させる。

（以下略）

比木奈弁護士は、加畑税理士のもとを訪れた。

比木奈　先生、今回は非上場株式の評価が問題だと思うんですけど……㈱石川興業の株式の相続税評価について教えていただけますか。

税理士　㈱石川興業の1株あたりの相続税評価は、原則的評価方式によれば1万2000円であり、配当還元方式によれば1500円となります。

比木奈　原則的評価方式……？　申し訳ありません。株式の評価についてはまだ勉強が進んでいませんので、この機会に株式の評価の基本を教えてください。

税理士　先生もだいぶ難しいレベルまで到達してきましたね。まず、取引相場のない株式の評価額は、その株式を取得した株主の区分により2種類の価額が存在します。その株式を取得した者が支配株主に該当する場合には「原則的評価方式」により評価した価額が相続税評価額となり、少数株主に該当する場合には「配当還元方式」により評価した価額が相続税評価額となります。

比木奈　なるほど。

税理士　さらに取引相場のない株式については、取引価格というものが形成されていませんので、会社の規模に応じて、大会社、中会社、小会社に区分し、原則的評価方式の中で、類似業種比準価額方式、併用方式、純資産価額方式等の評価方法を採用することになります。配当還元方式による評価額は、原則的評価方式による評価額に比較し低額であるのが一般的です。ケースによっては「配当還元方式」による評価額により相続・遺贈できるような遺言を検討する必要があります。

比木奈　複雑で混乱しそうです。整理すると、まずは、株主が支配株主か少数株主かによって株の評価方法が変わるということですね。

税理士　そうです。支配株主は、自己の意思を経営に反映しやすいので、経営参加を目的に取得していることが多いと思われます。これに対して少数株主は、配当金等の取得を目的として所有していることが多いですから、それぞれの株式の所有目的に応じて、それぞれに適した評価が必要となるわけです。

比木奈　では、支配株主か少数株主かの判定はどのように行うのですか。

税理士　その株式の発行会社に同族株主がいる会社か、同族株主のいない会社であるかの区分に従って次のように判定されます。

【同族株主のいる会社】

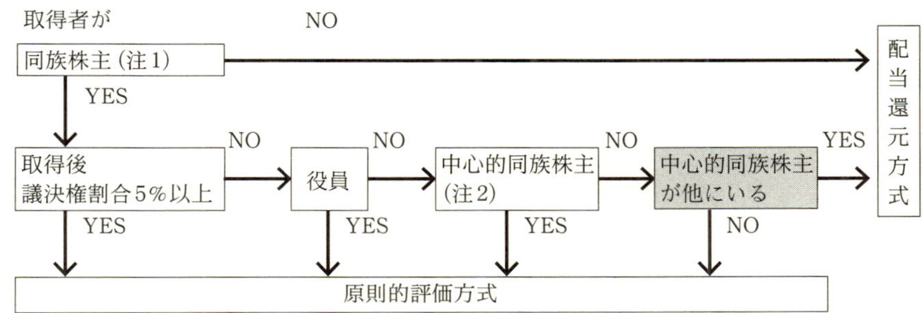

注1）同族株主：株主の1人およびその同族関係者の有する議決権の合計数が議決権総数の30%以上（50%超※）である場合におけるその株主および同族関係者
※50%超の株主グループがいる場合はそのグループのみが同族株主となる

注2）中心的同族株主：同族株主のいる会社の株主で、同族株主の1人ならびにその株主の配偶者、直系親族、兄弟姉妹および1親等の姻族（一定の会社を含む）の有する議決権の合計数が議決権総数の25%以上である場合におけるその株主をいう

【同族株主のいない会社】

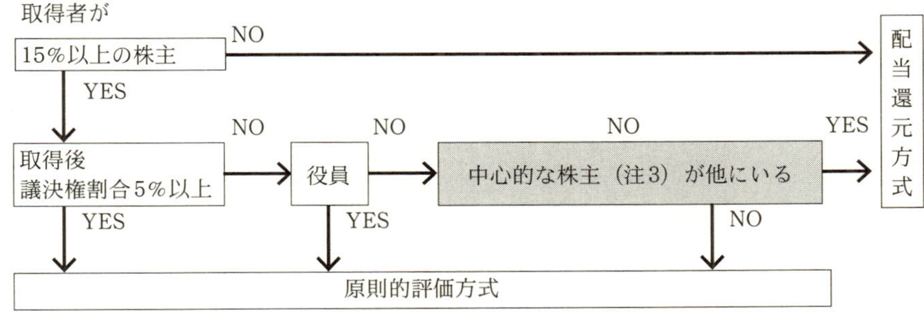

注3）中心的な株主：同族株主のいない会社の株主で、株主の1人およびその同族関係者の有する議決権の合計数が議決権総数の15%以上である株主グループのうち、いずれかのグループに単独で議決権総数の10%以上の株式を所有している株主をいう。

ここでいう同族株主とは、株主の1人およびその同族関係者の有する議決権の合計数が議決権総数の30%以上（50%超※）である場合における株主および同族関係者をいいます。

※50%超の株主グループがいる場合そのグループのみが同族株主となる。

比木奈　頭がごちゃごちゃになりそうなほど複雑ですね。

税理士　いやいや、フローチャートに従って考えていけば簡単ですよ。注意しなければいけないのは株式を取得した後の議決権割合で判定するということです。

比木奈　では、この遺言書案ですと、長男太郎さんは支配株主にあたりますか。

税理士　この遺言によれば、長男太郎さんが遺言者の石川さんより議決権割合12%の株式を相続することになっています。㈱石川興業は、同族株主のいる会社で、長男太郎さんも同族株主であり、5%以上を保有することになりますので、支配株主にあたります。

比木奈　とすると、原則的評価方式がとられ、1株当たりの㈱石川興業株式の評価額は原則的評価方式により評価した価額（1万2000円）となり、相続税評価額としては1440万円となるわけですね。

評価方法の判定

長男太郎の議決権割合		兄一平の議決権割合				
12%	＋	88%	＝	100%	＞	50%

したがって、長男太郎は同族株主に該当する。

長男太郎の議決権割合		
12%	≧	5%

したがって、原則的評価方式により評価する。

評価額

原則的評価方式による評価額		取得株式数	
1万2000円	×	1200株	＝1440万円

比木奈　相続税評価額を下げる方法はありますか。

税理士　あります。株式を取得する者が支配株主にならないように、株式の配分を工夫するのです。

比木奈　具体的には？

税理士　㈱石川興業株式のうち3分の1を長男太郎さんへ相続させる、その残りを長男の妻春子さんおよび孫夏子さんへそれぞれ2分の1ずつ遺贈するという案です。この案であれば、太郎さん、春子さん、夏子さんはそれぞれ、5%未満の株式を取得し、役員以外の者であり、ほかに中心的な同族株主がいる場合にあたり、少数株主となります。

比木奈　なるほど、この案ですと、長男太郎さんの家族に㈱石川興業株式を集中させることができ、しかも配当還元方式による株価の評価額となるわけですね。

税理士　ちなみに、配当還元方式によると1株当たりの㈱石川興業株式の評価額は1500円ですから、太郎さん、春子さん、夏子さんの相続税評価額は合計で180万円となります。

比木奈　へえ、こんなに差が出るものなんですね。株式の取得の配分を工夫することがポイントですね。

評価方法の判定

長男太郎の議決権割合		妻春子の議決権割合		孫夏子の議決権割合		兄一平の議決権割合
4%	＋	4%	＋	4%	＋	88%

＝　100%　＞　50%

したがって、長男太郎、妻春子、孫夏子はそれぞれ同族株主に該当する。

(a)長男太郎の評価方式の判定

・長男太郎の議決権割合　4%　(＜5%)

・相続後申告期限まで役員に該当しない。

・中心的同族株主に該当しない。(12%※＜25%)

※長男太郎および配偶者、直系血族、兄弟姉妹、一親等姻族の議決権割合の合計

・中心的な同族株主（兄一平）が存在する。(88%※≧25%)

※兄一平およびその配偶者、直系親族、兄弟姉妹、一親等姻族の議決権割合の合計

したがって、配当還元方式により評価する。

(b)長男の妻春子の評価方式の判定

長男太郎と同様　　配当還元方式により評価する。

(c)孫夏子の評価方式の判定

長男太郎と同様　　配当還元方式により評価する。

評価額

(a)長男太郎

配当還元方式
による評価額　　取得株式数
1500円　×　400株　＝60万円

(b)長男の妻春子

配当還元方式
による評価額　　取得株式数
1500円　×　400株　＝60万円

(c)孫夏子

配当還元方式
による評価額　　取得株式数
1500円　×　400株　＝60万円

比木奈弁護士はアドバイスを受けて、次のとおり遺言書案を書き改めた。

1　遺言者は、別紙遺産目録記載の㈱石川興業株式400株を、長男太郎に相続させる。

2　遺言者は、同目録記載の㈱石川興業株式を長男の妻春子及び孫の夏子へそれぞれ400株ずつ遺贈する。

(以下略)

❶解　説

取引相場のない株式の評価額には、その株式を取得した株主の区分により2種類の価額が存在する。その株式を取得した者が支配株主に該当する場合には「原則的評価方式」により評価した価額が相続税評価額となり、少数株主に該当する場合には「配当還元方式」により評価した価額が相続税評価額となる。配当還元方式による評価額は、原則的評価方式による評価額に比較し低額であるのが一般的である。そこで、ケースによっては「配当還元方式」による評価額により相続・遺贈できるような遺言を検討する必要がある（第2章ケース36参照）。

本設例のようなケースでは、取得者の議決権割合が5%未満になるように複数の取得者に分散することで、配当還元方式による価額による評価が可能になる。

遺言ファイル

NO.9：株式の評価を下げたい（中心的な同族株主の要件）

遺言者宮崎さんの依頼内容

私は㈱宮崎工業の代表取締役をしております。同社は40年前に私が設立した会社で製造業を営んでおります。長いこと会社を経営してまいりましたので、株価もそれなりに高くなり、数年前に長男太郎および二男次郎に生前贈与により大部分の株式を移転いたしました。現在、長男と二男は同社で勤務しており、私の引退後はこの2人に協力して会社を経営していってもらいたいと思っております。

しかし、いまだ所有している10%の株式についても長男太郎および二男次郎に平等に相続させたいと考え、遺言書の作成をお願いした次第です。なるべく相続税の負担も軽減したいと考えております。

【親族図表】

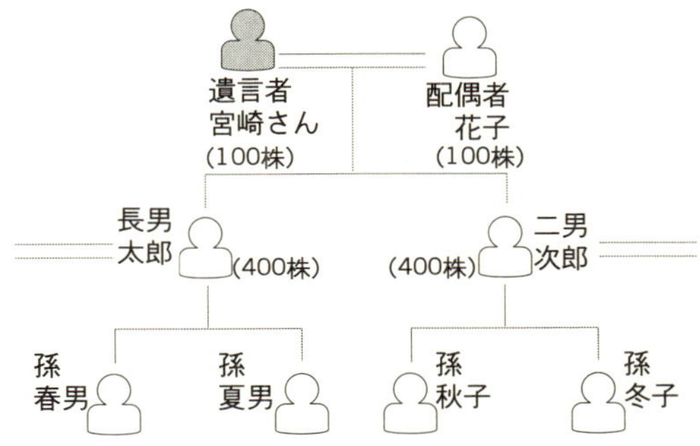

【株主の構成】

株　主	所有株式数	議決権割合
遺言者　宮崎	100株	10%
配偶者　花子	100株	10%
長男　太郎	400株	40%
二男　次郎	400株	40%
合　計	1000株	100%

比木奈弁護士は、遺言者の意向に従って下記のとおり遺言書案を作成した。

> 1　遺言者は、別紙遺産目録記載の㈱宮崎工業株式を、孫春男、孫夏男、孫秋子及び孫冬子にそれぞれ4分の1ずつ遺贈する。
>
> （以下略）

比木奈弁護士は、作成した遺言案を携えて加畑税理士のもとを訪れた。

比木奈　先生、私もだいぶ勉強したので、相続税の負担を少しでも抑えるために、㈱宮崎工業株式を配当還元方式で評価できないかと思いこのような遺言を作成してみたのですがいかがでしょうか？

税理士　なるほど、考えましたね。長男太郎さんと二男次郎さんに5％ずつ相続させてしまうとそれぞれ45％の議決権割合になり原則的評価方式になってしまうため、孫4人に2.5％ずつ遺贈して配当還元方式による評価を行おうと考えたわけですね。

比木奈　ええ、確か、取得者の議決権割合が5％未満の場合には配当還元方式により評価することができましたよね？

税理士　残念ながらそれだけでは配当還元方式では評価できないのです。配偶者、長男、二男そして孫も同族株主グループとなりますが、そのグループの中で次の条件に1つでも該当してしまうと原則的評価方式で評価しなければならなくなります。

①取得後の議決権割合が個人で5％以上である

②相続税の申告期限までに役員である

③中心的な同族株主である

④その会社に中心的な同族株主がいない

比木奈　1つでも該当してしまうとダメなんですね。①の5％の基準しか考えていませんでした。

税理士　今回は③の「中心的な同族株主である」という条件に引っかかってしまいます。中心的な同族株主とは、「同族株主の1人」「その株主の配偶者」「直系血族」「兄弟姉妹」「一親等の姻族」で総議決権数の25％以上を有している者をいいます。したがって、たとえ孫が㈱宮崎工業株式をそれぞれ2.5％しか取得しなくても、孫一人ひとりについて判定をするとそれぞれ55％となり、中心的な同族株主に該当してしまいます。

孫春男の場合：

春男本人（2.5%）＋長男太郎（40%）＋配偶者花子（10%）＋孫夏男（2.5%）＝55%

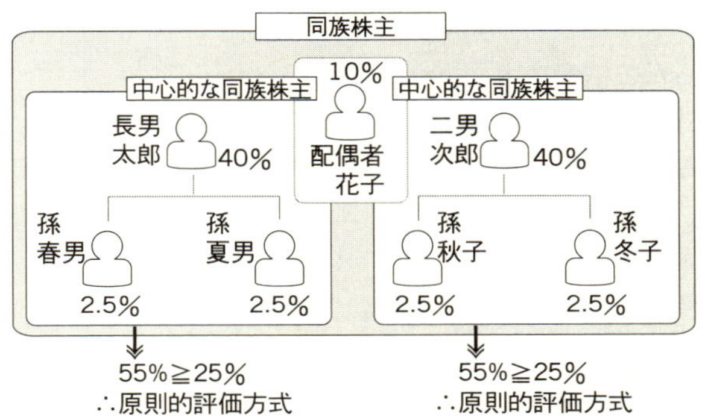

比木奈　その範囲で考えると、今回のケースではどのように分けても中心的な同族株主に該当してしまいますね。配当還元方式による評価は無理ですね。

税理士　配当還元方式により評価するのは、家族だけで経営しているような会社では他人や遠縁にでも遺贈しない限り難しいですね。

比木奈　そうですか。非上場株式の評価は難しいですね。先生に相談してよかったです。

比木奈弁護士は加畑税理士のアドバイスを受けて、次のとおり遺言書案を書き改めた。

1　遺言者は、別紙遺産目録記載の㈱宮崎工業株式を、長男太郎及び二男次郎にそれぞれ2分の1ずつ相続させる。 （以下略）

❶解　説

同族株主のいる会社の場合は、同族株主の1人ならびにその株主の配偶者、直系血族、兄弟姉妹および1親等の姻族（一定の会社を含む）の有する議決権の合計数が議決権総数の25%以上の場合は「中心的な同族株主に該当する。中心的な同族株主に該当する場合には、たとえ、持株割合が5%未満であり、役員に該当しない場合であっても原則的評価方式が採用されることになる（評基通達188）。

遺言ファイル

NO.10：法人への遺贈の思わぬ落とし穴（法人への遺贈）

遺言者宮城さんの依頼内容

私は、株式会社を経営し、その代表取締役をしております。株式会社ミヤギは小さな衣料品販売会社で、長男太郎が専務をし、20人ほどの従業員もおります。妻は、息子が高校生の頃、ガンで亡くなっています。二男次郎は、商社勤めのサラリーマンをしています。

私が、父親から土地を相続した際、父親の個人商店から会社組織に変更し、古い建物を取り壊し、店舗を新築しました。その時、税理士さんに相談して、建物の所有権を会社名義にし、会社から地代をとって、宅地を会社に貸す形をとりました。私は、もう年ですので、私が死んだ後は、私の持っている会社の株を全部、長男に譲り、宅地を会社に遺贈したいと思います。株式会社ミヤギは私が育てた会社で、息子の代になったらもっと大きく発展してもらえればと願っています。土地を会社名義にすることで、会社の資産も増え、長男が会社の株を全部持つことになりますから、長男が相続したのと変わらない結果になると思います。そこで、私の希望をかなえるような遺言書の作成をお願いします。

比木奈弁護士は早速、宮城さんの財産の評価を調査した。

【資産内容】

宅地（300㎡）

相続税評価額：9600万円

通常の取引価額：1億5000万円

取得価額は不明

株　式　㈱ミヤギの株式　6000株

会社の株主の構成（発行済株式総数10,000株）

遺言者　宮城　6000株

長男　太郎　4000株

【親族図表】

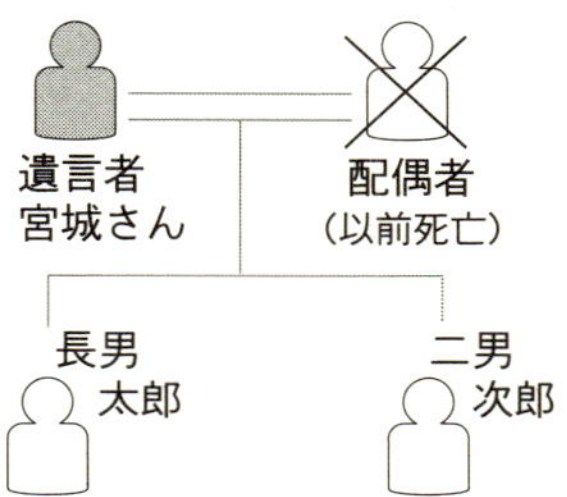

比木奈弁護士は、宮城さんの意向を受け次のとおり、遺言書の案文を作成した。

> 1　遺言者は、その所有する不動産を、下記（受遺者の表示）記載の株式会社ミヤギに遺贈する。
> 土　地　（略）
>
> 記
>
> （受遺者の表示）
> 名　称　　　　　株式会社ミヤギ
> 主たる事務所　　東京都〇〇区〇〇
> （以下略）
>
> 2　遺言者は、その所有する株式を長男太郎に相続させる。
> 株式会社ミヤギ　　6000株
>
> 3　遺言者は、預貯金3000万円を二男次郎に相続させる。
> （預貯金の表示）
> （略）

比木奈弁護士は、遺言によって会社の資産が増える以上、会社の株の評価も上がるだろうと考え、相続税の試算をしてもらうため、加畑税理士に遺言書案を見せた。

税理士　先生もいろいろ考えましたね。私の試算ですと、会社が宅地を取得することにより、1株あたり評価は1万円から1万3000円に上昇する見込みでしょう。その分、相続税の負担も増えますね。

比木奈　先生のほうで相続税を試算されたら、ご本人の了解を得て、早速、公証人役場で遺言書を作成します。

税理士　ところで、先生、宮城さんは、相続税以外の税負担について理解されているのですか。

比木奈　といいますと？

税理士　今回のように個人から法人に対して宅地を遺贈した場合には、譲渡所得税がかかります。

比木奈　無償の遺贈にも税金がかかるのですか？

税理士　先生は相続税は相当理解が進んでいますが、所得税についてはまだまだですね。

比木奈　はあ、おっしゃるとおりです。

税理士　よろしいですか。所得税法59条1項によると、個人から法人に対して宅地を遺贈した場合には、その相続時に遺贈者から法人に対して通常の取引価額により譲渡があったものとみなされ、遺贈者に対し譲渡所得税が生じる可能性があります。

比木奈　でも、私としては、無償で遺贈した宅地が、有償で譲渡したとみなされるのは腑に落ちませんね。

税理士　法律家の方がそう思われるのももっともかもしれません。しかし、税法の世界では違う考え方をとります。個人が個人に対し遺贈した場合は、遺贈した人には譲渡所得税はかかりません。でも、個人が法人に遺贈した場合は、法人に対して取得費を引き継ぐ規定が適用されない（所税60条1項、2項）ので、法人に対する遺贈に譲渡所得税をかけなければ、国は永久に遺贈者に発生した値上がり益に対する課税ができなくなってしまうからです。

比木奈　なるほど、そんなものですか。ところで、譲渡所得税は具体的にどのように申告して、誰が支払うことになるのですか。

税理士　この所得税は、あくまでも遺贈者にかかる所得税であるため、その申告および納税義務は相続人にあります。相続人は、相続の開始があったことを知った日の翌日から4か月以内に被相続人の納税地の所轄税務署長に対し共同で所得税の確定申告（準確定申告）をし、所得税を納付しなければなりません（所税125条）。

　譲渡所得税は、相続人が承継することになりますから、相続人が単純承認をする限り、譲渡所得税を負担しなければなりません。

比木奈　ところで譲渡所得税の計算はどのようなものでしたっけ？

税理士　譲渡所得の金額は「譲渡価額－（取得費＋譲渡費用）」で計算されます。しかも、譲渡価額は、相続税評価額ではなく遺贈時の通常の取引金額です。

今回の場合は、通常の取引価格1億5000万円が譲渡価額となります。相続税評価額の9600万円ではないのです。取得費はその資産の購入金額に取得に要した費用の額を合計した金額となりますが、取得費が不明な場合には譲渡価額の5%相当額を取得費とすることができます。

なお、建物等の減価する資産についてはその金額から減価償却費相当額を控除することになります。

比木奈　譲渡所得税の税率は、たしか、所有期間で短期と長期で異なりましたね。

税理士　そのとおりです。期間に応じ次の税率を乗じた金額が納付すべき税額となります。

その年1月1日における所有期間が	税　率
短期（5年以下）の場合	30%
長期（5年超）の場合	15%

比木奈　今回はどのくらい譲渡所得税がかかりますか。

税理士　私の計算によれば、2137万5000円かかります。

通常の取引価額		取得費		長期譲渡所得
1億5000万円	−	750万円※	＝	1億4250万円

※1億5000万円×5%＝750万円

長期譲渡所得		税率		所得税額
1億4250万円	×	15%	＝	2137万5000円

比木奈　そんなにかかるのですか……。相続人の太郎さんにとっては予想外の負担になってしまいます。法人に対する遺贈は慎重に行わなければなりませんね。

税理士　そうです。しかも、今回の遺贈は、まだほかにも課税関係が発生するおそれがあります。

比木奈　え、まだ、ほかにも税金がかかるんですか⁉

税理士　まず、受遺者である法人は遺贈者からその財産を無償で譲り受けたものとされますから、その財産の時価相当額に対して法人税課税が行われることになります。法人が無償により資産を譲り受けた場合には、各事業年度の所得の金額の計算上、益金の額に算入することとされており（法税22条2項）、法人税等の課税対象となります。この場合に益金の額に算入すべき金額は、先ほどの譲渡所得税と同様に、相続税評価額ではなく通常の取引価額となります。

具体的には、法人税の実効税率を35.6％とすると5340万円の法人税が課税されます。

通常の取引価額		実効税率		法人税額等
1億5000万円	×	35.6％	＝	5340万円

比木奈　株式会社ミヤギに5340万円の法人税ですか。それでは、宮城さんが、会社の発展のために遺贈したことがかえって仇になってしまいますね。

税理士　さらに、もう一つ問題があります。相続人である太郎さんがもともと持っている会社の株式4000株の株価上昇分について相続課税が行われる可能性があります。株式会社ミヤギは、遺言者の方が6000株、長男が4000株から構成される同族会社です。長男は、会社の同族株主ですから、今回の宅地の遺贈によって会社の株価が1万円から1万3000円に上昇するとすれば、長男がもともと保有していた4000株についても、上昇分の1200万円分について遺贈があったものとみなされ、相続税課税が行われる恐れがあるのです（相基通達9－2）。仮に、相続税の税率を30％とすれば相続税額が360万円増えることになります。

株式の価額の増加額		長男丙の所有株式		遺贈とみなされる金額
（1万3000円　－　1万円）	×	4000株	＝	1200万円

遺贈とみなされる金額		相続税の税率		
1200万円	×	30％※	＝	360万円

※仮定の税率。実際には10％～55％。

比木奈　法人に対する遺贈は税務上の問題がたくさんあるのですね。今後、法人に対する遺贈は、恐ろしいので、一切お断りすることにします。

税理士　先生、何も、そんなに極端に割り切らないでくださいよ。私の言いたいのは、法人に対する遺贈は、慎重に行ってくださいということです。法人に対する遺贈も、場合によっては、譲渡所得税が非課税の場合もあります。たとえば、公益法人に対する遺贈や公益法人設立のためにする財産提供などは、一定の要件を満たして国税庁長官の承認を受けたときはみなし譲渡課税の適用がない場合もあります（租特40条1項後段、租特施令25条の17）。

また、被相続人の宅地の取得費がわかっていて、それが相続時の通常の取引価額以上であれば譲渡所得税が生じることはありません。さらに、法人に多額の繰越欠損金があれば受贈益と相殺されることになりますから、実質的に法人税の負担が生じない場合もあります。

比木奈　先生のお話をまだ十分に消化できていません。でも、確かなことは、今後、法人に対する遺贈の案件がきましたら、先生と相談しながら進めさせていただくということですね。

税理士　ありがとうございます。

比木奈弁護士は、その後、宮城さんと相談して、遺言書案を次のように変え、公正証書遺言を作成した。

1　遺言者は、その所有する不動産及び株式を、長男太郎に相続させる。
　　土　地　（略）
　　株　式　　　（株式会社ミヤギ、6000株）
2　遺言者は、預貯金3000万円を二男次郎に相続させる。
　　（略）

この遺言書案によれば、宅地は特定同族会社事業用宅地等となり、小規模宅地等の減額の特例の適用を受けることができ、7680万円の評価減となる。

解　説

法人に対する遺贈を行った場合には、課税関係は次のとおりとなる。

①　遺贈者に対する課税

個人が相続や遺贈により被相続人より財産を取得した場合には相続税の課税対象となるが、法人に対する贈与や遺贈により譲渡所得の基因となる資産の移転があった場合には、その贈与や遺贈があった時に、その時における価額に相当する金額により、これらの資産の譲渡があったものとみなされ（所税59条）、所得税の課税の対象となる。

②　法人に対する課税

法人が無償により資産を譲り受けた場合には、各事業年度の所得の金額の計算上、益金の額に算入することとされており（法税22条2項）、法人税等の課税対象となる。この場合に益金の額に算入すべき金額は、相続税評価額ではなく通常の取引価額である。

③ 同族株主に対する課税

同族会社に対し無償で財産の提供があったことにより、その同族会社の株式の価額が増加した場合には、その同族会社の株主がその増加した部分の金額を、その遺贈者から遺贈により取得したものとみなされ（相基通達9－2)、相続税の課税対象となる。

3 贈 与

(1) 贈与税の概要

これまで述べてきたとおり、相続税は、相続や遺贈等の人の死亡に伴って財産移転が生じた場合に課税される。しかし、それだけでは、生前に贈与によって財産を移転することにより、容易に相続税の課税を免れることが可能になってしまい、税負担の公平を欠くことになる。そこで、課税回避を防ぎ、相続税の機能を補完するため、生前贈与には贈与税が課税されている。

贈与税は、上記の相続税の補完という目的から、相続税に比べて、基礎控除額や税率の点で負担が大きい。ただし、贈与税は後述するとおり暦年単位課税（1年ごとの課税）であるところ、贈与の金額や時期を調整し基礎控除を有効に利用することにより、税負担を軽減することが可能な場合もある。また、近年、経済の活性化を促進するため、相続時精算課税制度等が設けられており、生前対策として有効な活用が期待できる。

(2) 贈与税の課税対象者

贈与税が課税されるのは、個人から個人に贈与がなされた場合の受贈者である。受贈者が法人である場合は、贈与税ではなく法人税の対象となる。

また、贈与は当事者間の契約であるため、贈与者の一方的な意思表示のみでは成立しない。たとえば、親が子の名義で預金を積み立てるような場合があるが、子との間で贈与の合意が証明できないと、親が死亡したときに親の遺産として相続税が課されることがあるので、注意が必要である（後記ケース50参照)。

(3) 贈与税が課税される財産

贈与税が課税される財産には「本来の贈与財産」と「みなし贈与財産」がある。

ア 本来の贈与財産

本来の贈与財産とは、贈与により取得した不動産、現金、預貯金、有価証券、債権等、およそ金銭に見積もることのできる経済的価値のあるものすべてである。

イ みなし贈与財産

みなし贈与財産とは、本来贈与により取得したものではないが、課税の公平性の観点から、贈与財産とみなされて贈与税の課税対象となるものである。具体的には、以下のようなものがある。

① 生命保険金等（相税5条1項）

生命保険契約ないし損害保険契約において、保険料を被相続人、保険金受取人以外の者が負担していたときは、保険金受取人が保険金という経済的利益を保険料負担者から贈与されたものとみなされる。

なお、生命保険金を受領した場合にどのような税負担が生じるかは、誰が保険料を負担したかによって異なるので注意が必要である。

（保険料負担者）
被相続人の場合　⇒　相続税
保険金受取人の場合　⇒　所得税
上記以外の者の場合　⇒　贈与税

② 定期金（相税6条1項）

生命保険契約以外の定期金給付契約においても、掛金を定期金受給者以外の者が負担していた場合には、贈与とみなされる。

③ 低額譲渡益（相税7条）

著しく低い価額の対価で財産の譲渡を行った場合、その対価と当該財産の譲渡時の時価（相続税評価額ではなく市場価格）との差額すなわち低額譲渡益については、贈与がなされたものとみなされる。

ただし、譲渡を受ける者が資力を喪失して債務の弁済が困難な場合において、その者の扶養義務者から当該債務の弁済に充てるためになされたものであるときは除かれる。

④ 債務免除等（相税8条）

無償または著しく低い価額の対価で、債務の免除、引受けまたは第三者のためにする債務の弁済による利益を受けた場合、その債務の免除、引受けまたは弁済による利益の贈与があったものとみなされる。

ただし、債務者が資力を喪失して債務の弁済が困難である場合や、その債務者の扶養義務者によって当該債務の引受けまたは弁済がなされたときは除かれる。

⑤　その他みなし贈与となる場合（相税9条）

上記のほかにも、対価を支払わないで、または著しく低い価額の対価で利益を受けた場合には、その利益の価額に相当する金額（対価が支払われた場合はその対価との差額）について贈与があったものとみなされる。

ただし、その利益を受ける者が資力を喪失して債務の弁済が困難である場合、その者の扶養義務者から債務弁済にあてるためになされたものであるときは除かれる。

(4)　贈与税の非課税財産

贈与により取得した財産であっても、その性質、目的、国民感情、社会政策的な観点等から、贈与税の課税のかからないものがある。

①　法人からの贈与（相税21条の3第1項1号）

法人は死亡により相続が発生することがないから、相続税の補完をする必要がないため贈与税の課税はされない。ただし、贈与税ではなく所得税が課税される。

②　扶養義務者間での生活費または教育費の贈与（相税21条の3第1項2号）

日常生活上最低限の費用であるため、国民感情の点から非課税とされる。ただし、通常必要なものに限られるため、生活費や教育費の名目であっても過大な財産を贈与し貯蓄しているような場合は課税対象となる。

③　宗教、慈善、学術その他公益を目的とする事業の用に供する財産（相税21条の3第1項3号）

公益事業の特殊性から、その事業を保護するため非課税とされる。

④　特定公益信託から支給された奨学金（相税21条の3第1項4号）

学術振興などの公益目的で支給されるものであるため、その公益性から非課税とされる。

⑤　条例による心身障害者共済制度に基づく給付金の受給権（相税21条の3第1項5号）

心身障害者を扶養するという共済制度の趣旨から、非課税とされる。

⑥　公職選挙法の適用を受ける選挙の候補者が取得した金銭等（相税21条の3第1項6号）

公職選挙法の適用を受ける選挙の選挙運動において取得する金銭等は公共性の観

点から非課税とされる。

⑦ 特別障害者扶養信託契約に基づく信託受益権で6000万円までのもの（相税21条の4）

障害者の生活の安定を図る目的でなされるものであるため、社会福祉の観点から非課税とされる。

⑧ 相続開始の年に被相続人から贈与された財産（相税21条の2第4項）

相続税の課税対象となるため、贈与税は課税されない。

⑨ 香典、祝物等で、社交上必要と認められるもの（相基通達21の3-9）

個人から受ける香典、花輪代、年末年始の贈答、祝物または見舞い等のための金品は、社交上の必要によるものであり、国民感情を考慮して、社会通念上相当と認められる範囲で非課税となる。

⑩ 離婚による財産分与

財産分与は、慰謝料的な性格を含むものであるため、その額が社会通念上相当なものである限り、贈与税は課税されない。ただし、分与した側に所得税が課税される場合がある。

教育資金の一括贈与にかかる贈与税の非課税措置

平成25年度税制改正において、30歳未満の受贈者の教育資金にあてるためにその直系尊属が金銭等を贈与する場合、最大1500万円まで贈与税が非課税とされることとなり、祖父母が孫に対して教育資金の贈与をすることが容易になった（後記ケース49参照）。

(5) 贈与税の計算方法（暦年課税）

贈与税額は、課税価格から基礎控除額を控除した金額に税率を乗じて計算する。

贈与税額 ＝ {(課税価格) －110万円 (基礎控除額)} × 税率

ア 課税価格

贈与税は暦年単位課税方式を採用しているため、1月1日から12月31日の間に贈与を受けた財産の合計額から、非課税財産の金額を控除した金額が課税価格となる。受贈者を単位として計算するので、誰から贈与を受けたかは問わない。

課税価格 ＝ 贈与を受けた金額 － 非課税財産の価格

イ　基礎控除

贈与税の基礎控除額は、受贈者1人につき年間110万円とされている。誰から贈与を受けたかは問わないため、複数の贈与者から贈与を受けたとしても、合計で年間110万円までしか控除できない。

ウ　税　率

贈与税の税率は、相続税と同じく超過累進課税となっており、「その年の1月1日において20歳以上の者が直系尊属から贈与を受けた財産」については「特例税率」、「それ以外の財産」については「一般税率」が適用される。

■贈与税額の速算表

①：20歳※以上の者が直系尊属から贈与を受けた財産（特例贈与財産）		
課税価格（基礎控除後）	特例税率	控除額
200万円以下の金額	10%	0万円
400万円以下の金額	15%	10万円
600万円以下の金額	20%	30万円
1000万円以下の金額	30%	90万円
1500万円以下の金額	40%	190万円
3000万円以下の金額	45%	265万円
4500万円以下の金額	50%	415万円
4500万円超の金額	55%	640万円

②：①以外の財産（一般贈与財産）		
課税価格（基礎控除後）	一般税率	控除額
200万円以下の金額	10%	0万円
300万円以下の金額	15%	10万円
400万円以下の金額	20%	25万円
600万円以下の金額	30%	65万円
1000万円以下の金額	40%	125万円
1500万円以下の金額	45%	175万円
3000万円以下の金額	50%	250万円
3000万円超の金額	55%	400万円

※2022年4月1日以後の贈与については18歳

■暦年課税の税額計算

◎贈与により一般贈与財産または特例贈与財産のいずれかのみの財産を取得した場合

（基礎控除後の課税価格）×税率（※）－控除額＝税額

※税率は、取得した財産に応じて、一般贈与財産の場合は一般税率を、特例贈与財産の場合は特例税率を適用する。

◎贈与により一般贈与財産と特例贈与財産を取得した場合

次の①および②の合計額（①＋②＝税額）

一般贈与財産に対応する金額：a×（A／C）……①

特例贈与財産に対応する金額：b×（B／C）……②

A：一般贈与財産の価額、B：特例贈与財産の価額、C：合計贈与価額（A＋B）

（A、BおよびCは、課税価格の基礎に算入される価額）

a：合計贈与価額Cについて一般税率を適用して計算した金額

b：合計贈与価額Cについて特例税率を適用して計算した金額

■贈与税額計算の具体例

たとえば、甲（36歳）が、父乙から現金400万円、兄丙から現金100万円の贈与を受けた場合、贈与税額の計算は以下のとおりとなる。

（400万円＋100万円）［課税価格］－110万円［基礎控除］＝390万円［基礎控除後の課税価格］

① 父乙からの贈与部分

$$(390万円 \times 15\% - 10万円) \times \frac{400万円}{500万円} = 38万8000円$$

② 兄丙からの贈与部分

$$(390万円 \times 20\% - 25万円) \times \frac{100万円}{500万円} = 10万6000円$$

①＋②＝49万4000円……贈与税額

(6) 贈与税の配偶者控除（相税21条の6）

相続税に配偶者の税額軽減があるのと同様に、夫婦間においては、資産形成に配偶者の貢献があることが多く、また配偶者に対する生活保障の必要がある場合もある。そこで、夫婦間における居住用不動産または居住用不動産を取得するための金銭の贈与は、一定の要件を満たした場合、課税価格から2000万円まで控除される。この控除を有効に活用すれば、自宅を配偶者に生前贈与することで遺産を減らし、相続税を節税することが可能になる（後記ケース48参照）。

なお、配偶者控除を受けるためには、贈与税額が0円となる場合であっても、贈与税の申告書に必要書類を添付して申告をする必要がある。

■配偶者控除の要件

①婚姻期間が20年以上の夫婦であること。

②居住用不動産または居住用不動産の購入資金の贈与であること。

③贈与の翌年3月15日まで居住の用に供し、かつその後引き続き居住の用に供する見込みであること。

(7) 非上場株式等の贈与税の納税猶予（租特70条の7）

相続税において、中小企業における世代交代の円滑化を図るため、非上場株式の納税猶予の制度がある。贈与税においても同様に、先代経営者から後継者に対する非上場株式の贈与について、一定の要件を満たせば、納税を猶予する制度が定められている。事業承継に伴う猶予制度については後述第5章も参照。

(8) 贈与税の申告と納付

ア 申 告

贈与税は、1月1日から12月31日までの期間に基礎控除額110万円を超える贈与を受けた者が、翌年2月1日から3月15日までの間に、受贈者の住所地の所轄税務署に贈与税の申告書を提出して行う。

贈与を受けた額が基礎控除額以内である場合は、原則として申告をする必要はないが、配偶者控除の適用を受ける場合や、相続時精算課税制度の適用を受ける場合には、申告の必要がある。

イ 納 付

贈与税は、申告期限までに、金銭で一括して納付することが原則である。期限後に納付する場合は、延滞税（納期限の翌月から2か月以内は年7.3%、それ以降は14.6%の割合による）が課されるので注意が必要である。

なお、贈与税の納税義務を負うのは受贈者であるが、贈与者もその贈与財産の金額を限度として連帯納付義務を負う（相税34条)。

ウ 延 納

贈与税を金銭で一括納付することが困難な場合には、一定の要件を満たせば延納が認められる。延納期間は5年以内であり、延納税額に対し年6.6%の割合で利子税が課される。

■延納の要件

①贈与税額が10万円を超えること

②金銭一時納付を困難とする事由があること

③担保を提供すること（ただし、延納税額が50万円以下、延納期間が3年以内の場合は不要）

④納期限までに延納申請書を提出すること

(9) 相続時精算課税制度

ア　制度の概要

すでに述べたとおり、贈与税は相続税の補完税という性質から、相続税に比べて税負担が大きいものとなっている。しかし、高齢化社会の進んだ現代では、相続による財産の世代間移転が遅れる傾向にあることから、高齢者の保有している財産の流動化が滞り、経済の活性化を阻害することとなった。

そこで、資産の世代間移転を柔軟に行えるようにして経済の活性化を図るために、平成15年の税制改正によって相続時精算課税制度が新設された。

この制度の利用を選択した場合、贈与時にはいったん一定の贈与税を納付するが、その後の相続時にその贈与財産のすべてと相続財産を合計した価額をもとに相続税額を計算し、その相続税額からすでに納付した贈与税を控除し、精算することになる。

通常の暦年課税と相続時精算課税制度のいずれの制度を利用したほうが節税となるかはケースバイケースなので、慎重な検討が必要である（後記ケース46、47参照）。

イ　適用対象者

相続時精算課税制度の適用対象者は、

①贈与者は、その年の1月1日において60歳以上の者であること

②受贈者は、その年の1月1日において20歳（2022年4月1日以後の贈与については18歳）以上であり、かつ贈与者の直系卑属である推定相続人または孫であること

とされている。

ウ　適用手続

相続時精算課税制度を選択する受贈者は、贈与税の申告期限内に、相続時精算課税選択届出書を添付した贈与税の申告書を、自己の住所地の所轄税務署に提出しなければならない。

なお、この制度を選択するかどうかは、受贈者が贈与者ごとに選択することができる（相続時精算課税制度を選択した贈与者を「特定贈与者」という）。たとえば、子が父からの贈与についてこの制度を選択し、母からの贈与については通常の暦年課税のままにするということもできる。ただし、一度この制度を選択した場合、暦年課税に戻すことはできない。

エ　贈与税額の計算

相続時精算課税制度を選択した受贈者は、特定贈与者からの贈与財産と　他の贈与財産とを区別して、贈与税額を計算する。

① 特定贈与者以外からの贈与財産

通常の暦年課税の計算を行う。

贈与税額＝（1年間の贈与額－110万円）× 税率

② 特定贈与者からの贈与財産

特定贈与者あたり累積2500万円（複数年で使用可能）の特別控除がある。そのため、贈与額から特別控除額を控除し、これを超える部分がある場合には、一律20％の税率により贈与税額を計算する。

贈与税額＝（贈与額－特別控除額2500万円※）× 20％

※特別控除額2500万円は特定贈与者ごとの累積での金額である。たとえば1回目の贈与で2000万円の贈与を受けた場合、2回目の贈与では500万円までしか控除できない。

納付する贈与税額は、暦年課税による税額と、相続時精算課税制度による税額の合計額となる。

オ　相続税額の計算

特定贈与者が死亡すると、制度適用後にその特定贈与者から受けた贈与財産の金額をすべて相続税の課税価格に含めて、相続税額を計算する。

ただし、すでに贈与税を納付している場合には、算出相続税額からその贈与税額を控除することができ、またすでに納付した贈与税額が算出相続税額を上回っているときは、差額の還付を受けることができる。

なお、相続税の課税価格に合算する贈与財産の金額は、贈与時の時価による。そのため、値上がりが見込まれる財産については、相続による承継を待つよりも、相続時精算課税制度を利用して生前贈与をしたほうが税負担を軽減できる場合がある。

> 相続時精算課税制度は、
> ①値上がりする見込みの財産
> ②収益物件
> ③相続税がかからないケース（基礎控除内など）
> などに有効に使える！

⑽ 贈与において問題となる具体的なケースと贈与税

ケース46：多額の負債はあるけれども、自宅を長男に残したい

甲は、賃貸マンションを経営し、多数のマンションを所有していたが、入居者も減少し、銀行の返済も滞りがちとなった。負債総額が資産総額を超えた状態であり、相続発生時には相続放棄をせざるを得ないことが予想された。甲の資産の中で唯一自宅だけは銀行の担保となっておらず、この不動産を体の不自由な二男丁に残すために生前贈与をしておくことを検討している。どのような手段が考えられるか。

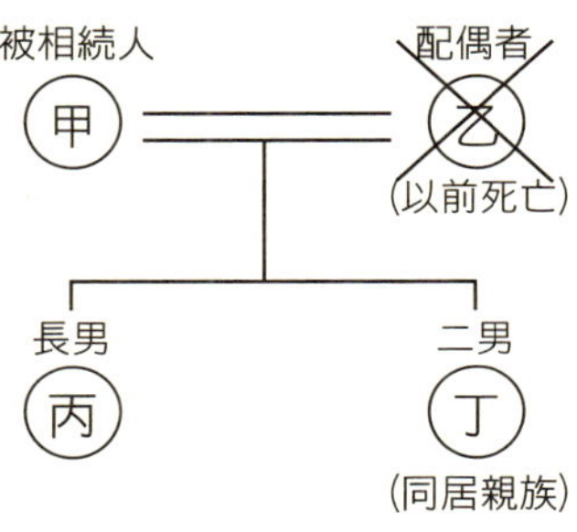

【財産目録】

種　類	相続税評価額	備　考
居住用マンション	4000万円	甲および丁の居住の用に供されている
A賃貸マンション	1億8000万円	建物およびその敷地の合計額
B賃貸マンション	1億5000万円	建物およびその敷地の合計額
C賃貸マンション	1億3000万円	建物およびその敷地の合計額
合　計	5億円	

種　類	金　額	備　考
借入金	2億8000万円	Aマンションが担保の用に供されている
借入金	2億2000万円	Bマンションが担保の用に供されている
借入金	2億円	Cマンションが担保の用に供されている
合　計	7億円	

解　答

相続時精算課税制度を利用し、自宅を二男丁に贈与する方法を検討する。相続時精算課税を利用した生前贈与では、贈与者1人につき通算で2500万円までは贈与税が課されない。ただし、贈与者が死亡した場合にはその贈与財産が相続税の課税

対象とされ、支払った贈与税がある場合には相続税から控除することで精算される。

❹解　説

甲について相続が発生した場合において、甲の債務の金額の合計額が財産の価額の合計額を上回るときは、相続の放棄または限定承認を検討することになる。相続の放棄をした場合には、すべての財産・債務を相続しないことになるため、二男丁に対し居住用マンションを遺したいというような場合には、限定承認の申述の申立てをし、先買権を行使する方法を考えることになる。しかしこの方法によれば、家庭裁判所の選任した鑑定人による鑑定額を対価として負担しなければならない。

居住用マンションを二男丁に承継させ、かつ、価額弁償等の負担をさせないようにするためには、生前贈与が有効となる。しかし、生前贈与に対しては贈与税課税の問題が生じる。暦年課税方式によれば贈与税の負担が重くのしかかってくるため、相続時精算課税制度を選択することが有効となる。

ただし、その贈与が債務者の弁済を免れるために行われたとされる場合は、詐害行為取消権（民424条）の対象となる可能性があるので注意が必要である。

①　生前贈与を行わず相続が発生した場合

二男丁が居住用マンションを相続するためには、限定承認の申請をしなければならない。また、限定承認は単独ではできないため、長男丙は二男丁と共同で限定承認するか、相続の放棄をしなければならない。

一般的に限定承認をした場合には、財産の相続税評価額が債務の金額を下回ることになるため、相続税課税の問題は生じない。

②　生前贈与を行い、相続時精算課税制度を選択した場合

甲が生前に二男丁に居住用マンションを贈与することで、二男丁に対し居住用マンションを承継させ、甲の相続時には長男丙および二男丁は相続放棄をすることで債務の承継を回避することが可能となる。

親から子への贈与に関しては、贈与税の制度上「暦年単位課税」または「相続時精算課税」のいずれかを選択することができる。相続時精算課税制度を選択することにより、二男丁が親から贈与を受けた居住用財産の価額4000万円のうち2500万円までの金額について贈与税が無税となる。2500万円を超える場合にはその超える部分の金額については20％の贈与税300万円が課税される。また、贈与者である甲に相続があった場合には、相続時精算課税制度を利用して甲から贈与を受けた財産の価額4000万円が相続税の課税価格に加算されることになる。相続放棄をしているため他に相続税の対象となる財産がない場合には、課税価格の合計額が相続税の遺産にかかる基礎控除額以下となり相続税は課税されない。この場合には、相続時精算課税により申告納付された贈与税300万円は還付されることになる。

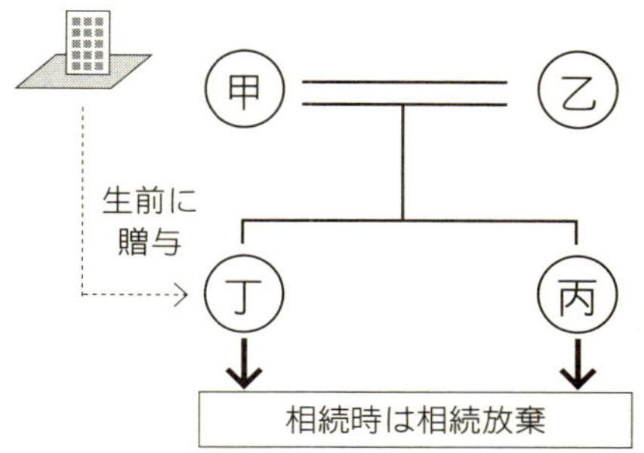

相続時精算課税制度を選択するためには、主として次の要件を満たさなければならない。

(相税21条の9、28条)
・贈与者は贈与があった年の1月1日において60歳以上であること
・受贈者は贈与があった年の1月1日において20歳（2022年4月1日以後の贈与については18歳）以上の推定相続人または孫であること
・相続時精算課税を選択しようとする受贈者は、その選択にかかる最初の贈与を受けた年の翌年2月1日から3月15日までの間（贈与税の申告書の提出期間）に納税地の所轄税務署長に対して「相続時精算課税選択届出書」を受贈者の戸籍の謄本などの一定の書類とともに贈与税の申告書に添付して提出すること

なお、一度相続時精算課税を選択した場合には、その選択をした贈与者からの贈与についてはその贈与者の相続時まで本制度の適用が継続されることになる。つまり、暦年単位課税に戻ることができないため、その贈与者からの贈与については贈与税の基礎控除額（110万円）は控除できない。

・居住用マンションの贈与年分の贈与税額（相続時精算課税制度を選択）

	贈与財産価額		控除枠			税率		贈与税額
(	4000万円	−	2500万円	)	×	20%	＝	300万円

・甲の相続にかかる相続税額（長男丙および二男丁は相続放棄）

相続時精算課税適用財産の価額（課税価格の合計額）		相続税の基礎控除額	
4000万円	≦	4200万円	∴相続税額＝0

相続税額		贈与税額控除額		還付税額
0	−	300万円	＝	▲300万円

ケース47：相続時精算課税制度を使って現金を贈与したい

甲は、賃貸住宅に居住している長男丙が住宅を購入するにあたり、その購入資金を援助しようと考えている。住宅の購入資金は宅地2500万円、家屋2500万円であるが、そのうち2500万円を甲が長男丙に贈与し、相続時精算課税制度を利用するつもりである（A案）。相続税対策上、効果があるか。他にとりうる有効な方法はないか。

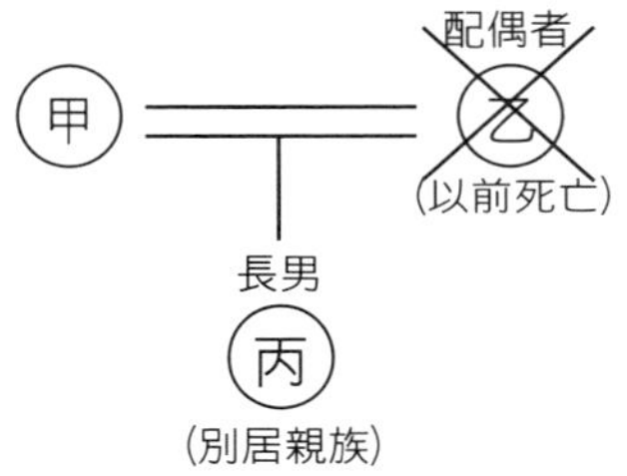

【財産目録】

種　類	相続税評価額	備　考
預貯金	1億円	
居住用家屋	2000万円	甲のみの居住の用に供されている
宅　地	8000万円	上記家屋の敷地（200㎡）
その他の財産	3億円	
合　計	5億円	

解　答

相続時精算課税制度を利用した場合、贈与を受けた現金の金額がそのまま将来相続税の課税対象となる。現金を贈与する方法は相続税対策としてはメリットがない。甲が5000万円で居宅を購入し、丙に使用貸借させる方法が相続税対策としては有効である。

❶解　説

親から子がまとまった財産の贈与を受ける場合においては、相続時精算課税制度を利用するケースが多く見受けられる。

しかし、親に相続が発生した場合で相続税が多額に発生すると見込まれる場合には、相続時精算課税制度を利用して贈与を受けた現預金の価額が相続時にそのまま相続税の課税価格に加算されることになるなど、相続時精算課税制度を利用することはあまり得策とはいえない。

これに対する代替案（B案）として、子供の住宅を親である甲名義で取得する方法が考えられる。甲の相続時には、建物について所有期間に応じた減価が見込まれるほか、宅地や建物を一般的に時価より低額な路線価や固定資産税評価額で評価することができるなどの評価上のメリットが見込める。さらには甲の居住用宅地について小規模宅地等の減額の特例（租特69条の4）を適用できる可能性も生じることになる。

① A案：相続時精算課税制度を利用して贈与した場合

■住宅購入時

	贈与財産価額		控除枠			贈与税額
贈与税：（	2500万円	－	2500万円	）	＝	0

■相続時

項　目	金　額（万円）	備　考
預貯金	7,500	1億円から贈与額2500万円を控除した残額
居住用家屋	2,000	
宅　地	8,000	
小規模宅地等減額	－	長男丙は自己が所有する家屋に居住しているため適用がない
その他の財産	30,000	
相続時精算課税適用財産	2,500	贈与時の贈与財産の価額が加算される
課税価格	50,000	
相続税の基礎控除額	▲3,600	3000万円＋（600万円×1人） ↑法定相続人の数
相続税額	19,000	

② **B案：甲名義で取得した場合**

■相続時

項　目	金　額（万円）	備　考
預貯金	5,000	1億円から5000万円を支出した残額
居住用家屋（甲居住）	2,000	
宅　地	8,000	
小規模宅地等減額	※1▲6,400	長男丙は自己が所有する家屋に居住しておらず、配偶者および同居法定相続人がいないため適用可
その他の財産	30,000	
居住用家屋（丙居住）	1,200	固定資産税評価額※2（相続までの減価の額を控除）
宅　地	2,000	路線価評価額※3
課税価格	41,800	
相続税の基礎控除額	▲3,600	3000万円＋（600万円×1人） 法定相続人の数（1人）
相続税額	14,900	

※1　8000万円×200㎡／200㎡×80％＝6400万円

※2　建物の固定資産税評価額は、一般的に標準的な建築費用の50％～70％ほどになるといわれている。

※3　路線価は一般の土地の取引価格に対する指標となる地価公示価額の80％を目安に設定されている。

ケース48：妻に居住用家屋を生前贈与したい

甲が所有する財産は下記のとおりであり、その財産の合計額は相続税の基礎控除額を超えている状態である。これに対し、甲と長年連れ添った配偶者乙には主だった財産は存在しない。相続税対策としてどのような方法が考えられるか。

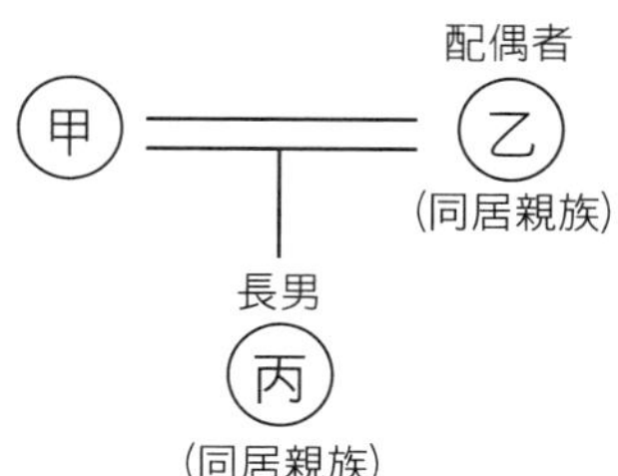

【財産目録】

種　類	相続税評価額	備　考
預貯金	600万円	
居住用家屋	2000万円	甲乙および丙の居住の用に供されている。
宅　地	1億5000万円	上記家屋の敷地（200㎡）
合　計	1億7600万円	

解　答

「贈与税の配偶者控除」は、婚姻期間が20年以上の配偶者に対して、2000万円までの居住用不動産またはその取得のための金銭を贈与しても贈与税がかからない制度である。この制度を利用して生前贈与をしておくことで将来の相続税の負担を減らすことができる。

解　説

相続税対策の基本は、相続までに財産を可能な限り少なくすることである。特に、自己に比較して配偶者の所有財産の価額が少額であるような場合は、夫婦間での財産の平均化を図ることが有効となる。しかし、一般的に贈与税は相続税に比較し負担が重いため、無計画に贈与を行うことはかえって税負担を増やす結果となってしまう。そこで、贈与税の特例制度を利用して生前贈与することを検討することになるが、夫婦間の贈与税の特例制度としては「贈与税の配偶者控除」があげられる。贈与税の配偶者控除では居住用不動産または居住用不動産を取得するための金銭の配偶者への贈与が、2000万円まで無税となる。贈与税の基礎控除額110万円も合わせれば2110万円まで無税で贈与できることになる。

①　現状のまま相続が発生した場合

■一次相続　　　　(単位：万円)

項　目	合　計	配偶者乙	長男丙
預貯金	600	300	300
居住用家屋	2,000	1,000	1,000
宅　地	15,000	7,500	7,500
小規模宅地等減額	▲12,000	※▲6,000	※▲6,000
課税価格	5,600	2,800	2,800

基礎控除額	▲4,200	3000万円＋（600万円×2人） 法定相続人の数	
相続税額	140	70	70
配偶者税額軽減額	▲70	▲70	－
相続税額	70	－	70

※4000万円×100㎡／100㎡×80%＝3200万円

■二次相続　　　　(単位：万円)

項　目	合　計	長男丙
預貯金	300	300
居住用家屋	1,000	1,000
宅　地	7,500	7,500
小規模宅地等減額	▲6,000	※▲6,000
課税価格	2,800	2,800
基礎控除額	▲3,600	3000万円＋（600万円×1人） 法定相続人の数
相続税額	0	0

※4000万円×100㎡／100㎡×80%＝3200万円

② 生前に居住用家屋を配偶者乙に贈与した場合

■一次相続　　　　(単位：万円)

項　目	合　計	配偶者乙	長男丙
預貯金	600	300	300
宅　地	15,000	6,500	8,500
小規模宅地等減額	▲12,000	※▲5,200	※▲6,800
課税価格	3,600	1,600	2,000
基礎控除額	▲4,200	3000万円＋（600万円×2人） 法定相続人の数	
相続税額	0	0	0

※4000万円×100㎡／100㎡×80%＝3200万円

■二次相続　　　　　　　　　　　　　　　　　　　　　　　　　（単位：万円）

項　目	合　計	長男丙
預貯金	300	300
居住用家屋	※1) 2,000	2,000
宅　地	6,500	6,500
小規模宅地等減額	※2) ▲5,200	▲5,200
課税価格	3,600	3,600
基礎控除額	▲3,600	3000万円＋（600万円×1人） 法定相続人の数
相続税額	0	0

※1）贈与を受けた財産

※2）4000万円×100㎡／100㎡×80％＝3200万円

上記のとおり、配偶者乙に対し、贈与税の配偶者控除を利用した居住用不動産の贈与を行うことによって、一次相続においては相続税の課税価格が基礎控除額以下となり、相続税がかからない結果となる。

また、財産額が高額であればあるほど相続税の税率は高くなるため、同じ2000万円の贈与であっても、相続税率が10％のケースでは最大200万円の節税効果であるが、相続税率が55％のケースでは最大1100万円と節税効果が高い。

なお、不動産の移転にあたっては登録免許税、不動産取得税が課税されるため、これら諸税や諸費用を含めた判断を行わなければならない。

贈与税の配偶者控除の制度は、同一の配偶者からの贈与については1度しか利用することができないため、贈与するタイミングを見極めながら行う必要がある。

ケース49：孫に教育資金を贈与したい

甲は、非課税制度を利用しての孫戊の今後の教育資金についての援助を望んでいる。どのような点に注意しなければならないか。

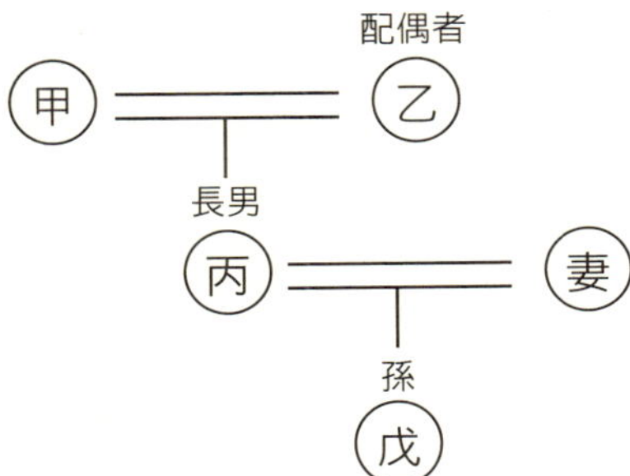

解　答

教育資金の贈与は信託銀行等を仲介して行わなければならない。孫等1人につき1500万円の贈与を税負担なしで行うことは、次々世代への資金移転としての相続税対策として利用することができる。

解　説

平成25年4月1日から令和3年12月31日までの間に、親や祖父母など直系尊属から、「信託受益権を取得した場合」、「贈与を受けた金銭を教育資金として金融機関へ預け入れた場合」などには、1500万円までの金額が贈与税の非課税とされる。ただし、親や祖父母が、直接子や孫に教育資金を贈与するだけではこの制度の適用はなく、教育資金管理契約に基づき信託会社などの金融機関へ信託または預入れをする必要がある。また、子や孫が預金の払出しを受けるためには、教育資金の支払いにあてたことを証する領収書等をその金融機関へ提出しなければならない。

教育資金の範囲は後述のとおりであるが、「学校等以外の者に支払われる教育資金」について非課税となる金額は1500万円のうち500万円までとなる。

■教育資金の一括贈与を受けた場合の贈与税の非課税制度

贈与者	直系尊属（父母・祖父母）
受贈者	30歳未満の者（贈与年の前年の合計所得金額が1000万円を超える者を除く）
贈与財産	①学校教育法に定める学校等に支払われる入学金、授業料その他の金銭 ②学校教育法に定める学校等以外の者に教育に関するサービス提供の対価として支払われる金銭のうち一定のもの（23歳以上の支払いについては教育訓練給付金の支給対象となる支払いに限定）
贈与方法	①贈与者と金融機関との間の教育資金管理契約に基づき、受贈者が信託受益権を取得 ②直系尊属から贈与により取得した金銭を教育資金管理契約に基づき金融機関に預入れ等
限度額	1500万円（上記「贈与財産」②に該当する金銭は500万円を限度とする）
期　間	平成25年4月1日～令和3年12月31日までの間に拠出されるもの
手　続	贈与時：「教育資金非課税申告書」を取扱金融機関を経由して受贈者の納税地の税務署長に提出する。 払出時：教育資金の支払いに充当したことを証する書類を金融機関に提出する。

契約終了	①受贈者が30歳に達した場合 ②受贈者が死亡した場合 ③信託財産・預金額がゼロになった場合

■非課税となる教育資金の範囲

非課税の対象となる教育資金は、次に掲げる金銭である。

① 次に定める学校等に支払われる入学金、授業料、入園料、施設設備費その他の金銭

a．幼稚園、小学校、中学校、高等学校、中等教育学校、特別支援学校、大学、高等専門学校（学校教育法1条）

b．専修学校（学校教育法124条）

c．各種学校（上記aおよびb以外で学校教育に類する教育を行うもの）（学校教育法134条）

d．保育所その他これに類する一定の施設（児童福祉法39条）

e．認定こども園

f．上記ａｂに相当する外国の教育施設等

② 上記①に定める学校等以外の者に、教育に関するサービス提供の対価、施設の使用料その他の受贈者の教養、知識、技術または技能の向上のために直接支払われる金銭として文部科学大臣が財務大臣と協議して定めるもの（23歳以上で支払われるものについては、教育訓練給付金の支給対象となる教育訓練を受講するための費用に限る）

なお、②の金銭について非課税となる金額は総額500万円までとする。

注意しなければならないのは、複数の贈与者から贈与を受けた場合であっても、受贈者（子や孫）が受けられる非課税金額は総額で1500万円までとなることである。また、信託等した金銭は受贈者が30歳になるまでの間に使い切らなければならない。もし、30歳に達した日に残額がある場合には、その日においてその残額の贈与があったものとして贈与税が課税されることになる。

また、相続開始前3年以内に信託等された部分のうち相続時の残額に対応する金額は受贈者が23歳未満である場合等一定の場合を除き、相続財産に加算されることになる。

この非課税制度は時限立法であり、現時点では平成25年4月1日から令和3年12月31日までの間に拠出されるものに限り適用される。

■手続の流れ

<信託の場合>

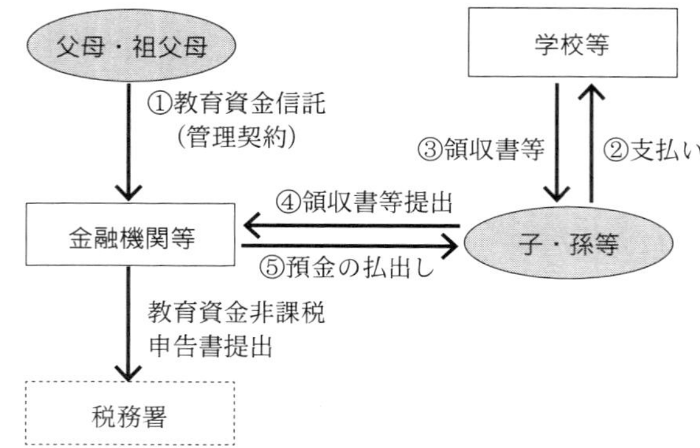

<直接贈与を受ける場合>

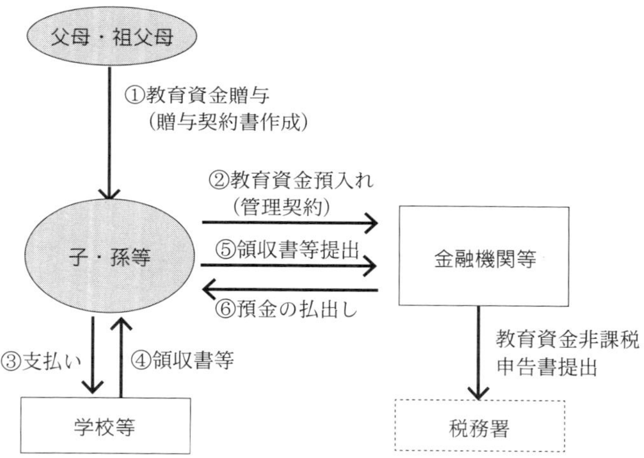

ケース50：10年前に作った妻名義の預金は相続財産？

被相続人甲は、遺産として、自己名義の預貯金のほか、妻乙名義の3000万円の預金があった。甲としては、生前、専業主婦である妻乙の老後の糧になればとの思いで、10年前に退職金を妻名義で預金したものであった。乙もかねてから、ことあるごとに自己名義で預金している事実を甲から知らされていた。

上記預金は相続財産に含まれず遺産分割の対象外として扱ってよいか。

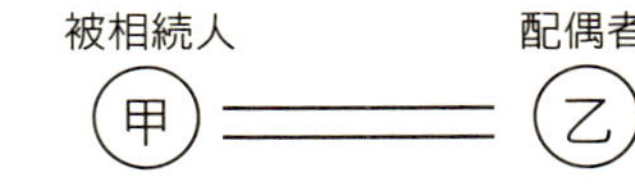

解　答

本ケースにおいて贈与が成立していれば相続財産に含まれない。また、税務上のいわゆる贈与税課税の時効が成立しており、贈与税もかからない。しかし、そのような場合であっても、状況によっては、課税当局により、「名義預金」として被相続人甲の遺産と認定され相続税の課税対象とされる場合があるので、預金が相続財産に含まれるかどうかは慎重に判断しなければならない。

❶解　説

相続税法上、贈与税について税務署長が更正または決定を行える期間は贈与税の申告書の提出期限から6年を経過する日までとされている。ただし、偽りその他不正の行為により税額を免れていた場合には、その期間は贈与税の申告書の提出期限から7年を経過する日までとなる（相税36条）。一方、民法において、贈与は「当事者の一方が自己の財産を無償にて相手方に与える意思を表示し、相手方が受託をすることによってその効力を生ずる。」（民549条）とされている。本ケースでは、10年前に甲が自己の退職金3000万円を妻名義で預金し、妻も甲からその事実も知らされているが、この行為が甲および妻乙双方に贈与としての認識があるものとしてなされている場合には、すでに税務署長が更正または決定を行える期間を超えているため、当該贈与については課税することができないこととなる。このような問題は、相続税の税務調査の際に生ずることが多い。資金の移転時点に課税当局がその事実を把握することは困難なためである。これでは公平な課税が行えず課税漏れが生じてしまうため、相続税の税務調査の際に課税当局は「名義預金」として相続税の課税財産に含めるべきであるとの見解をとることが多い。つまり、贈与そのものが成立しておらず、預金名義が他人となっているだけで実質的な所有者は被相続人にあるとし、贈与税ではなく相続税の課税対象とするわけである。

贈与が成立しているかどうかについて、課税当局の判断基準としては以下のような事情があげられる。

①　契約書の作成の有無

双方に贈与の認識があったことを示す書類として、贈与者、受贈者双方の直筆の署名と捺印をした贈与契約書を作成しておくことが重要である。契約書が後日作成されたものではないことを証明するために公証役場において確定日付印をもらっておくことも有効である。

②　通帳の管理・保管状況

受贈者自身が通帳を管理・保管していたかどうかが基準となる。資金移動後も贈与者が通帳を管理・保管しているのであれば、実質的に受贈者に資金が移ったことにならず自己の判断で使用することができない。贈与後に受贈者自身が自己の判断で贈与資金による消費等をしているかどうかも判断材料の一つとなる。

③　使用する印鑑

税務調査においては、被相続人および相続人の印鑑一つひとつについての確認が行われる。受贈者の通帳の届出印が受贈者自身のものであることも上記②同様に、実質的な所有者であることの判断材料とされる。

④　贈与税の申告状況

贈与により贈与税の申告義務が生じた場合には、その申告期限内に贈与税申告することで、課税当局に対し贈与であることを自ら主張することになる。申告義務があるにもかかわらず、贈与税申告をしていない場合には贈与税の課税漏れが生じるため、課税当局の目は厳しくなる。

本ケースの場合においても、以上のような判断基準を総合的に勘案して、相続財産に含めるべきか否かを検討しなければならない。

4　売却において問題となる具体的ケースと税金

相続税は死亡による財産の移転に対して課税される。一方、財産の譲渡によるキャピタルゲインに対しては所得税が課税される。被相続人の財産を譲渡する場合には、生前に行うか、相続後に行うかにより相続税および所得税の税負担に違いが生じる。

ケース51：どちらが得？生前の売却と相続後の売却

甲の夫はすでに死亡しており甲自身も高齢であることから、甲は老人ホームへの入所を検討している。長男丙も甲が所有する金融資産が少ないことから相続税の納税資金を心配しており、甲が老人ホームに入所した場合には自宅の売却（売却見込価額9000万円）を検討している。

生前に売却する場合と相続後に売却する場合を比較して、税務上いずれが有利か。

※長男丙は自己が所有するマンションに居住している。

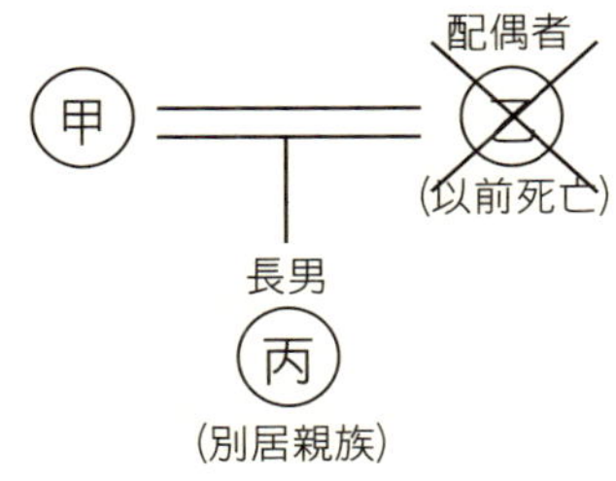

【財産目録】

種　類	相続税評価額	備　考
居住用家屋	500万円	甲のみの居住の用に供されている 取得価額不明（昭和50年築）
宅　地	6500万円	上記家屋の敷地（200㎡） 取得価額不明
その他の財産	5000万円	
合　計	1億2000万円	

解　答

不動産の売却、相続では税務上様々な特例制度が存在するが、生前に売却する場合と相続後に売却する場合では、適用できる特例が異なる。税務上どちらのほうが有利かは個々の状況により異なるため、それぞれのケースを比較検討する必要がある。

解　説

甲の生前に自宅を売却することのメリットは、売却に伴う譲渡所得税の計算上、居住用財産を譲渡した場合の3000万円特別控除（租特35条）および居住用財産を譲渡した場合の長期譲渡所得の課税の特例（租特31条の3）が適用されることである。

また、被相続人に譲渡所得税が課されるため、結果として相続財産が減少することもメリットとなる。

一方、甲の相続後、相続人である長男丙が売却した場合には、以下のようなメリットが生ずる。

- 土地や建物の相続税評価額は路線価や固定資産税評価額を基礎として計算され、一般的に通常の売買価額よりも低額である。
- 相続により取得した財産を一定期間内に売却した場合には、相続財産を譲渡した場合の取得費の特例（租特39条）が適用され、譲渡所得税の負担が軽減される。

・相続により取得した空屋の譲渡所得の3000万円特別控除の特例が適用できる場合がある。

・不動産を売却できない場合には、相続税の物納制度の利用を検討することができる。

① A案：甲の生前に売却した場合

■所得税・住民税　　（単位：万円）

a	売却価額	9,000	
b	取得費	450	概算取得費：9000万円×5%
c	譲渡費用	350	仲介手数料等
d	長期譲渡所得金額	8,200	a－（b＋c）
e	特別控除額	▲3,000	
f	課税長期譲渡所得金額	5,200	
g	所得税・住民税※	728	5200万円×14%

※居住用資産を譲渡した場合の軽減税率の特例

（居住用不動産を譲渡した年の1月1日における所有期間が10年を超える場合）

課税所得金額	所得税および住民税率	控除額
6000万円以下	14%（うち住民税4%）	－
6000万円超	20%（うち住民税5%）	360万円

■相続税

項　目	金　額（万円）	備　考
預貯金 その他の財産	7,922 5,000	売却代金(a)－譲渡費用(c)－所得税・住民税(g)
課税価格	12,922	
基礎控除額	▲3,600	3000万円＋（600万円×1人） 法定相続人の数
相続税額	1,464	

■最終的に長男丙の手元に残る預貯金

売却金額 9000万円 － 所得税額 728万円 － 譲渡費用 350万円 － 相続税額 1464万円＝　6458万円

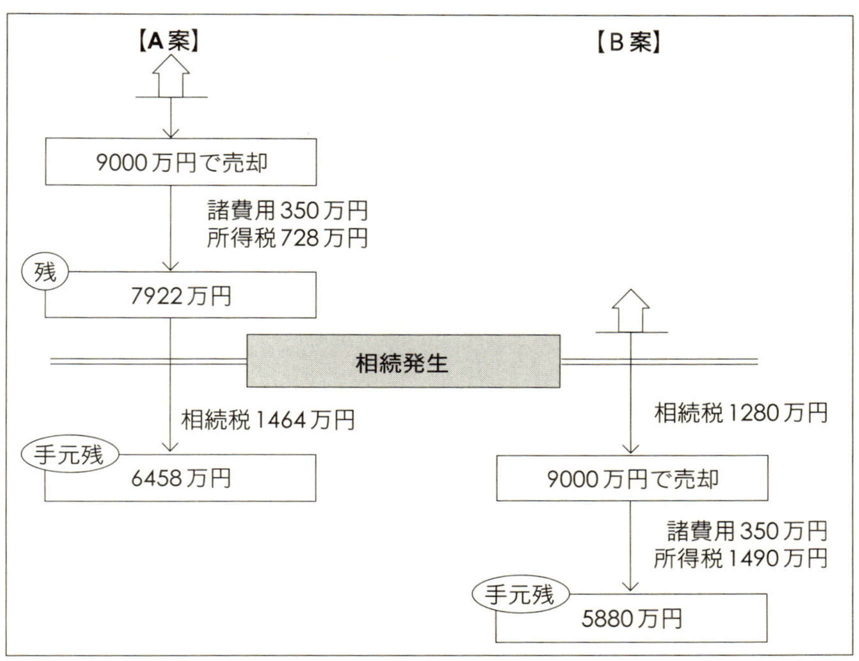

② B案：甲の相続後に売却した場合

■相続税

項　目	金　額（万円）	備　考
居住用家屋	500	
宅　地	6,500	
その他の財産	5,000	
課税価格	12,000	
基礎控除額	3,600	3000万円＋（600万円×1人） 法定相続人の数
相続税額	1,280	

■所得税・住民税 (単位：万円)

a	売却価額	9,000	
b	取得費	450	概算取得費：9000万円×5%
c	相続税額の取得費加算額	746	租特39条※
d	譲渡費用	350	仲介手数料等
e	長期譲渡所得金額	7,454	a－（b＋c＋d）
f	所得税・住民税	1,490	所得税15%・住民税5%

※相続財産を譲渡した場合の取得費の特例（租特39条）

$$\text{相続税額} \times \frac{\text{譲渡した財産にかかる相続税評価額}}{\text{相続税額にかかる課税価格} + \text{債務控除額}}$$

$$= 1280\text{万円} \times \frac{6500\text{万円}+500\text{万円}}{1\text{億}2000\text{万円}} = 746\text{万円}$$

■最終的に長男丙の手元に残る預貯金

売却金額 9000万円 － 相続税額 1280万円 － 所得税額 1490万円 － 譲渡費用 350万円 ＝ **5880万円**

ケース52：活用しよう、小規模宅地等の特例

ケース51の場合において、長男丙が上場会社の社宅に3年超居住しているとき、生前に売却するのは税務上得策か。

解 答

得策でない。小規模宅地等の減額の特例の対象となる不動産については、相続前に売却してしまうと相続時に同特例は適用不可となるため、適用可能となる相続税の申告期限後の売却が有利である。

❶解 説

被相続人が居住の用に供していた宅地等については、一定の要件を満たす場合には小規模宅地等の減額の特例（租特69条の4）が適用される。甲が生前に自宅を売

却している場合には、相続開始時には居住用宅地等が存在していないため小規模宅地等の減額の特例の適用はない。これに対し甲の相続後に自宅を売却した場合には、相続開始時点では居住用宅地等を有していたこととなり、一定の要件を満たす場合には小規模宅地等の減額の特例の適用がある。

その要件として、まず、当該宅地が甲の居住用宅地等に該当するか否かの問題が生ずる。本ケースでは、甲は老人ホームへの入所を検討しており、仮に相続まで自宅を売却しなかった場合であっても、老人ホームへ入所している場合には、生活の本拠がどこであるかという問題が生ずる（第2章ケース12参照）。

また、甲の居住用宅地等に該当する場合であっても、その宅地を取得する長男丙に関する要件を満たさなければならない。長男丙は甲とは別居しているため、小規模宅地等の減額の特例を適用するためには次の要件をすべて満たす必要がある。

①相続開始時に、取得者が居住している家屋を相続開始前のいずれの時においても所有していたことがないこと

②相続開始前3年以内に日本国内にある取得者、取得者の配偶者、取得者の三親等内の親族または取得者と特別の関係がある一定の法人が所有する家屋（相続開始の直前において被相続人の居住の用に供されていた家屋を除く）に居住したことがないこと

③その宅地等を相続開始時から相続税の申告期限まで有していること

④被相続人に配偶者および同居していた法定相続人がいないこと

前掲ケース51では、長男丙は自己が所有するマンションに居住しているため、上記①の要件を満たさず、小規模宅地等の減額の特例を適用することはできないが、本ケースでは、長男丙が社宅住まいであることから①の要件を満たすことになる。しかし、上記②の要件は申告期限までの宅地の所有継続を要求しているため、宅地の売却代金を相続税の納税資金にあてる場合には、通常、相続税の申告期限前に宅地を売却しなければならないことになり、その結果として、②の要件を満たさないこととなってしまう。このような場合には、相続税の納付の特例である「延納」制度を利用することで、相続税の申告期限後の売却を検討することになろう。

①　A案：甲の生前に売却した場合

■相続税・住民税

ケース51と同様。

② B案：甲の相続後に売却した場合

■相続税

項　目	金　額（万円）	備　考
居住用家屋	500	
宅　地	6,500	
小規模宅地等減額	※▲5,200	6500万円×200㎡／200㎡×80%
その他の財産	5,000	
課税価格	6,800	
基礎控除額	▲3,600	3000万円＋（600万円×1人） 法定相続人の数
相続税額	380	

■所得税・住民税　　（単位：万円）

a	売却価額	9,000	
b	取得費	450	概算取得費：9000万円×5%
c	相続税額の取得費加算額	100	租特39条※
d	譲渡費用	350	仲介手数料等
e	長期譲渡所得金額	8,100	a－（b＋c＋d）
f	所得税・住民税	1,620	所得税15%・住民税5%

※相続財産を譲渡した場合の取得費の特例（租特39条）

$$\text{相続税額} \times \frac{\text{譲渡した財産にかかる相続税評価額}}{\text{相続税額にかかる課税価格} + \text{債務控除額}}$$

$$= 380\text{万円} \times \frac{6500\text{万円} - 5200\text{万円} + 500\text{万円}}{6800\text{万円}} = 100\text{万円}$$

■最終的に長男丙の手元に残る預貯金

売上金額 9000万円 － 相続税額 380万円 － 所得税額 1020万円 － 譲渡費用 350万円 ＝ **6650万円**

ケース53：活用しよう、空家の譲渡所得の3000万円特別控除

ケース52の場合において、甲の相続後、空家になった家屋を取り壊して（取壊費用：300万円）売却した場合には、税務上どのような取り扱いになるか。

解　答

相続後空家となった被相続人の居住用家屋またはその敷地を、相続等により取得した相続人等が売却した場合において、一定の要件に該当する場合には、譲渡所得の金額から3000万円の特別控除額を控除することができる。

解　説

相続または遺贈により取得した被相続人居住用家屋または被相続人居住用家屋の敷地等を、平成28年4月1日から令和5年（2023年）12月31日までの間に売却し、一定の要件に当てはまるときは、譲渡所得の金額から最高3000万円まで控除することができる。

この特例の対象となる家屋は、相続の開始の直前において被相続人のみの居住の用に供されていた家屋（区分所有建物を除く）で、昭和56年5月31日以前に建築されたものをいう。ただし、平成31年4月1日以後に行う譲渡については、老人ホーム等に入所していることにより被相続人の居住の用に供されなくなった家屋または敷地を、相続後に譲渡した場合も対象とされることになった。

被相続人の空家に係る3000万円特別控除の特例の適用要件は次のとおりである。

①売却した人が、相続または遺贈により被相続人居住用家屋およびその敷地等を取得したこと。

②次のイまたはロの売却をしたこと。

イ　相続または遺贈により取得した被相続人居住用家屋（一定の耐震基準を満たすもの）を売却するか、被相続人居住用家屋とともに被相続人居住用家屋の敷地等を売却すること。

ロ　相続または遺贈により取得した被相続人居住用家屋の全部の取壊し等をした後に被相続人居住用家屋の敷地等を売却すること。

なお、イおよびロのいずれの場合においても、相続時から譲渡時（取壊時）まで事業の用、貸付けの用または居住の用に供されていたことがないことが条件となる。

③相続の開始があった日から3年を経過する日の属する年の12月31日までに売却すること。

④売却代金が1億円以下であること。

この特例の適用を受ける被相続人居住用家屋と一体として利用していた部分を別途分割して売却している場合や他の相続人が売却している場合における1億円以下であるかどうかの判定は、相続の時からこの特例の適用を受けて被相続人居住用家屋または被相続人居住用家屋の敷地等を売却した日から3年を経過する日の属する年の12月31日までの間に分割して売却した部分や他の相続人が売却した部分も含めた売却代金により行う。

⑤売却した家屋や敷地等について、相続財産を譲渡した場合の取得費の特例や収用等の場合の特別控除など他の特例の適用を受けていないこと。

⑥同一の被相続人から相続または遺贈により取得した被相続人居住用家屋または被相続人居住用家屋の敷地等について、この特例の適用を受けていないこと。

⑦親子や夫婦など特別の関係がある人に対して売却したものでないこと。

なお、当該特例の適用を受けるためには、③のとおり相続後3年目の年末までに売却することが要件となっているが、相続税の計算上「小規模宅地等の減額の特例」(ケース52) の適用を受ける場合は相続税の申告期限まで宅地を所有している必要があるため、両制度の適用を受ける際にはその売却時期に注意しなければならない。

① A案：甲の生前に売却した場合

■相続税・住民税

ケース51と同様。

② B案：甲の相続後に売却した場合

■相続税

項　目	金額（万円）	備考
居住用家屋 宅地 小規模宅地等減額 その他の財産	500 6,500 ▲5,200 5,000	 6500万円×200㎡／200㎡×80%
課税価格	6,800	
基礎控除額	▲3,600	3000万円＋（600万円×1人） 法定相続人の数↑
相続税額	380	

■所得税・住民税 （単位：万円）

a	売却価額	9,000	
b	取得費	450	概算取得費：9000万円×5%
c	譲渡費用	550	仲介手数料等350万円＋取壊費用200万円
d	長期譲渡所得金額	8,000	a－（b＋c）
e	特別控除額	▲3,000	
f	課税長期譲渡所得金額	5,000	
g	所得税・住民税	1,000	5000万円×20%

■最終的に長男丙の手元に残る預貯金

売却金額　相続税額　所得税額　譲渡費用
9000万円 － 380万円 － 1000万円 － 550万円 ＝ 7070万円

ケース54：適正な代金額の設定を！親族間の不動産売買

甲は、自己が所有する土地（取引価額7000万円、相続税評価額4000万円）を長男丙に売却したいと考えている。売買代金の設定にあたりどのような点に留意すべきか。

解答

親族など個人間において、土地や家屋を売買する場合の価額は、その時における通常の取引価額によるものとされている。通常の取引価額に比較して「著しく低い価額」による売買が行われた場合には、贈与税が課税されることとなるので注意すべきである。親族間において不動産売買を行う場合には、当事者間のみで売買価額を設定せず、第三者による鑑定、査定など、客観的な金額により行うことが安全であると考えられる。

解説

親族など個人間において成立した不動産等の売買価額が、著しく低い価額に該当すると認められる場合には、通常の取引価額と売買価額との差額が、甲から長男丙に対する贈与とみなされ贈与税の課税対象となる。通常の取引価額は売買実例価額や不動産鑑定価額など、当事者間以外での客観的な価額が基礎となろう。
なお、第三者間における売買など市場で成立した価額については、実質的に贈与を受けたとは認められないため、その成立した価額が通常の取引価額として取り扱われる。

①　通常の取引価額を売買価額とした場合

贈与税の課税関係なし

②　相続税評価額（著しく低い価額）を売買価額とした場合

通常の取引価額		実際の売買価額		低額譲受益
7000万円	−	4000万円	＝	3000万円

低額譲受益		贈与税の基礎控除額		税率		控除額		贈与税額
(3000万円	−	110万円)	×	45%	−	265万円	＝	1035万円
〔(3000万円	−	110万円)	×	50%	−	250万円	＝	1195万円〕

※長男丙がその年中に他の財産の贈与を受けていない場合

〔　〕は長男丙が20歳未満である場合

第4章

相続放棄・限定承認

はじめに

相続は、被相続人の財産を、積極財産も消極財産も含めて包括承継するものであるが、相続財産のうち積極財産よりも消極財産が多い場合や、いずれが多いか相続人にとって明らかでない場合もある。そこで、相続人には、相続を単純承認する外、相続放棄（民696条)、限定承認（民922条）という制度が用意されている。

1 相続放棄をした場合の課税関係

相続放棄をした者は、その相続に関しては初めから相続人とならなかったものとみなされる（民939条)。したがって、相続により財産を取得しないのであるから、相続税を課税されることもない。

ただし、相続を放棄しても、みなし相続財産とされる生命保険金等を受け取った場合には相続税が課税されることがあるので注意が必要である。

また、相続人の一部が相続放棄をした場合でも、相続税の計算上「法定相続人の数」を数える場合には、相続放棄をした法定相続人も含めた人数で数える。たとえば、基礎控除額は「5000万円＋（1000万円×法定相続人の数)」によって求めるが、相続人の一部が相続放棄をした場合でも、その相続人を「法定相続人の数」に含めて基礎控除額を計算することになる。

2 限定承認をした場合の課税関係

(1) 相続税

限定承認をした者は、相続財産のうち、積極財産と消極財産のすべてを承継するが、消極財産（債務）については相続した財産の限度でのみ返済義務を負うことになる。したがって、限定承認をした相続人は、相続財産を取得しているのであるから、相続税の課税が生じるし、相続した債務は債務控除の対象となる。税額の計算は、通常の相続（単純承認）の場合と同様である。

▣コラム――みなし相続財産と相続放棄

相続を放棄した場合でも相続税が課税される場合がある。いわゆる「みなし相続財産」を取得している場合である。

相続や遺贈により取得する財産は原則として被相続人固有の財産、つまり民法上の財産である。相続を放棄した場合には当然にして被相続人固有の財産を取得することはないのであるから、通常は相続放棄者に相続税が課税されることはない。しかし、相続放棄者であっても被相続人の死亡により財産を取得する場合がある。たとえば「生命保険金」である。生命保険金は、生命保険契約に基づき被保険者である被相続人の死亡を基因として保険金受取人が生命保険金を取得する。被相続人から取得したわけではないから、被相続人固有の財産ではない。しかし、保険料を支払っていたのが被相続人であれば、間接的に被相続人から金銭を取得したのと同様と考えられる。その保険金は被相続人の死亡により支払われるわけだから、相続税法上は保険金受取人が被相続人から相続または遺贈により取得したものとみなされ相続税の課税対象となるのである。

被相続人の死亡により、生前の勤務会社から死亡退職金を取得した場合も同様である。被相続人が会社員等であれば死亡により必然的にその会社を退職することになるが、本来被相続人に支給されるべきであった退職手当金、功労金などが、遺族に対して支払われることがある。この退職手当金等は、退職金規定等に基づき遺族が取得したものであるから、被相続人固有の財産ではなく、相続放棄者であっても取得することになる。しかし、その退職手当金等は被相続人の生前の勤務実績に対して支払われるものであるから、間接的に被相続人から取得したのと同様と考えられる。そこで、やはり、相続税法上は退職手当金等の受給を受けた者が被相続人から相続または遺贈により取得したものとみなして相続税の課税対象となるのである。

相続税は、相続または遺贈により財産を取得した者（取得したとみなされる者を含む）の相続税の課税価格の合計額を基礎として計算するため、その合計額が遺産にかかる基礎控除額を超える場合には、相続放棄者であって、みなし相続財産しか取得していない者に対しても相続税が課税されるケースがあるわけである。

なお、相続人の取得した生命保険金等または退職手当金等については、相続人全体で「500万円×法定相続人の数」までの金額について非課税となる規定（相税12条1項5号、6号）があるが、相続放棄者は相続人ではないため当該非課税の規定の適用を受けることはできない。

(2) みなし資産譲渡所得税（所得税法59条）

限定承認をする場合、相続税のほかに「みなし資産譲渡所得税」が課税されることに注意が必要である（後記ケース55参照）。

譲渡所得税とは、財産の価格上昇益に対して課される所得税である。本来、相続は包括承継であるため価格上昇益が現実化せず、原則として譲渡所得税は課されない。売却益に対する課税は、その後、相続人が土地を売却するなどして価格益が現実化したときに、その売却代金と、被相続人が土地を購入したときの原価との差額に対し課されることとなる。

しかし、限定承認は、相続開始時における相続財産の範囲で債務の清算をする制度であるところ、被相続人の存命中の価格上昇益についても精算課税をして租税債務を確定させておかなければ、債務の清算が完了しないことになる。

そこで、相続人が限定承認をした場合には、相続開始時に、その時の時価で、資産の譲渡がなされたものとみなし、譲渡所得税が課税されることになる。

この「みなし資産譲渡所得税」は被相続人の存命中の価格上昇益に対する課税であることから、相続人は被相続人の準確定申告を行い、相続財産の範囲で納付することになる（通則法5条参照）。

■コラム――熟慮期間の伸長と申告期限

単純承認するか放棄するか限定承認するか、相続開始があったことを知った日の翌日から3か月以内に決心がつきかねるような場合には、熟慮期間の伸長の手続をとることが一般的である。しかし、この手続はあくまでも民法上のもので、税務上の期限がのびるわけではない。被相続人の所得については、相続の開始があったことを知った日の翌日から4か月以内に、相続税の申告は10か月以内に申告しなければならない。

とりあえず「伸長」したとしても、税金の支払いは待ってくれないので注意が必要である。

3 限定承認において問題となる具体的なケースと税金

ケース55：恐ろしい！限定承認の顛末

弁護士Xは、相続人である長男丙および二男丁から相続放棄の相談を受けた。負債額が明確ではなく、場合によっては債務総額が財産総額を下回る可能性もあったため、Xは丙らに対し、相続放棄ではなく限定承認の手続を勧めた。限定承認手続後、Xの調査の結果、債務総額は財産総額を大幅に下回ることが判明した。税務上、どのような問題が生じるか。

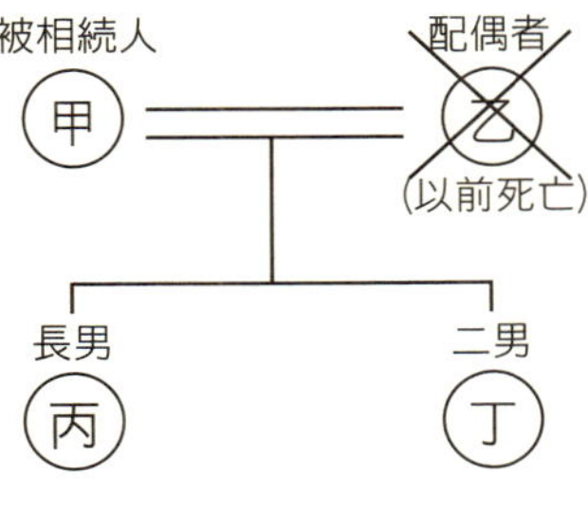

【財産目録】

種　類	相続税評価額	備　考
現預金	3000万円	
不動産	2億8000万円	通常の取引価額　3億4000万円 甲が先代より相続により取得したものであり取得価額は不明である。 なお、小規模宅地等の特例の適用はない。
合　計	3億1000万円	

種　類	金　額	備　考
借入金等	2億3000万円	

解　答

丙および丁がすでに限定承認をした場合には、被相続人甲により資産の譲渡がなされたものとみなされ譲渡所得税が課税されることになる。

解　説

長男丙および二男丁が単純承認をした場合には、財産から債務を控除した金額に対して相続税が課税されることになる。長男丙および二男丁ともに相続を放棄した場合には、生命保険金等のみなし相続財産を取得している場合や相続時精算課税制度の適用を受けているような場合を除き、相続税課税が行われることはない。本ケースのように丙および丁が限定承認をした場合には、債務総額が財産総額を下回り課税価格が存在しているが、課税価格が基礎控除額を下回っているので結果として相続税は課税されない。しかし、限定承認を行った場合、相続人は被相続人から時価により譲渡を受けたものとみなされ、被相続人に対して譲渡所得税の課税が生じる（所税59条）可能性があるので注意しなければならない。

① 単純承認の場合

■相続税

項　目	金　額（万円）	備　考
現預金	3,000	
不動産	28,000	
借入金等	▲23,000	
課税価格	8,000	
基礎控除額	▲4,200	3000万円＋（600万円×2人） 法定相続人の数
相続税額	470	

② 放棄の場合

課税関係なし

③　限定承認の場合

■所得税　　　　　　　　　　　　　　　　　　　　　　　　　　　　（単位：万円）

譲渡価額	34,000	時価（通常の取引価額）
取得費	1,700	概算取得費：3億4000万円×5%
長期譲渡所得金額	32,300	
所得税	4,845	税率15%

■相続税　　　　　　　　　　　　　　　　　　　　　　　　　　　　（単位：万円）

項　目	金　額	備　考
現預金	3,000	
不動産	28,000	
借入金等	▲23,000	
未払税金	▲4,845	限定承認にかかる被相続人の所得税
課税価格	3,155	
基礎控除額	4,200	3000万円＋（600万円×2人） 法定相続人の数
相続税額	0	

限定承認により譲渡所得等の基因となる資産の移転があった場合には、相続時の時価に相当する金額による譲渡があったものとみなされる。現金等の財産については含み益が存在しないため譲渡所得税が課税されることはないが、不動産等については、その時価が取得費を上回る場合には譲渡所得が発生することとなる。譲渡者は被相続人である甲であるため、甲の相続人である長男丙と二男丁は被相続人の譲渡所得について相続の開始があったことを知った日の翌日から4か月以内に共同して準確定申告をしなければならない。なお、甲は死亡しているため当該譲渡所得について住民税が課税されることはない。

ここで限定承認により被相続人に課せられた所得税4845万円は被相続人の債務となる。債務総額が財産総額を上回る場合には、限定承認の手続を行っているためこの所得税は切り捨てられることになり、結果的として相続人に所得税の負担が生じることはない。しかし、本ケースのように債務総額が財産総額を下回る場合には、相続人である長男丙および二男丁はこの所得税を負担しなければならないこととなる。

第5章

事業承継

はじめに

同族会社のオーナー等が所有する非上場株式が、贈与や相続により承継される場合、その株式の評価に応じ、受贈者等に贈与税や相続税が発生することになる。非上場株式は、上場株式と異なり、換金性が乏しく担税力のない受贈者や相続人等に生ずる税負担は非常に重たい。会社が相続人等に承継された株式を買い取る等により、税負担を補うケースも多々見受けられる。その場合、会社が留保していた資金は流出し財務内容が悪化することとなる。

これら非上場会社の株式承継による税負担を軽減するべく、平成15年に非上場株式の贈与税・相続税の納税猶予の制度（原則制度）が創設された。さらに、平成30年に、原則制度に対する特例として、大幅に要件が緩和された特例制度が導入された。

1 非上場株式の贈与税・相続税の納税猶予制度（原則制度）

平成15年に非上場株式の贈与税・相続税の納税猶予の制度（原則制度：租特70条の7～70条の7の4）は、「中小企業における経営の承継の円滑化に関する法律」（円滑化法）に基づき、経済産業省の認定を受けた中小企業（以下「認定承継会社」）における経営者が所有する株式を、会社を継ぐ相続人等に贈与や相続を行う場合に、適用される制度である。また、本制度は、中小企業の雇用促進も目的とされていたため、雇用確保も適用を受けるための要件とされている。

原則制度の概要は、①認定承継会社の代表権を有していた者である筆頭株主からの贈与または相続であることもしくは遺贈（以下「贈与等」）であること、②一定税額（贈与税額100％、相続税額80％）の猶予が行われる、③対象株式割合を3分の2を限度とすること、④1名の後継者に対する贈与等であること、⑤5年間の雇用確保要件等となっている。

2　非上場株式の贈与税・相続税の納税猶予制度の特例（特例制度）

〔平成30年1月以降の相続および贈与から適用〕

平成30年度の税制改正において、上記1（原則制度）の特例として、非上場株式等に係る贈与税・相続税の納税猶予の特例（特例制度：租特70条の7の5～70条の7の8）が創設された。原則制度の普及が思わしくなかったため、適用要件を大幅に緩和した内容となっている。

特例制度のポイントは、①認定承継会社の代表権を有していた者だけでなく、その他の株主からの贈与等についても適用されること、②税額の全額（現行：贈与税額100％、相続税額80％）の猶予、③対象株式割合を3分の2から全株に引上げ、④複数の受贈者等（現行：1名の後継者）の贈与が認められたこと、⑤雇用確保要件の実質的撤廃等である。また、特例制度導入の趣旨は、中小企業の代替わり促進であり、10年間という期間を限定したものとなっている。

3　原則制度と特例制度の比較

非上場株式等に係る贈与税・相続税の納税猶予の原則制度と特例制度の適用対象の範囲及び要件等を比較すると、下記表のとおり大幅に緩和されたことがわかる。

	原則	特例
対象株式	議決権株式総数の3分の2に相当する株式	議決権株式総数全株式
猶予割合	贈与税100％、相続税80％	贈与税、相続税いずれも100％
対象会社 (後述3(1)参照)	円滑化認定を受けた会社等	特例円滑化認定を受けた会社（令和5（2023）年3月31日までに特例承認計画を提出した会社）

贈与者等 (後述(2)参照)	贈与者・被相続人等は先代経営者である1名に限定	先代経営者および先代経営者以外の株主(先代経営者から特例後継者への贈与等が行われていることが条件)
受贈者等 (後述(3)参照)	代表権を有することとなる1名に限定	代表権を有することとなる3名まで定めることが可能
贈与等期間	制限なし	特例適用贈与等期間(参考1)参照
贈与株式数	贈与株式数(参考2)参照 なお、相続等する株式の指定はない	贈与株式数(参考2①)参照 (受贈者が複数の場合は参考2②参照)
雇用確保要件	承継後5年間平均8割の雇用維持が必要等	雇用確保要件が満たせなかった場合でも猶予期限は確定しない(ただし、その理由を記載した書類を都道府県に提出しなければならない)
事業の継続が困難な事由(参考3)が生じた場合の措置	なし	株式を第三者に譲渡した場合、譲渡対価の額等に基づき再計算した猶予税額を納付し、従前の猶予税額との差額を免除
相続時精算課税贈与	60歳以上の贈与者から20歳以上の推定相続人(直系卑属)・孫への贈与	60歳以上の贈与者から20歳以上の者への贈与(推定相続人(直系卑属)・孫以外も可)

■参考1　特例適用贈与等期間(租特70条の7の5第1項)

①平成30年1月1日から令和9(2027)年12月31日までの間の最初のこの項の規定の適用に係る贈与

②上記①の贈与の日から特例経営贈与承継期間(※)の末日までの間に贈与税の申告書の提出期限が到来する贈与

(※)特例経営贈与承継期間

次の(イ)と(ロ)のいずれか早い日までの期間をいう。

(イ)①の贈与に係る贈与税の申告書の提出期限の翌日から5年を経過する日(特例経営承継受贈者の相続税の納税猶予および免除の特例の適用に係る相続税の申告書の提出期限の翌日以後5年を経過する日が早い場合には当該日)

(ロ)特例経営承継受贈者または特例贈与者の死亡の日の前日のいずれか早い日

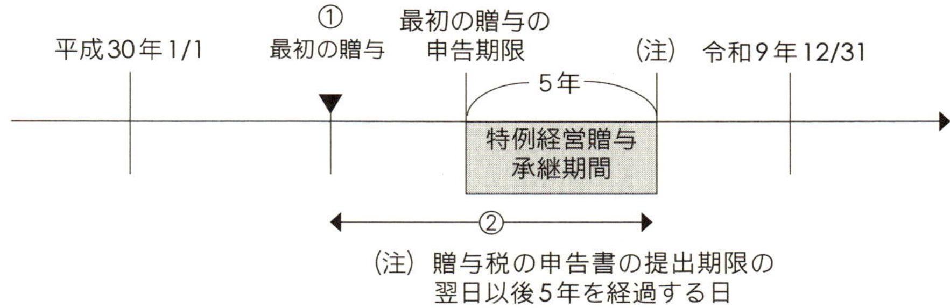

例1：最初の贈与が平成31（2019）年4月2日に行われた場合

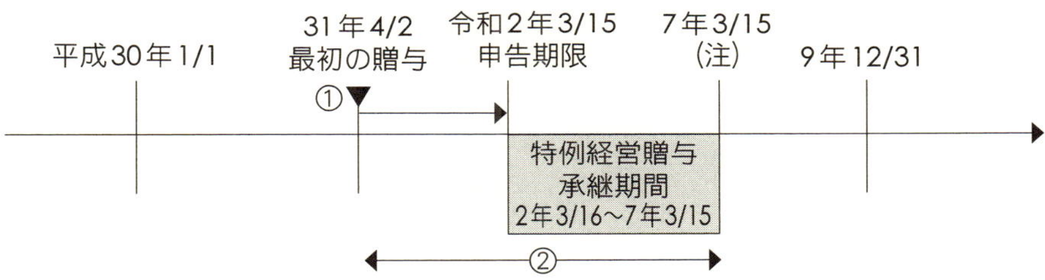

平成31年4月2日～令和6年12月31日までの贈与（最初の贈与年の翌年から4年目の12月31日までの贈与）

例2：最初の贈与が令和9（2027）年12月31日に行われた場合

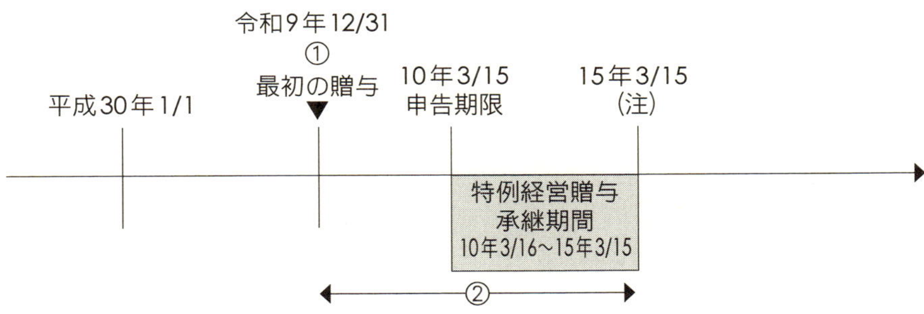

令和9年12月31日～令和14年12月31日までの贈与（最初の贈与年の翌年から4年

目の12月31日までの贈与)

■参考2　贈与株式数

(贈与しなければならない株式数)

① 特例経営承継受贈者が1人である場合

イ　特例贈与者が有していた株式等（a）が、「発行済株式総数の2/3」から特例経営承継受贈者の贈与前に有していた株式（b）を控除した残数以上の場合

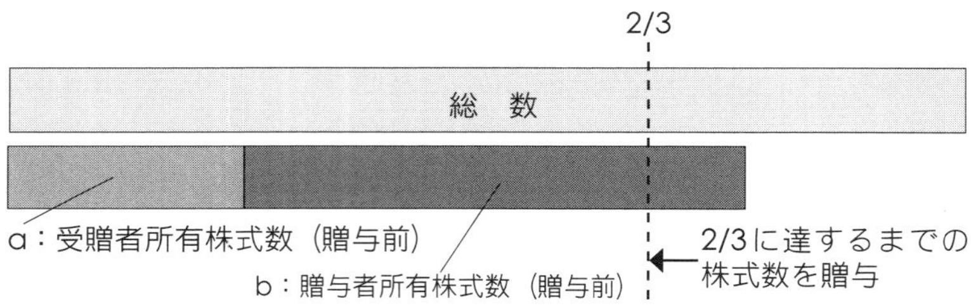

a＋bが総数の3分の2以上になるように贈与する。

ロ　上記aとbの合計が「発行済株式総数の2/3」に満たない場合

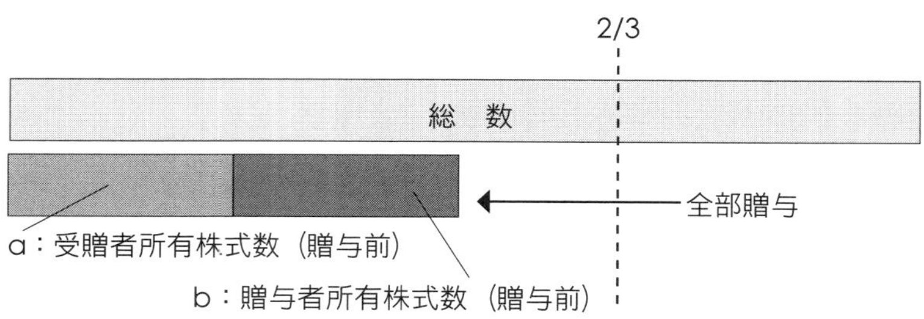

② 受贈者が複数（2人または3人）の場合

特例経営承継受贈者の有する株式等の数が発行済株式の10分の1以上となる贈与であり、かつ、特例経営承継受贈者の有する株式等の数が当該特例贈与者の有する当該特例認定贈与承継会社の非上場株式等の数又は金額を上回る贈与である必要がある。

■参考３　「事業の継続が困難な事由」とは

①直前の事業年度終了の日以前３年間のうち２年以上、特例認定承継会社が赤字である場合

②直前の事業年度終了の日以前３年間のうち２年以上、特例認定承継会社の売上高が、その年の前年の売上高に比して減少している場合

③直前の事業年度終了の日における特例認定承継会社の有利子負債の額が、その日の属する事業年度の売上高の６月分に相当する額以上である場合

④特例認定承継会社の事業が属する業種に係る上場会社の株価（直前の事業年度終了の日以前１年間の平均）が、その前年１年間の平均より下落している場合

⑤特例後継者が特例認定承継会社における経営を継続しない特段の理由がある場合

4　非上場株式の贈与税・相続税の納税猶予制度（原則制度・特例制度）

原則および特例ともに、「対象会社」「贈与者（被相続人）」「受贈者（相続人等）」について適用要件を満たしているかどうかの確認が必要である。これらの要件について、次のとおりチャートで確認を行う。

(1) 対象会社

要件分類	内容
判定会社要件	**非上場会社、中小企業者**（注1）（風俗営業会社以外）**かつ、現物出資等資産の割合が70%未満である**（租特70条の7第29項）（医療法人、社会福祉法人、士業法人、外国会社、一般社団及び一般財団法人を除く）

はい

親族会社要件	・**特別関係会社**（注2）**が外国会社に該当する場合**（注3）**には、当該会社の常時使用従業員の数が5人である** ・**特定特別関係会社**（注4）**が非上場会社であり、かつ、風俗営業会社以外である** ・**特定特別関係会社**（外国会社を除く）**が、中小企業者である**

はい

認定条件	**円滑化認定を受けた会社**（注5）**である** （特例の場合は特例円滑化法認定　平成30年4月1日から令和5年3月31日までに、都道府県庁に「特例承継計画」を提出）

はい

事業実態要件	**事業実態要件**（注6）**を満たす会社である**

はい（→運営要件へ）

いいえ

資産保有型会社・資産運用型会社に該当する（注7、注8）

いいえ

常時使用従業員が1人以上である
（親族要件なし、使用人兼務役員含む）

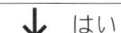

はい

運営要件	・**拒否権付株式を特例後継者以外の者が有していない** ・**収入が0を超える会社である**

はい

会社要件確認済

注1）中小企業者　業種ごとに、次の表の資本金の額または従業員数のいずれかの要件を満たす場合、該当する（円滑化法2条各号）

	業種	資本金の額	従業員数
1号	製造業、建設業、運輸業その他の業種（下記2号～5号を除く）	3億円以下	300人以下
2号	卸売業	1億円以下	100人以下
3号	サービス業	5000万円以下	100人以下
4号	小売業	5000万円以下	50人以下
5号	中小企業における経営の承継の円滑化に関する法律施行令に規定する下記企業をいう。		
	ゴム製品製造業（自動車または航空機用タイヤおよびチューブ製造業並びに工業用ベルト製造業を除く）	3億円以下	900人以下
	ソフトウェア業または情報処理サービス業	3億円以下	300人以下
	旅館業	5000万円以下	200人以下

注2）特別関係会社　「円滑化法認定を受けた会社（A）」＋「（A）の代表権を有する者」＋「代表権を有する者と特別の関係がある者」＞総株主等議決権数の50％

注3）　当該会社または当該会社との間に支配関係がある法人が当該特別関係会社の株式等を有する場合に限る

注4）特定特別関係会社　「円滑化法認定を受けた会社（A）」＋「（A）の代表権を有する者」＋「代表権を有する者と生計一親族」＞総株主等議決権数の50％

注5）円滑化法認定を受けた会社　令和5年3月31日までに贈与を行った（相続が発生した）場合、贈与（相続）後、認定申請までに特例承継計画を作成・提出することも可能

注6）事業実体要件　概要（租特施規6条2項）…①親族外従業員が5人以上いること、②本社、事業所、工場など従業員が勤務するための物件を所有していることまたは賃借していること、③贈与等開始の日まで引き続いて3年以上にわたり、次に掲げるいずれかの業務をしていること。（イ）商品販売等（商品の販売、資産の貸付または役務の提供で、継続して対価を得て行われるもの。その商品の開発もしくは生産または役務の開発を含む。ただし資産の貸付けの相手方が「経営承継受贈者である場合」や「その同族関係者である場合」には、当該資産の貸付けは商品販売等の事業活動に該当しない）、（ロ）商品販売等を行うために必要となる資産（上記②の事務所等を除く）の所有または賃借、（ハ）上記（イ）（ロ）の業務に類するもの

注7）令和元年度税制改正資産保有型会社等要件緩和　一定のやむをえない事情により認定承継会社等が資産保有型会社・資産運用型会社に該当した場合においても、その該当した日から6月以内にこれらの会社に該当しなくなったときは、納税猶予の取消事由に該当しないものとする

注8）　資産保有型会社・資産運用型会社に該当する特別関係会社の株式等がある場合において判定会社の特定資産から事業実態要件を満たす特別関係会社の株式を除いた場合に資産保有型会社・資産運用型会社に該当しない会社を除く

(2) 贈与者（被相続人）

Ⅰ　贈与者または被相続人（贈与者等）が先代経営者である場合

会社の代表権（制限が加えられたものを除く）**を有していた**

 はい

贈与または相続（贈与税）**の直前**（注1）**に①かつ②を満たしていた**
①贈与者等と同族関係者（租特施令40条の8第11項）で発行済議決権株式総数の50%超を保有
②同族関係者内（後継者を除く）で筆頭株主であったこと

 はい

最初に租税特別措置法70条の7の5第1項、70条の7の6または70条の7第1項、70条の7の2の適用を受ける贈与等を行う贈与者等である

 はい

〔贈与のみ〕**贈与時に代表者を退任している**

 はい

〔特例措置のみ〕**特例承継計画に記載された先代経営者である**

 はい

〔贈与のみ〕**一定数以上の株式を贈与している**（注2）
（特例の場合、平成30年1月1日から令和9年12月31日までの贈与等）

 はい

贈与者等要件確認済

注1）代表権を有していた被相続人が相続開始の直前において代表権を有していない場合には、代表権を有していた期間のいずれかの日についても判定が必要
注2）①贈与者と後継者の保有議決権数が合わせてその会社の総議決権数の3分の2以上である場合⇒贈与後の後継者の議決権数が3分の2以上となるように贈与
②贈与者と後継者の保有議決権数が合わせてその会社の総議決権数の3分の2未満である場合⇒先代経営者が保有する議決権株式等のすべてを贈与

Ⅱ　贈与者等が先代経営者以外である場合

先代経営者からの贈与等などすでに特例措置または原則制度の適用を受けている者等一定の者がいる（注1、注2）

はい

先代経営者からの贈与等に係る認定の有効期間内に、贈与税申告期限が到来する贈与等に限る

はい

贈与の時において代表権を有していない

はい

一定数以上の株式を贈与している（注3）

はい

贈与者等要件確認済

注1）租税特別措置法70条の7の5、70条の7の6、70条の7の8の適用を受けている者（70条の7の5および70条の7の6については取得後未申告の者を含む）
注2）租税特別措置法70条の7、70条の7の2、70条の7の4の適用を受けている者（70条の7および70条の7の2については取得後未申告の者を含む）
注3）一定数以上の株式を贈与……贈与後に、それぞれの後継者の議決権数が10％以上であり、かつ、贈与者よりも多くの議決権数を有するように贈与
※贈与者と後継者が同率であることは不可

(3) 受贈者（相続人等）

Ⅰ　後継者が1人の場合

特例承継計画に記載された特例後継者（変更の場合は変更後の後継者）である

 はい

贈与等時に①かつ②を満たしている
①贈与者等と同族関係者（租特施令40条の8第11項）で発行済議決権株式総数の**50**%超を保有
②同族関係者内で筆頭株主である

 はい

〔贈与〕贈与時に**20**歳以上（注1）、かつ、贈与の直前において**3**年以上連続して役員であり、贈与の時に代表者である
〔相続〕相続の開始の直前において役員（注2）であり、相続の開始の翌日から**5**か月を経過する日において代表者である

 はい

特例制度を適用する者は原則制度を、原則制度を適用する者は特例制度の適用を受けていない

 はい

受贈者等要件確認済

注1）贈与税の納税猶予における受贈者の年齢要件を18歳以上（現行：20歳以上）に引き下げる（令和4年4月1日以後に贈与により取得する財産に係る贈与税について適用する）
注2）被相続人が60歳未満で死亡した場合はこの限りでない

Ⅱ　後継者が2人または3人の場合（特例制度のみ可、原則制度は不可）

特例承継計画に記載された特例後継者（変更の場合は変更後の後継者）**である**

はい

贈与（相続）時に①かつ②を満たしている

①各後継者が10%以上の議決権を有している

②各後継者がその同族関係者（租特施令40条の8第11項）**の中で最も多くの議決権を有している**（すでにまたは同時に特例措置の適用を受けている後継者を除く）

はい

〔贈与〕**贈与時に20歳以上**（注1）、**かつ、贈与の直前において3年以上連続して役員であり、贈与の時に代表者である**

〔相続〕**相続の開始の直前において役員**（注2）**であり、相続の開始の翌日から5か月を経過する日において代表者である**

はい

原則制度の適用を受けていない

はい

受贈者等要件確認済

注1）令和4年4月1日以後に贈与により取得する財産に係る贈与税については、贈与税の納税猶予における受贈者の年齢要件を18歳以上（現行：20歳以上）に引き下げる

注2）被相続人が60歳未満で死亡した場合は、この限りでない

5 猶予された贈与税等の免除

非上場株式の贈与税・相続税の納税猶予制度の適用を受けた場合において、免除事由が生じた場合には、一定の届出書を提出期限までに提出することにより、猶予された贈与税等が免除されることとなる。

免除事由	届出書	提出期限
先代経営者である贈与者が死亡した場合	免除届出書（死亡免除）	死亡があった日から同日以後10か月を経過する日
先代経営者である贈与者の死亡前に経営承継受贈者が死亡した場合	免除届出書（死亡免除）	死亡があった日から同日以後6か月を経過する日
申告期限後5年以内に、経営承継受贈者が会社の代表権を有しないこととなった場合（身体障害等のやむをえない理由に限る）、かつ、その有しなくなった日以後に、その経営承継受贈者が特例の適用を受けた非上場株式等につき後継者に贈与し、その後継者が贈与税の納税猶予の特例の適用を受ける場合	免除届出書	贈与税の納税猶予制度の特例の適用に係る申告書を提出した日以後6か月を経過する日
申告期限後5年を経過した後に、経営承継受贈者が後継者へ特例の適用を受けた非上場株式等を贈与した場合において、その後継者が贈与税の納税猶予の特例の適用を受ける場合	免除届出書	贈与税の納税猶予制度の特例の適用に係る申告書を提出した日以後6か月を経過する日

6 猶予された税額を納付しなければならない事由が生じた場合（確定事由）

経営贈与承継期間（贈与税の申告書の提出期限の翌日から5年を経過する日までの期間）内に、受贈者または認定贈与承継会社について、一定の確定事由が生じた場合には、その事由が生じた日等から2月を経過する日等が納税の猶予に係る期限となり、猶予された税額および利子税を納めなくてはならない。

確定事由の例示は、次のとおりとなる。なお、経営承継期間後に、①～⑤の事由に該当した場合には、贈与者が死亡した場合の相続税の納税猶予への切替要件を満たさなくなるため、注意が必要である。

①受贈者が認定贈与承継会社等の代表権を有しないこととなった場合（代表権を有しないこととなったことについて、やむをえない理由がある場合を除く）
②雇用確保要件を満たさなくなった場合（原則制度のみ）
③受贈者が筆頭株主等でなくなった場合
④受贈者とその同族関係者の株式の保有割合が100分の50以下となった場合
⑤受贈者が株式の譲渡を行った場合
⑥その他一定の場合

ケース56：非上場株式の承継（納税猶予制度の適用を受ける場合）

先代経営者である父（初代）が贈与により、後継者である長男（二代目）に承継し、その後、長男から相続等により次の後継者（三代目）に承継が行われた場合には、どのように納税猶予制度の適用がされるか。

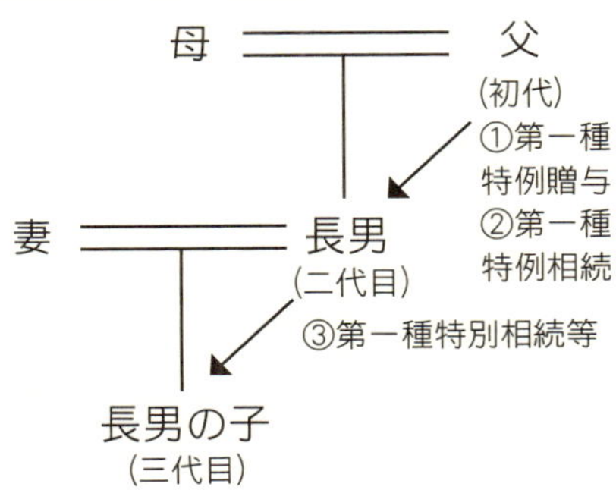

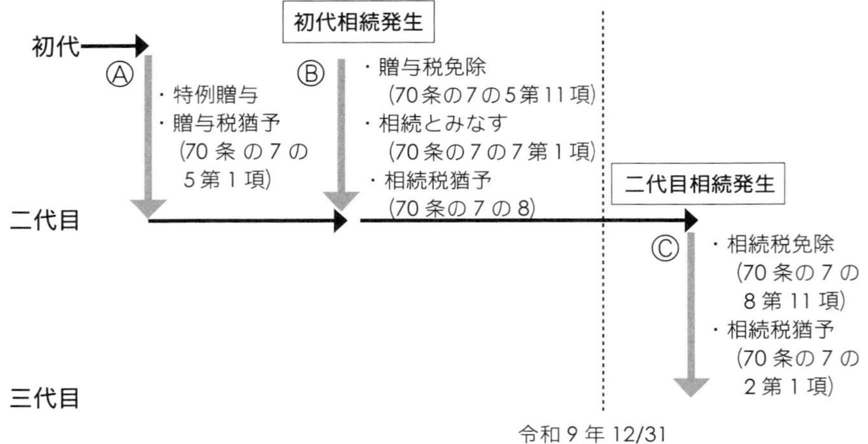

解　答

Ⓐ　初代から二代目への贈与

初代から二代目は、①第一種特例経営承継贈与により承継され贈与税が猶予される。

Ⓑ　初代に相続が発生した場合

初代に相続が発生した場合には、猶予されたⒶの贈与に対する贈与税は免除される。その代わりに、二代目が相続により株式を取得したとみなされ、一定の要件を満たし②第一種特例経営承継相続に該当する場合には、相続税が猶予される。

Ⓒ　二代目に相続が発生した場合

二代目に相続が発生した場合には、Ⓑの猶予された相続税は免除される。二代目から三代目への相続等については、一定要件のもと、相続税が猶予される。

解　説

二代目から三代目へのⒸ相続等について、時系列図のとおり、相続等の時期が、令和9年12月31日を超える場合には、特例制度の適用が受けられないこととなるが、通常の相続税の猶予（租特70条の7の2）の適用は受けられる。

【贈与等推移】

続柄	持株比率	第一種特例贈与(相続)	第一種特別相続等	持株比率	贈与者等または受贈者等の種類
父(初代)	100%	▲100%		0%	第一種特例経営承継贈与者
長男(二代目)	0%	＋100% ←	▲100% ←	0%	・第一種特例経営承継受贈者 ・経営承継相続人に係る被相続人
長男の子(三代目)	0%		＋100%	100%	経営承継相続人

■コラム――事業承継税制と遺留分

事業承継税制は、特定の後継者（特例では最大3名まで）に株式を承継することが適用要件となっているが、通常は1名の後継者に株式を承継するケースが多い。また、非上場株式の贈与税の納税猶予を適用する場合には、贈与する株式数について一定の要件がある（262頁参照）。これは、後継者が1名である場合、贈与前の贈与者と受贈者の持株が3分の2に満たない場合には、贈与者は所有する株式の全株を贈与しなければならないというものである。これら事業承継税制の要件を満たすための贈与が実行される場合、納税猶予は実行されるが、法務面においては、相続時点で遺留分等の問題が生ずる可能性が十分にあるといえる。それは、現行の課税方式における相続税申告は、相続時点で過去に贈与された株式を計上し、相続税の猶予への切替えが行われるため、後継者以外の相続人が、過去の贈与した株式の評価額等を目にすることになるからである。株式の事業承継税制の実行においては、税務の要件を満たすのはもちろんのこと、遺留分問題等の法務面についても熟慮されたものである必要がある。事業承継税制は、税理士と弁護士が連携し、相続時点での遺留分侵害額請求も考慮した計画を策定した上で実行する必要があるといえる。

7 比木奈(びぎな)君の事業承継ファイル

事業承継ファイル

NO.1：会社を1名の後継者に継がせたい（非上場株式等に係る贈与税・相続税の納税猶予の特例制度の活用）

新井さんからの相談内容

私は、㈱新井設備工業の創業者で、お陰様で創業から35年経過しました。業績も順調にきており、内部留保も20億円前後の会社となりました。

私も65歳なので、そろそろ会社で私の右腕として頑張ってくれている長男に株式を承継し、引退しようと考えております。株式の承継の計画立案と実行をお願いします。

【親族図表】

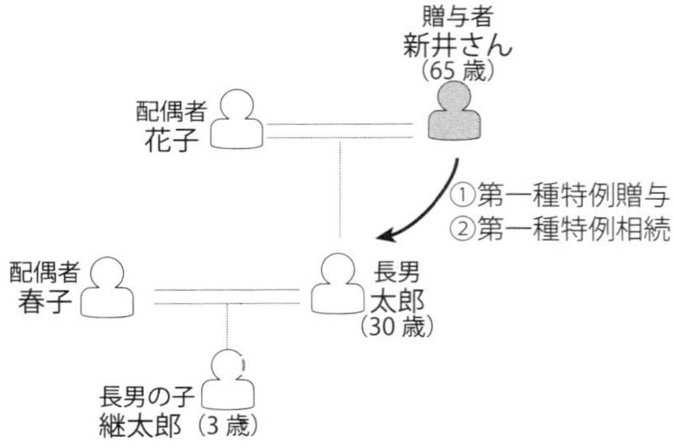

【株主の構成】

贈与者　新井さん　所有株式数　1000株　議決権割合　100%

【株価】

1,200,000円/株

比木奈弁護士は、依頼を受けて下記のとおり、贈与契約書案を作成した。

> (株)新井設備工業の株式1000株を新井太郎に贈与する。
>
> (以下略)

比木奈　加畑先生、株式の生前贈与を検討されているクライアントがおりまして、後継者は1名で先代経営者の所有している株式の全株を渡す計画なので、いたってシンプルなのですが、35年間順調に成長した結果、株価がかなり高くなっています。1株120万円ほどあります。贈与対象株式ベースで考えると、12億円程度です。この株式を贈与した場合、贈与税はどのくらいかかるでしょうか?

税理士　12億円の贈与だと、暦年贈与ベースでは、6億5300万円ほどかかります。相続時精算課税制度を選択した場合には、相続税で精算はされるけれども、支払う贈与税は、12億円から2500万円を差し引いた部分は20%の課税となるので、(12億円－2500万円)×20%＝2億3500万円に抑えられます。今回のケースは、税金が一番の問題ですね。

比木奈　長男にそんな税金を払える余裕はありません。相続のタイミングで株式を承継しても同じことでしょうか?

税理士　相続税の場合でも、5億円近くはかかります。先ほどの精算課税制度を選択した場合は、相続時点で5億円－2億3500万円＝2億6500万円の相続税を支払うことになります。精算課税制度の場合には、贈与税と相続税で分けて支払うイメージですね。

比木奈　いずれにしても、株式の承継にかかる税負担が大きすぎますね。

税理士　平成30年1月以降の贈与および相続で適用される「非上場株式等に係る贈与税・相続税の納税猶予の特例制度」はご存知でしょうか?

比木奈　特例制度ですか?　もともと「非上場株式等に係る贈与税・相続税の納税猶予の制度」はありましたよね?筆頭株主である先代経営者から、筆頭株主となる後継者への贈与等が要件とされていた制度ですよね。ただ、それ以外にも、雇用確保要件など他の要件もたくさんあり、さらに複雑な手続が必要と思いました。使いやすくなったのでしょうか?

税理士　複雑な手続が必要な部分は変更ありませんが、原則の制度と比較し、特例制度は雇用確保要件が実質撤廃され、対象株式が3分の2から全株に拡大、相続税の猶予割合が従前の80％から100％に拡大されたことなど使いやすくなった部分は増えました（259頁参照）。税理士の立場から見ると、従前の制度では、雇用が確保できなかった場合、猶予された税額が確定してしまうリスクを考えると、この制度を積極的に利用することができなかった部分もあります。

比木奈　この特例制度を利用すると、株式の承継にかかる贈与税や相続税を支払わなくてよくなるということでしょうか？

税理士　あくまで、猶予であり免除ではありません。ただし、一定の要件を満たせば、株式の代々の承継について税金を繰り延べていくことが可能です。時系列図を参照してください。新井さんが、後継者である太郎さんに贈与を行い、要件を満たせば太郎さんの贈与税は猶予される。その後、新井さんに相続が発生した場合には、太郎さんの贈与税は免除となり、新井さんから相続により株式を取得したとみなされ、その相続税が発生しますが、要件を満たせば猶予される。それ以降の承継も同様の仕組みとなります。

【時系列図】

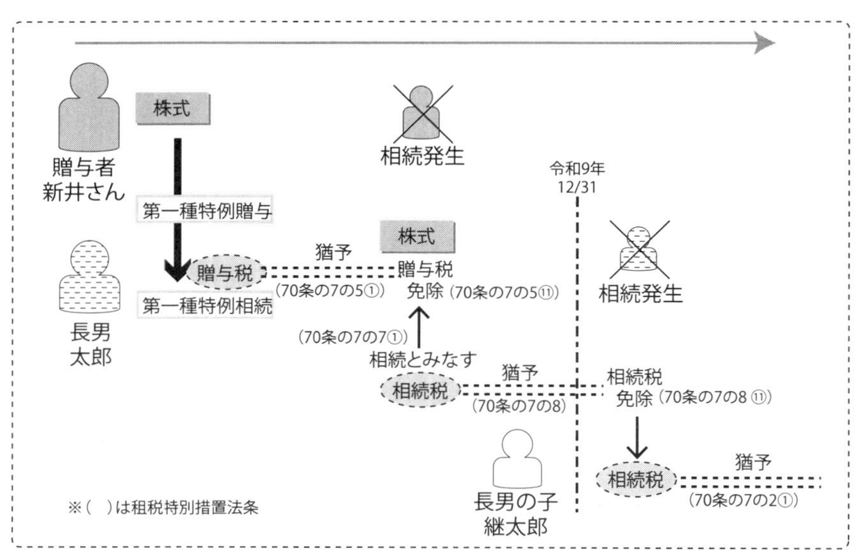

比木奈　なるほど。このようにずっと、株式を一定の後継者に承継すれば、実質株式の承継にかかる税金は支払わなくてよいですね。要件が大幅に緩和されたこの特例制度はずっと続くのですか？

税理士　この特例制度は、先代経営者と後継者間の相続および贈与について、平成30年1月1日から令和9（2027）年12月31日までの間に発生したものに限定がされています。

比木奈　そうすると時系列図の太郎さんからその子どもの継太郎さんへの相続や贈与が令和10（2028）年1月1日以降である場合は、原則に戻るということですね。

税理士　そうなります。あと特例制度を利用する場合には、利用する会社が特例円滑化認定を受けた会社である必要があって、令和5（2023）年3月31日までに特例承認計画（259頁参照）を都道府県知事に提出しなければならない。それ以外にも、会社・贈与者等・受贈者等ごとに細かい要件が設定されています（260頁参照）。

比木奈　この特例制度は、新井さんの会社のように、内部留保が高く、株価の高い会社はとても助かりますね。この特例制度の利用は、税理士に依頼できるのでしょうか？

税理士　もちろん依頼できます。今回は税務面が中心だったけど、法務面のフォローが大切な案件もあります（ファイル№.2）。今後、弁護士と税理士で事業承継案件を行っていくケースが増えると思いますよ。

事業承継ファイル

NO.2：親族に分散した株式を後継者に集約させたい（非上場株式等に係る贈与税・相続税の納税猶予の特例制度の活用）

熊川春男さんからの相談内容

私は、㈱熊川計測を創業者である父から継いで35年ほど経ちます。私が代表取締役であり、経営をサポートしてくれる私の弟の夏男と妹の秋子が、それぞれ取締役としております。ともに年齢が70歳代で、そろそろ後継者で取締役である長男の太郎に引き継ごうと思います。そのタイミングで私は引退し代表権と所有している株式を太郎に承継する予定です。同様のタイミングで、私の兄弟も株式を太郎に承継してくれる予定です。しかし、会社は創業70年を迎え、業績もずっと順調だったので、株価はかなり高くなっていると思います。

私も兄弟たちも、太郎に承継することについては、何ら問題はなく、それぞれの相続の問題もあるので、なるべく早く贈与によって株式を移動することを望んでいます。税務面では、なるべく税負担が少なく、法務面では、トラブルの生じないような承継方法を考えていただけますでしょうか。

【親族図表】

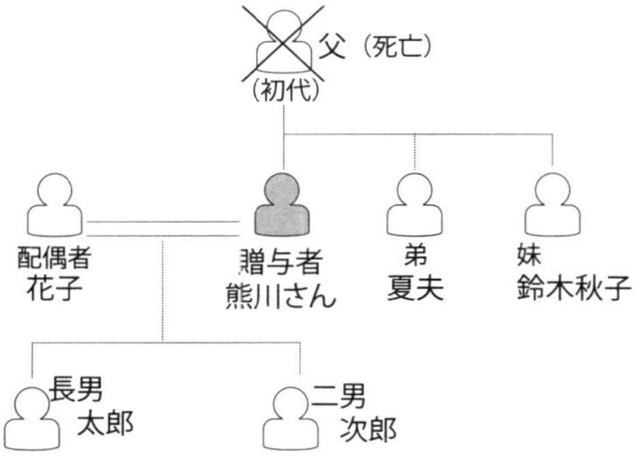

【株主の構成】

	所有株式数	持株割合
贈与者　熊川春男さん	700株	70%
弟　熊川夏男さん	150株	15%
妹　鈴木秋子さん	150株	15%
長男　熊川太郎さん	0株	0%

発行済株式数　1000株

【株価】

2,000,000円/株

比木奈弁護士は、依頼を受けて下記のとおり、贈与契約書案を作成した。

> 熊川春男は、㈱熊川計測の株式700株を熊川太郎に贈与する。
>
> (以下略)

> 熊川夏男は、㈱熊川計測の株式150株を熊川太郎に贈与する。
>
> (以下略)

> 鈴木秋子は、㈱熊川計測の株式150株を熊川太郎に贈与する。
>
> (以下略)

比木奈　贈与契約書を作成しました。ファイル№1と同様に、今回の案件の会社も株価が高いので、承継にかかる税負担が大きそうです。ファイル№1のように、先代経営者である春男さんから後継者である太郎さんへの贈与については、非上場株式等に係る贈与税・相続税の納税猶予の特例制度の活用をし、税負担を減らす予定です。ただし、今回は先代経営者以外の夏男さんや秋子さんからの贈与もあるため、この部分の負担は免れませんよね。評価だけでも、各々3億円なので……贈与税を計算するのも恐ろしいです。

税理士　平成30年1月以降の贈与相続で適用される特例制度は、代表権のある先代経営者だけでなく、通常の株主からの贈与についても適用が可能なのです。

比木奈　ええ、そうなのですか？　とても助かりますね。それなら早いところ贈与を実行しましょう。春男さんから太郎さんへの贈与はいつでも実行できますので後回しにして、夏男さんと秋子さんの贈与を、2人の気持ちの変わらないうちに、実行してしまいましょう。

税理士　ちょっと待ってください。通常の株主からの贈与で猶予を適用するためには、まずは、先代経営者である春男さんから太郎さんへ贈与をすることが要件となっているのです。

比木奈　どういうことですか？

税理士　今回の特例制度は、事業承継の促進を目的としているので、筆頭株主である先代経営者からの承継がまず行われることが要件とされています。よって分散している他の株主からの贈与は、その後でなければできないことになっています。

比木奈　危なかったです。先に夏男さんと秋子さんの贈与をするところでした。

税理士　要件を満たすように、次のような贈与の順序計画を立ててはどうですか？

第一種特例贈与は、先代経営者からの贈与、第二種特例贈与は先代経営者以外の株主からの贈与となります。先に第一種贈与を行い、次に第二種贈与を行う必要があるのです。

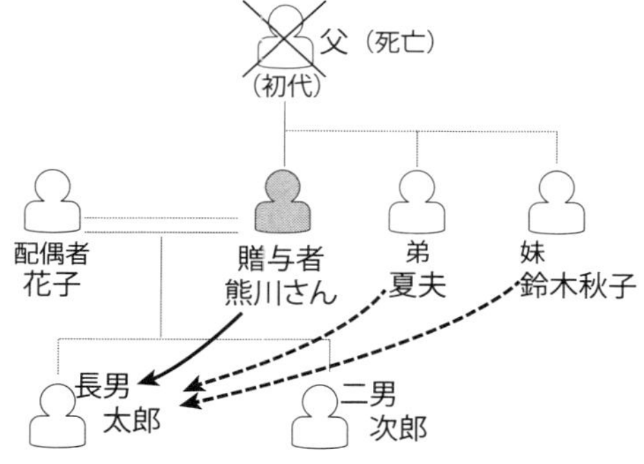

	所有株式数	持株割合	第一種特例贈与	第二種特例贈与	持株比率
贈与者　熊川春男さん	700株	70%	▲70%		0%
弟　熊川夏男さん	150株	15%		▲15%	0%
妹　鈴木秋子さん	150株	15%		▲15%	0%
長男　熊川太郎さん	0株	0%	＋70%	＋30%	100%

比木奈　なるほど。そのように贈与契約書を作成します。

税理士　特例制度の期限は、第一種贈与が令和9（2027）年12月31日まで、第二種贈与は、贈与税の申告書の提出期限の翌日以後5年を経過する日までに贈与税の申告書の提出期限が到来する贈与である必要があります。

比木奈　わかりにくいですね。

税理士　仮に第一種の贈与が、令和9（2027）年12月31日に行われた場合には、第二種贈与は、贈与税の申告書の提出期限の翌日（令和10年3月16日）以後5年を経過する日（令和15年3月15日）までに贈与税の申告書の提出期限が到来する贈与（令和14年12月31日までの贈与）が特例対象の贈与ということとなります。

比木奈　了解しました。税務面はクリアですね。法務面について、今回の案件は、問題がありますよね。

税理士　法務面は、所長のマメ太郎弁護士の出番ですね。よろしくご指導お願いします。

所長　今回の太郎さんへの贈与は、贈与額が大きいよね。春男さんから14億円、夏男さん秋子さんから3億円ずつある。

比木奈　遺留分でしょうか？

所長　そのとおり。春男さんの相続では、太郎さんの弟の次郎さんが、夏男さん秋子さんの相続では、それぞれの相続人が遺留分を請求する可能性がありそうだね。

比木奈　どうしたらいいでしょうか？　自社株式を1名の後継者に集中すると、法務面ではやはり手の打ちようがないのでしょうか。ああ！　そういえばこの前の民法改正の勉強会で、遺留分の算定基礎に算入される贈与期間が短くなったと聞きました。改正前は相続人については、最高裁判例で、相当期間過去の贈与も対象となっていましたが、改正により、相続開始前10年間に限定がされたはずです。

所長　よく勉強しているね。ただし改正前も改正後も同様の規律があることを確認したかな？　当事者が、他の相続人に損害を与えることを知っての贈与を行った場合は、贈与者の相続人および相続人以外を問わず期限はないものとされていたよね。今回の贈与額は桁違いに大きい。贈与者の相続人は、そこを指摘してくる可能性は十分にあると思うよ。

比木奈　なるほど。そうすると相続時点で贈与者の相続人が遺留分の請求をしてきたら、その時点で対処することになるのでしょうか？

所長　いや。やれることはあるよ。除外合意は聞いたことがあるだろう。

比木奈　たしか「中小企業における経営の承継の円滑化に関する法律」に遺留分に関する民法の特例が規定されていたと思います。

所長　そのとおりです。旧代表者の推定相続人および承継者、全員の合意をもって、当該贈与した株式の全部または一部について、その価額を遺留分を算定するための価額に算入しない旨の書面を取り交わすことによって遺留分の侵害額請求を受けることがないようになりました。これを除外合意といいますが、除外合意が難しければ、株式の価額を合意時点で固定して、遺留分を算定するための財産の価額に算入する方法もあります。これを固定合意といいます。

比木奈　いずれの合意も推定相続人全員の同意が必要なので、推定相続人間でかなりの根回しが必要ですね。

ところで、今回の相続法改正で遺留分がこれまでの物権的請求権から債権的請求権に変わりましたね。この改正は事業承継に大きな影響がありますか。

所長　とてもよい指摘ですね。今回の改正で遺留分が金銭債権に一本化されましたから、遺留分権利者は贈与された株式について直接的な持分を持たなくなりました。この改正のおかげで、遺留分侵害額請求によって円滑な事業承継の妨げになるというリスクは減ったと思われます。

比木奈　なるほど勉強になりました。事業承継は今後ますます活用される予感がします。弁護士としても大きなビジネスチャンスですね。

所長　お互い研鑽に励みましょう。

《資　料》相続税の申告書類等

【平成31年度税制改正内容（相続関係）】

相続税

◆配偶者居住権の評価方法

施行日（令和2年4月1日）後
<建物> ①配偶者居住権 建物の相続税評価額 − 建物の相続税評価額 × $\frac{\text{残存耐用年数}-\text{存続年数}}{\text{残存耐用年数}}$ × 存続年数に応じた民法の法定利率による複利現価率 ②配偶者居住権が設定された建物（以下「居住建物」という）の所有権 建物の相続税評価額 − 配偶者居住権の価額（上記①）
<土地等> ③配偶者居住権に基づく居住建物の敷地の利用に関する権利 土地等の相続税評価額 − 土地等の相続税評価額 × 存続年数に応じた民法の法定利率による複利現価率 ④居住建物の敷地の所有権等 土地等の相続税評価額 − 敷地の利用に関する権利の価額（上記③）

◆小規模宅地等の減額の特例

平成31年3月31日以前	平成31年4月1日以降
相続開始の直前において、被相続人等の事業（不動産貸付業を除く）の用に供されていた宅地等で一定の要件を満たすものについては、その宅地等の相続税評価額から400㎡を限度として80%の金額が減額される。	左記の宅地等から、相続開始前3年以内に事業の用に供された宅地等が除外される。（ただし、当該宅地等の上で事業の用に供されている減価償却資産の価額が当該宅地等の相続時の価額の15%以上である場合、当該宅地等が平成31年3月31日以前から事業の用に供されている場合には適用できる。）

◆相続税の未成年者控除

令和4年3月31日以前	令和4年4月1日以後
相続等により財産を取得した者が20歳未満である場合には、相続税額から次の金額を控除する。 10万円×20歳になるまでの年数（1年未満切上げ）	相続等により財産を取得した者が18歳未満である場合には、相続税額から次の金額を控除する。 10万円×18歳になるまでの年数（1年未満切上げ）

贈与税

◆教育資金の一括贈与非課税、結婚・子育て資金の一括贈与非課税

平成31年3月31日以前	平成31年4月1日以後
受贈者の所得制限なし	信託等の前年の合計所得金額が1,000万円を超える受贈者は適用除外
年齢による教育資金の範囲の制限なし	23歳以上の受贈者については、学校等に支払われる費用、学校等に関連する費用、教育訓練給付金の支給対象となる教育訓練を受講するために支払われる費用、に限定
受贈者の30歳到達時に教育資金贈与残額がある場合には、その残額に対して贈与税が課される	受贈者が、30歳到達時に学校等に在学し又は教育訓練給付金の支給対象となる教育訓練を受講している場合には、教育資金贈与残額に対して贈与税は課税されない。 （その後、上記の場合に該当しないこととなった場合において教育資金贈与残額がある場合には、その残額に対して贈与税が課される）
教育資金の一括贈与非課税制度については、贈与者が死亡した場合、その教育資金贈与残額についての贈与税課税なし	贈与者の相続開始前3年以内に行われた贈与については、次の場合を除き相続開始時の教育資金贈与残額が相続財産に加算される。 ①贈与者が23歳未満である ②学校等に在学している ③教育訓練給付金の支給対象となる教育訓練を受講している

◆贈与税の特例の受贈者の対象年齢

令和4年3月31日以前	令和4年4月1日以後
次の贈与税の特例制度の対象となる受贈者の年齢は20歳以上であることとされている。 ・相続時精算課税制度 ・直系尊属から贈与を受けた場合の贈与税の税率の特例 ・相続時精算課税適用者の特例 ・非上場株式等に係る贈与税の納税猶予制度	対象となる受贈者の年齢が18歳以上に引き下げられる。

◆個人事業者の事業用資産に係る納税猶予制度

平成31年1月1日～令和10年12月31日

(1) 概要

特例事業相続人等（注1）が、被相続人（注2）から相続または遺贈により特定事業用資産（注3）のすべてを取得し、事業を継続していく場合には、担保の提供を条件に、その特例事業相続人等が納付すべき相続税額のうち、相続または遺贈により取得した特定事業用資産の課税価格に対応する相続税の納税を猶予する。

（注1）特例事業相続人等

被相続人から相続または遺贈により特定事業用資産を取得した個人で、次に掲げる要件のすべてを満たす者をいう。

①承継計画（注4）に記載された後継者で、中小企業における経営の承継の円滑化に関する法律に規定する中小企業者であって、同法12条の認定を受けていること。

②相続開始の直前において特定事業用資産に係る事業に従事していたこと。

③相続開始の時から相続税の申告書の提出期限までの間に特定事業用資産に係る事業を引き継ぎ、その提出期限まで引き続きその特定事業用資産のすべてを保有し、かつ、自己の事業の用に供していること。

④相続税の申告書の提出期限において、特定事業用資産に係る事業について、開業届出書を提出し、青色申告の承認を受けること、または受ける見込みであること。⑤特定事業用資産に係る事業が、相続開始の時において、資産保有型事業、資産運用型事　業及び性風俗関連特殊営業のいずれにも該当しないこと。

⑥被相続人から相続または遺贈により財産を取得した者が、特定事業用宅地等について小規模宅地等の特例の適用を受けないこと。

（注2）被相続人

特定事業用資産を保有していた個人で、次の者をいう。

①　特定事業用資産に係る事業を行っている者の場合

その事業について相続開始の年、前年及び前々年において青色申告書を提出している者

②　①以外の場合（次の要件を満たす者）

・相続開始の直前において①の者と生計を一にする親族であること

・①の者の相続開始の時後に開始した相続に係る被相続人であること

（注3）特定事業用資産

被相続人の事業（不動産貸付業、駐車場業及び自転車駐車場業を除く。）の用に供されていた次の資産で、相続開始の日の属する年の前年分の事業所得に係る青色申告書の貸借対照表に計上されているものをいう。

①　宅地等

建物または構築物の敷地の用に供されているもので、面積400㎡以下の部分（その被相続人から相続または遺贈により取得した宅地等について小規模宅地等の減額の特例の適用を受ける者がいる場合には、選択した特定同族会社事業用宅地等の面積及び選択した貸付事業用宅地等の面積の2倍の面積を400㎡から控除した面積）

②　建物（床面積800㎡以下の部分に限る。）

③　建物以外の減価償却資産（固定資産税または営業用として自動車税もしくは軽自動車税の課税対象となっているものその他これらに準ずるものに限る）

（注4）承継計画

認定経営革新等支援機関の指導及び助言を受けて作成された特定事業用資産の承継前後の経営見通し等が記載された計画であって、平成31年4月1日から令和6年3月31日までの間に都道府県に提出されたものをいう。

(2)　猶予税額の計算

猶予税額の計算方法は、非上場株式等についての相続税の納税猶予制度の特例と同様とする。

(3)　猶予税額の免除

①　全額免除

次の場合には、猶予税額の全額を免除する。

イ　特例事業相続人等が死亡した場合

ロ　相続税の申告期限から5年経過後に、次の後継者へ特例事業用資産を贈与し、その後継者がその特例事業用資産について贈与税の納税猶予制度の適用を受ける場合

ハ　特例事業相続人等が一定の身体障害等に該当した場合

ニ　特例事業相続人等について破産手続開始の決定があった場合（過去5年間の必要経費不算入対価等（特例事業相続人等の青色事業専従者に支払われた給与等で必要経費として認められない額）の合計額は免除しない）

②　一部免除

次の場合には、猶予税額の一部を免除する。ただし、過去5年間の必要経費不算入対価等の合計額は免除しない。

イ　同族関係者以外の者へ特例事業用資産を一括して譲渡する場合

ロ　民事再生計画の認可決定等があった場合

ハ　経営環境の変化を示す一定の要件を満たす場合において、特例事業用資産の一括譲渡または特例事業用資産に係る事業の廃止をするとき

(4)　猶予税額の納付

①次の場合には、それぞれに掲げる日から2月を経過する日をもって納税の猶予に係る期限とし、猶予税額の全額を納付する。

イ　事業を廃止した場合または破産手続きの開始決定があった場合　その廃止した日またはその決定があった日

ロ　資産保有型事業、資産運用型事業または性風俗関連特殊営業のいずれかに該当することとなった場合　その該当することとなった日

ハ　特例事業相続人等のその年の事業所得の総収入金額が零となった場合　その年の12月31日

ニ　特例事業用資産のすべてが特例事業相続人等のその年の事業所得に係る青色申告の貸借対照表に計上されなかった場合　その年の12月31日

ホ　特例事業相続人等が青色申告の承認を取り消された場合等　その取り消された日

②特例事業相続人等が、特例事業用資産の譲渡等をし、その特例事業用資産の全部または一部を事業の用に供さなくなった場合には、その供さなくなった部分に対応する猶予税　額を、その事業の用に供さなくなった日から2月を経過する日をもって納税の猶予に係る　期限とする。

(5)　利子税の納付

上記(4)により、猶予税額の全部または一部を納付する場合には、その納付税額について相続税の法定申告期限からの利子税（年36%）（利子税の特例（貸出約定平均利率の年平均が06%の場合）を適用した場合には、年07%）を併せて納付する。

【土地及び土地の上に存する権利の評価についての調整率表（平成30年分以降用）】

① 奥行価格補正率表

地区区分 / 奥行距離m	ビル街	高度商業	繁華街	普通商業・併用住宅	普通住宅	中小工場	大工場
4未満	0.80	0.90	0.90	0.90	0.90	0.85	0.85
4以上 6未満		0.92	0.92	0.92	0.92	0.90	0.90
6 〃 8 〃	0.84	0.94	0.95	0.95	0.95	0.93	0.93
8 〃 10 〃	0.88	0.96	0.97	0.97	0.97	0.95	0.95
10 〃 12 〃	0.90	0.98	0.99	0.99	1.00	0.96	0.96
12 〃 14 〃	0.91	0.99	1.00	1.00		0.97	0.97
14 〃 16 〃	0.92	1.00				0.98	0.98
16 〃 20 〃	0.93					0.99	0.99
20 〃 24 〃	0.94					1.00	1.00
24 〃 28 〃	0.95				0.97		
28 〃 32 〃	0.96		0.98		0.95		
32 〃 36 〃	0.97		0.96	0.97	0.93		
36 〃 40 〃	0.98		0.94	0.95	0.92		
40 〃 44 〃	0.99		0.92	0.93	0.91		
44 〃 48 〃	1.00		0.90	0.91	0.90		
48 〃 52 〃		0.99	0.88	0.89	0.89		
52 〃 56 〃		0.98	0.87	0.88	0.88		
56 〃 60 〃		0.97	0.86	0.87	0.87		
60 〃 64 〃		0.96	0.85	0.86	0.86	0.99	
64 〃 68 〃		0.95	0.84	0.85	0.85	0.98	
68 〃 72 〃		0.94	0.83	0.84	0.84	0.97	
72 〃 76 〃		0.93	0.82	0.83	0.83	0.96	
76 〃 80 〃		0.92	0.81	0.82			
80 〃 84 〃		0.90	0.80	0.81	0.82	0.93	
84 〃 88 〃		0.88		0.80			
88 〃 92 〃		0.86			0.81	0.90	
92 〃 96 〃	0.99	0.84					
96 〃 100 〃	0.97	0.82					
100 〃	0.95	0.80			0.80		

② 側方路線影響加算率表

地区区分	加算率	
	角地の場合	準角地の場合
ビル街	0.07	0.03
高度商業、繁華街	0.10	0.05
普通商業・併用住宅	0.08	0.04
普通住宅、中小工場	0.03	0.02
大工場	0.02	0.01

③ 二方路線影響加算率表

地区区分	加算率
ビル街	0.03
高度商業、繁華街	0.07
普通商業・併用住宅	0.05
普通住宅、中小工場	0.02
大工場	0.02

④ 不整形地補正率を算定する際の地積区分表

地区区分＼地積区分	A	B	C
高度商業	1,000㎡未満	1,000㎡以上 1,500㎡未満	1,500㎡以上
繁華街	450㎡未満	450㎡以上 700㎡未満	700㎡以上
普通商業・併用住宅	650㎡未満	650㎡以上 1,000㎡未満	1,000㎡以上
普通住宅	500㎡未満	500㎡以上 750㎡未満	750㎡以上
中小工場	3,500㎡未満	3,500㎡以上 5,000㎡未満	5,000㎡以上

⑤ 不整形地補正率表

地区区分／地積区分／かげ地割合	高度商業、繁華街、普通商業・併用住宅、中小工場			普通住宅		
	A	B	C	A	B	C
10%以上	0.99	0.99	1.00	0.98	0.99	0.99
15% 〃	0.98	0.99	0.99	0.96	0.98	0.99
20% 〃	0.97	0.98	0.99	0.94	0.97	0.98
25% 〃	0.96	0.98	0.99	0.92	0.95	0.97
30% 〃	0.94	0.97	0.98	0.90	0.93	0.96
35% 〃	0.92	0.95	0.98	0.88	0.91	0.94
40% 〃	0.90	0.93	0.97	0.85	0.88	0.92
45% 〃	0.87	0.91	0.95	0.82	0.85	0.90
50% 〃	0.84	0.89	0.93	0.79	0.82	0.87
55% 〃	0.80	0.87	0.90	0.75	0.78	0.83
60% 〃	0.76	0.84	0.86	0.70	0.73	0.78
65% 〃	0.70	0.75	0.80	0.60	0.65	0.70

⑥ 間口狭小補正率表

<table>
<tr><th>地区区分
間口距離m</th><th>ビル街</th><th>高度商業</th><th>繁華街</th><th>普通商業・併用住宅</th><th>普通住宅</th><th>中小工場</th><th>大工場</th></tr>
<tr><td>4未満</td><td>—</td><td>0.85</td><td>0.90</td><td>0.90</td><td>0.90</td><td>0.80</td><td>0.80</td></tr>
<tr><td>4以上6未満</td><td>—</td><td>0.94</td><td rowspan="7">1.00</td><td>0.97</td><td>0.94</td><td>0.85</td><td>0.85</td></tr>
<tr><td>6 〃 8 〃</td><td>—</td><td>0.97</td><td rowspan="6">1.00</td><td>0.97</td><td>0.90</td><td>0.90</td></tr>
<tr><td>8 〃 10 〃</td><td>0.95</td><td rowspan="5">1.00</td><td rowspan="5">1.00</td><td>0.95</td><td>0.95</td></tr>
<tr><td>10 〃 16 〃</td><td>0.97</td><td rowspan="4">1.00</td><td>0.97</td></tr>
<tr><td>16 〃 22 〃</td><td>0.98</td><td>0.98</td></tr>
<tr><td>22 〃 28 〃</td><td>0.99</td><td>0.99</td></tr>
<tr><td>28 〃</td><td>1.00</td><td>1.00</td></tr>
</table>

⑦ 奥行長大補正率表

<table>
<tr><th>地区区分
奥行距離/間口距離</th><th>ビル街</th><th>高度商業</th><th>繁華街</th><th>普通商業・併用住宅</th><th>普通住宅</th><th>中小工場</th><th>大工場</th></tr>
<tr><td>2以上3未満</td><td rowspan="7">1.00</td><td colspan="3">1.00</td><td>0.98</td><td>1.00</td><td rowspan="7">1.00</td></tr>
<tr><td>3 〃 4 〃</td><td colspan="3">0.99</td><td>0.96</td><td>0.99</td></tr>
<tr><td>4 〃 5 〃</td><td colspan="3">0.98</td><td>0.94</td><td>0.98</td></tr>
<tr><td>5 〃 6 〃</td><td colspan="3">0.96</td><td>0.92</td><td>0.96</td></tr>
<tr><td>6 〃 7 〃</td><td colspan="3">0.94</td><td rowspan="3">0.90</td><td>0.94</td></tr>
<tr><td>7 〃 8 〃</td><td colspan="3">0.92</td><td>0.92</td></tr>
<tr><td>8 〃</td><td colspan="3">0.90</td><td>0.90</td></tr>
</table>

⑧ がけ地補正率表

がけ地の方位 ＼ がけ地地積/総地積	南	東	西	北
0.10以上	0.96	0.95	0.94	0.93
0.20 〃	0.92	0.91	0.90	0.88
0.30 〃	0.88	0.87	0.86	0.83
0.40 〃	0.85	0.84	0.82	0.78
0.50 〃	0.82	0.81	0.78	0.73
0.60 〃	0.79	0.77	0.74	0.68
0.70 〃	0.76	0.74	0.70	0.63
0.80 〃	0.73	0.70	0.66	0.58
0.90 〃	0.70	0.65	0.60	0.53

⑨ 規模格差補正率を算定する際の表

イ　三大都市圏に所在する宅地

地区区分 ＼ 記号 ＼ 地積㎡	普通商業・併用住宅 普通住宅	
	Ⓑ	Ⓒ
500以上1,000未満	0.95	25
1,000 〃 3,000 〃	0.90	75
3,000 〃 5,000 〃	0.85	225
5,000 〃	0.80	475

ロ　三大都市圏以外の地域に所在する宅地

地区区分 ＼ 記号 ＼ 地積㎡	普通商業・併用住宅 普通住宅	
	Ⓑ	Ⓒ
1,000以上3,000未満	0.90	100
3,000 〃 5,000 〃	0.85	250
5,000 〃	0.80	500

土地の無償返還に関する届出書

※整理事項	1 土地所有者 2 借地人等	整理簿	
		番　号	
		確　認	

受付印

平成　　年　　月　　日

国税局長
税務署長 殿

土地所有者＿＿＿＿＿は、〔借地権の設定等／使用貸借契約〕により下記の土地を平成＿年＿月＿日から＿＿＿＿＿に使用させることとしましたが、その契約に基づき将来借地人等から無償で土地の返還を受けることになっていますので、その旨を届け出ます。

なお、下記の土地の所有又は使用に関する権利等に変動が生じた場合には、速やかにその旨を届け出ることとします。

記

土地の表示

所　在　地＿＿＿＿＿＿＿＿＿＿

地目及び面積＿＿＿＿＿＿＿＿＿＿　＿＿＿＿＿㎡

	（土地所有者）	（借地人等）
住所又は所在地	〒 電話（　　）　－	〒 電話（　　）　－
氏名又は名称	㊞	㊞
代表者氏名	㊞	㊞

	（土地所有者が連結申告法人の場合）	（借地人等が連結申告法人の場合）
連結親法人の納税地	〒 電話（　　）　－	〒 電話（　　）　－
連結親法人名等		
連結親法人等の代表者氏名		

借地人等と土地所有者との関係	借地人等又はその連結親法人の所轄税務署又は所轄国税局

20．06改正

（契約の概要等）

1 契約の種類 ______

2 土地の使用目的 ______

3 契約期間 平成　年　月　～　平成　年　月

4 建物等の状況

(1) 種類 ______

(2) 構造及び用途 ______

(3) 建築面積等 ______

5 土地の価額等

(1) 土地の価額 ______円 （財産評価額　円）

(2) 地代の年額 ______円

6 特約事項 ______

______

7 土地の形状及び使用状況等を示す略図

8 添付書類 (1) 契約書の写し (2) ______

（法１３３７－１）

土地の無償返還に関する届出書の記載要領等

1　この届出書は、法人税基本通達 13－１－７《権利金の認定見合せ》又は連結納税基本通達 16－１－７《権利金の認定見合せ》に基づいて土地の無償返還の届出をする場合に使用してください。

2　この届出書は、土地所有者（借地権の転貸の場合における借地権者を含みます。以下同じ。）の納税地（土地所有者が連結申告法人である場合には連結親法人の納税地）の所轄税務署長（国税局の調査課所管法人にあっては、所轄国税局長）に２通提出してください。

(注) 1　借地権の転貸の場合には、この届出書の「土地所有者」を「借地権者」と訂正して使用してください。

2　この届出書は、土地所有者が個人である場合であっても提出することができます。

3　この届出書の提出後において、その届出に係る土地の所有又は使用に関する権利等について次のような変動が生じた場合には、その旨を速やかに借地人等との連名の書面（２通とします。）により届け出てください。

(1)　合併又は相続等により土地所有者又は借地人等に変更があった場合

(2)　土地所有者又は借地人等の住所又は所在地（納税地がその住所又は所在地と異なる場合には、その納税地）に変更があった場合

(3)　契約の更新又は更改があった場合

(4)　この届出書に係る契約に基づき土地の無償返還が行われた場合

4　各欄の記載は次によります。

(1)　「借地権の設定等／使用貸借契約」は、契約の種類に応じ該当するものを○で囲んでください。

(2)　「地目及び面積」は、その土地の登記簿上の地目又は面積が現況と異なる場合には、その現況により記載してください。

(3)　「住所又は所在地」には、土地所有者及び借地人等の住所又は所在地を記載しますが、納税地がその住所又は所在地と異なる場合にはその納税地を記載してください。

(4)　「借地人等の所轄税務署又は所轄国税局」には、借地人等の納税地（借地人等が連結申告法人である場合には、連結親法人の納税地）の所轄税務署（国税局の調査課所管法人にあっては、所轄国税局）を記載してください。

(5)　「(契約の概要等)」は次により記載してください。

イ　「1契約の種類」には、例えば「地上権の設定」、「土地の賃貸借」、「地役権の設定」、「借地権の転貸」、「土地の使用貸借」等のように、その契約の種類を記載してください。

ロ　「2土地の使用目的」には、例えば「鉄骨造工場用建物の敷地として使用する」、「鉄筋コンクリート造10階建マンションの建設のため」等のように、借地人等におけるその土地の使用目的を具体的に記載してください。

ハ　「4建物等の状況」の各欄は、借地人等がこの届出書に係る土地の上に有している建物等について、次により記載してください。

(イ)　「(1)種類」には、建物、構築物等の別を記載してください。

(ロ)　「(2)構造及び用途」には、その建物等の構造及び用途を、例えば「鉄筋コンクリート造、店舗用」等のように記載してください。

(ハ)　「(3)建築面積等」には、その建物等の建築面積、階数、延床面積等を記載してください。

ニ　「5土地の価額等」の各欄には、その借地権の設定又は使用貸借契約をした時における当該土地の更地価額（借地権の転貸の場合にあっては、その借地権の価額）及び収受することとした地代の年額をそれぞれ記載してください。

なお、「(1)土地の価額」の「(財産評価額　　　円)」には、当該土地の財産評価額を記載してください。

ホ　「6特約事項」には、例えば建物の用途制限、契約の更新等について特約がある場合に、その内容を記載してください。

5　この届出書には、契約書の写しのほか、「(1)土地の価額」に記載した金額の計算の明細その他参考となる事項を記載した書類を添付してください。

6　留意事項

○　法人課税信託の名称の併記

法人税法第2条第29号の2に規定する法人課税信託の受託者がその法人課税信託について、国税に関する法律に基づき税務署長等に申請書等を提出する場合には、申請書等の「氏名又は名称」及び「連結親法人名等」の欄には、受託者の法人名又は氏名のほか、その法人課税信託の名称を併せて記載してください。

【相続税申告書の作成手順】

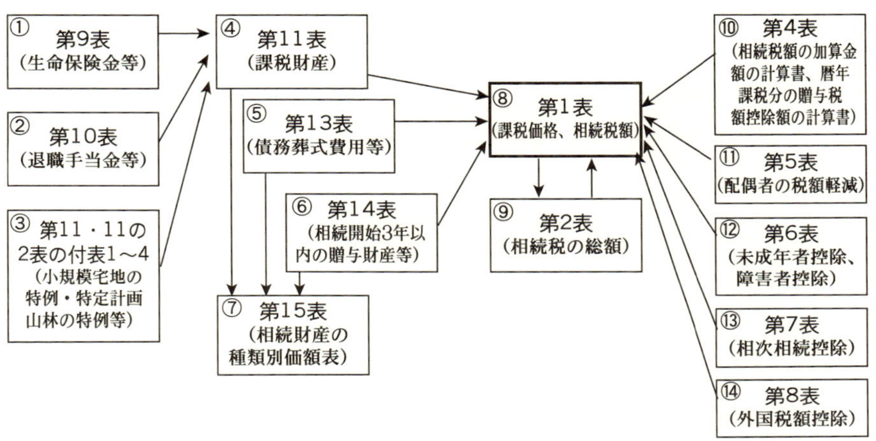

相続税の申告書

※本申告書は令和元年12月31日以前に発生した相続に関するものである。

遺産の全部につき相続人間で分割されている場合には、その分割協議書に従い、各相続人の課税価格および納付税額を計算する。相続人等が取得した複数の宅地等が小規模宅地等の減額の特例対象となる場合には、誰の宅地等から当該特例の適用を受けるのかが問題となる。したがって遺産分割協議とは別に、当該取得者全員による協議により、当該特例の適用者を決めなければならない。一般的には相続税の総額が最も少なくなるように適用順位を定めることが多い。また、本具体例において遠山和子は配偶者の税額軽減の規定の適用を受けることができる。遠山和子の課税価格は法定相続分（2分の1）以下であるため結果的に納付税額が発生しないこととなるが、仮に法定相続分を超えていたとしても課税価格が1億6000万円以下であれば同様に納付税額が生じないこととなる。ただし、将来的な相続税負担を考慮するのであれば二次相続（遠山和子の相続）時の相続税まで考えて配偶者の取得割合を決定すべきである。

【具体例に基づく申告書作成要領】

遠山太郎は、令和元年12月20日自宅（東京都南野市泉が丘1丁目25番6）において死亡した。遠山太郎の親族等の状況は右図に示すとおりであり、相続人はすべて単純承認した。

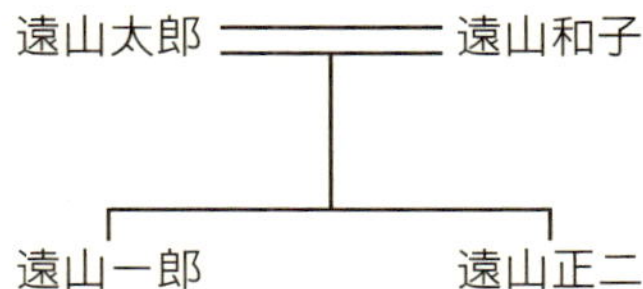

被相続人の死亡時の財産は以下のとおりである。

種　類	詳　細	数量	相続税評価額	備　考
宅　地	南野市泉が丘1丁目25番6	210㎡	8400万円	
家　屋	南野市泉が丘1丁目25番6 （家屋番号25-6-1）	146㎡	1200万円	太郎および和子の居住の用に供されていた
宅　地	北野市新田3丁目5番8	180㎡	7110万円	
家　屋	北野市新田3丁目5番8 （家屋番号5-8-1）	144㎡	1050万円	アパートの用に供されていた
預貯金	三友銀行南野支店　普通預金	1口座	1000万円	
預貯金	三友銀行南野支店　普通預金	1口座	4000万円	
家庭用財産		1式	40万円	

被相続人の死亡時の債務は以下のとおりである。

種　類	詳　細	金　額	備　考
借入金	三友銀行南野支店	2000万円	上記北野市新田に所在するアパートの建築資金として借り入れたものである
未払金	医療費	50万円	遠山太郎の入院費
未払金	所得税	50万円	遠山太郎の令和元年分

被相続人の死亡により下記生命保険金が支払われた。

保険会社	契約者	被保険者	受取人	保険金額
住一生命保険	遠山太郎	遠山太郎	遠山和子	5000万円

被相続人の葬儀に要した費用は次のとおりである。

支払先	金　額
丸角寺	150万円
三角葬儀社	250万円

遺産分割協議書（現物分割）

遺産分割協議書

被相続人　遠山太郎（令和元年12月20日死亡）の次の遺産について、同人の共同相続人妻遠山和子、長男遠山一郎及び二男遠山正二において分割協議を行った結果、各相続人がそれぞれ次のとおり遺産を分割し、取得することに決定した。

1．次の財産を妻遠山和子が取得する。

①土　地　（所　在）南野市泉が丘1丁目
（地　番）25番6
（地　目）宅　地
（地　積）21000㎡

②家　屋　（所　在）南野市泉が丘1丁目25番地6
（家屋番号）25-6-1
（種　類）居　宅
（構　造）木造瓦葺2階建
（床面積）14600㎡

③家庭用財産一式

2．次の財産を、長男遠山一郎及び二男遠山正二がそれぞれ2分の1ずつ取得する。

①土　地　（所　在）北野市新田3丁目
（地　番）5番8
（地　目）宅　地
（地　積）18000㎡

②家　屋　（所　在）北野市新田3丁目5番地8
（家屋番号）5-8-1
（種　類）居　宅
（構　造）木造瓦葺2階建
（床面積）14400㎡

3．次の財産を、妻遠山和子が2分の1、長男遠山一郎及び二男遠山正二がそれぞれ4分の1ずつ取得する。

①三友銀行南野支店　（種　類）普通預金
（口座番号）012345

②三友銀行南野支店　（種　類）定期預金
（口座番号）012345

4．三友銀行南野支店からの借入金（相続開始日の残高20,000,000円）については、長男遠山一郎及び二男遠山正二が負担する。

5．上記4に掲げる債務以外の債務については、妻遠山和子が負担する。

6．被相続人の葬式費用については、妻遠山和子が負担する。

南野 税務署長　　　　　　　　　　　　　　　　　FD3559

年 月 日 提出

相続税の申告書

相続開始年月日 令和 1 年12 月20 日　　　※申告期限延長日 年 月 日

第1表（平成30年分以降用）

○フリガナは、必ず記入してください。

項目		各人の合計	財産を取得した人
フリガナ		（被相続人）トオヤマ タロウ	トオヤマ カズコ
氏名		遠山 太郎	遠山 和子 ㊞
個人番号又は法人番号			↓個人番号の記載に当たっては、左端を空欄としここから記入してください。
生年月日		昭和12 年 12 月 12 日（年齢 82 歳）	昭和13 年 3 月 3 日（年齢 81 歳）
住所（電話番号）		南野市泉が丘1丁目25番6	〒123 － 4567 南野市泉が丘1丁目25番6 （012 － 345 － 6789）
被相続人との続柄	職業		妻　無職
取得原因		該当する取得原因を○で囲みます。	㊧相続・遺贈・相続時精算課税に係る贈与（相続に○）
※整理番号			
課税価格の計算	取得財産の価額（第11表③）①	181436364 円	89200000 円
	相続時精算課税適用財産の価額（第11の2表1⑦）②		
	債務及び葬式費用の金額（第13表3⑦）③	25000000	5000000
	純資産価額（①＋②－③）（赤字のときは0）④	156436364	84200000
	純資産価額に加算される暦年課税分の贈与財産価額（第14表1④）⑤		
	課税価格（④＋⑤）（1,000円未満切捨て）⑥	156436000 Ⓐ	84200000
各人の算出税額の計算	法定相続人の数／遺産に係る基礎控除額	3 人　48000000 円 Ⓑ	左の欄には、第2表の②欄の回の人数及び㋩の金額を記入します。
	相続税の総額 ⑦	16398100	左の欄には、第2表の⑧欄の金額を記入します。
	一般の場合（⑩の場合を除く） あん分割合（各人の⑥／Ⓐ）⑧	1.00	0.500
	算出税額（⑦×各人の⑧）⑨	16398100 円	8199050 円
	農地等納税猶予の適用を受ける場合 算出税額（第3表⑬）⑩		
	相続税額の2割加算が行われる場合の加算金額（第4表1⑥）⑪	円	円
各人の納付・還付税額の計算	税額控除 暦年課税分の贈与税額控除額（第4表の2㉕）⑫		
	配偶者の税額軽減額（第5表㋑又は㋩）⑬	8199050	8199050
	未成年者控除額（第6表1②、③又は⑥）⑭		
	障害者控除額（第6表2②、③又は⑥）⑮		
	相次相続控除額（第7表⑬又は⑱）⑯		
	外国税額控除額（第8表1⑧）⑰		
	計 ⑱	8199050	8199050
	差引税額（⑨＋⑪－⑱）又は（⑩＋⑪－⑱）（赤字のときは0）⑲	8199050	0
	相続時精算課税分の贈与税額控除額（第11の2表⑧）⑳	00	00
	医療法人持分税額控除額（第8の4表2B）㉑		
	小計（⑲－⑳－㉑）（黒字のときは100円未満切捨て）㉒	8199000	0
	農地等納税猶予税額（第8表2⑦）㉓	00	00
	株式等納税猶予税額（第8の2表2A）㉔	00	00
	特例株式等納税猶予税額（第8の2の2表2A）㉕	00	00
	山林納税猶予税額（第8の3表2⑧）㉖	00	00
	医療法人持分納税猶予税額（第8の4表2A）㉗	00	00
	申告納税額（㉒－㉓－㉔－㉕－㉖－㉗） 申告期限までに納付すべき税額 ㉘	8199000	00
	還付される税額 ㉙	△	△

※の項目は記入する必要がありません。

※税務署整理欄	申告区分	年分	グループ番号	補完番号		補完番号	
	名簿番号	申告年月日	関与区分	書面添付	検算印	管理補完	確認

作成税理士の事務所所在地・署名押印・電話番号　　㊞　　□ 税理士法第30条の書面提出有　□ 税理士法第33条の2の書面提出有

（資4－20－1－1－A4統一）第1表

※税務署整理欄　通信日付印 年月日　確認者印

○この申告書は機械で読み取りますので、黒ボールペンで記入してください。また、申告書と添付資料を一緒にとじないでください。

（注）㉒欄の金額が赤字となる場合は、㉒欄の左端に△を付してください。なお、この場合で、㉒欄の金額のうちに贈与税の外国税額控除額（第11の2表⑨）があるときの㉙欄の金額については、「相続税の申告のしかた」を参照してください。

相続税の申告書（続）

FD3560

第1表（続）（平成30年分以降用）

○この申告書は機械で読み取りますので、黒ボールペンで記入してください。

○フリガナは、必ず記入してください。

項目		財産を取得した人	財産を取得した人
※申告期限延長日		年　月　日	年　月　日
フリガナ		トオヤマ イチロウ	トオヤマ ショウジ
氏名		遠山 一郎 ㊞	遠山 正二 ㊞
個人番号又は法人番号		↓個人番号の記載に当たっては、左端を空欄としここから記入してください。	↓個人番号の記載に当たっては、左端を空欄としここから記入してください。
生年月日		昭和37年 5月 5日（年齢 57歳）	昭和39年 8月 8日（年齢 55歳）
住所		〒123－5678 南野市泉が丘2丁目12番38	〒124－5678 北野市古田1丁目20番15
（電話番号）		（012－345－9876）	（013－456－7890）
被相続人との続柄／職業		長男／会社員	次男／自営業
取得原因		㊧相続・遺贈・相続時精算課税に係る贈与	㊧相続・遺贈・相続時精算課税に係る贈与
※整理番号			
課税価格の計算 取得財産の価額（第11表③）	①	46118182 円	46118182 円
相続時精算課税適用財産の価額（第11の2表1⑦）	②		
債務及び葬式費用の金額（第13表3⑦）	③	10000000	10000000
純資産価額（①＋②－③）（赤字のときは0）	④	36118182	36118182
純資産価額に加算される暦年課税分の贈与財産価額（第14表1④）	⑤		
課税価格（④＋⑤）（1,000円未満切捨て）	⑥	36118000	36118000
各人の算出税額の計算 法定相続人の数／遺産に係る基礎控除額			
相続税の総額	⑦		
一般の場合（⑩の場合を除く） あん分割合（各人の⑥／Ⓐ）	⑧	0.250	0.250
算出税額（Ⓑ⑦×各人の⑧）	⑨	4099525 円	4099525 円
農地等納税猶予の適用を受ける場合 算出税額（第3表⑬）	⑩		
相続税額の2割加算が行われる場合の加算金額（第4表1⑥）	⑪	円	円
各人の納付・還付税額の計算 税額控除 暦年課税分の贈与税額控除額（第4表の2㉙）	⑫		
配偶者の税額軽減額（第5表㋪又は㋬）	⑬		
未成年者控除額（第6表1②、③又は⑥）	⑭		
障害者控除額（第6表2②、③又は⑥）	⑮		
相次相続控除額（第7表⑬又は⑱）	⑯		
外国税額控除額（第8表1⑧）	⑰		
計	⑱		
差引税額（⑨＋⑪－⑱）又は（⑩＋⑪－⑱）（赤字のときは0）	⑲	4099525	4099525
相続時精算課税分の贈与税額控除額（第11の2表⑧）	⑳	00	00
医療法人持分税額控除額（第8の4表2B）	㉑		
小計（⑲－⑳－㉑）（黒字のときは100円未満切捨て）	㉒	4099500	4099500
農地等納税猶予税額（第8表2⑦）	㉓	00	00
株式等納税猶予税額（第8の2表2A）	㉔	00	00
特例株式等納税猶予税額（第8の2の2表2A）	㉕	00	00
山林納税猶予税額（第8の3表2⑧）	㉖	00	00
医療法人持分納税猶予税額（第8の4表2A）	㉗	00	00
申告納税額（㉒－㉓－㉔－㉕－㉖－㉗） 申告期限までに納付すべき税額	㉘	4099500	4099500
還付される税額	㉙	△	△

※税務署整理欄			
申告区分	年分	グループ番号	補完番号
名簿番号	申告年月日	管理補完／確認／検算印	補完番号／管理補完／確認

※の項目は記入する必要がありません。

（注）㉒欄の金額が赤字となる場合は、㉒欄の左端に△を付してください。なお、この場合で、㉒欄の金額のうちに贈与税の外国税額控除額（第11の2表⑨）があるときの㉙欄の金額については、「相続税の申告のしかた」を参照してください。

（資4－20－2－1－A4統一）第1表（続）

相続税の総額の計算書

被相続人　遠山 太郎

第2表（平成27年分以降用）

○この表を修正申告書の第2表として使用するときは、㋑欄には修正申告書第1表の㋺欄の⑥Ⓐの金額を記入し、㋭欄には修正申告書第3表の1の㋺欄の⑥Ⓐの金額を記入します。

この表は、第1表及び第3表の「相続税の総額」の計算のために使用します。
なお、被相続人から相続、遺贈や相続時精算課税に係る贈与によって財産を取得した人のうちに農業相続人がいない場合は、この表の㋭欄及び㋬欄並びに⑨欄から⑪欄までは記入する必要がありません。

① 課税価格の合計額		② 遺産に係る基礎控除額		③ 課税遺産総額	
㋑（第1表⑥Ⓐ）	156,436,000 円	3,000万円＋（600万円×㋺ 3人（Ⓐの法定相続人の数））＝	㋩ 4,800 万円	㋥（㋑－㋩）	108,436,000 円
㋭（第3表⑥Ⓐ）	,000	㋺の人数及び㋩の金額を第1表Ⓑへ転記します。		㋬（㋭－㋩）	,000

④ 法定相続人（（注）1参照）氏名	被相続人との続柄	⑤ 左の法定相続人に応じた法定相続分	第1表の「相続税の総額⑦」の計算 ⑥ 法定相続分に応ずる取得金額（㋥×⑤）（1,000円未満切捨て）	⑦ 相続税の総額の基となる税額（下の「速算表」で計算します。）	第3表の「相続税の総額⑦」の計算 ⑨ 法定相続分に応ずる取得金額（㋬×⑤）（1,000円未満切捨て）	⑩ 相続税の総額の基となる税額（下の「速算表」で計算します。）
遠山 和子	妻	1/2	54,218,000 円	9,265,400 円	,000 円	円
遠山 一郎	長男	1/4	27,109,000	3,566,350	,000	
遠山 正二	次男	1/4	27,109,000	3,566,350	,000	
			,000		,000	
			,000		,000	
			,000		,000	
			,000		,000	
			,000		,000	
			,000		,000	
法定相続人の数	Ⓐ 3 人	合計 1	⑧ 相続税の総額（⑦の合計額）（100円未満切捨て）	16,398,100	⑪ 相続税の総額（⑩の合計額）（100円未満切捨て）	00

（注）1 ④欄の記入に当たっては、被相続人に養子がある場合や相続の放棄があった場合には、「相続税の申告のしかた」をご覧ください。
2 ⑧欄の金額を第1表⑦欄へ転記します。財産を取得した人のうちに農業相続人がいる場合は、⑧欄の金額を第1表⑦欄へ転記するとともに、⑪欄の金額を第3表⑦欄へ転記します。

相続税の速算表

法定相続分に応ずる取得金額	10,000千円以下	30,000千円以下	50,000千円以下	100,000千円以下	200,000千円以下	300,000千円以下	600,000千円以下	600,000千円超
税率	10%	15%	20%	30%	40%	45%	50%	55%
控除額	－ 千円	500千円	2,000千円	7,000千円	17,000千円	27,000千円	42,000千円	72,000千円

この速算表の使用方法は、次のとおりです。
⑥欄の金額×税率－控除額＝⑦欄の税額　　⑨欄の金額×税率－控除額＝⑩欄の税額
例えば、⑥欄の金額30,000千円に対する税額（⑦欄）は、30,000千円×15%－500千円＝4,000千円です。

○連帯納付義務について
相続税の納税については、各相続人等が相続、遺贈や相続時精算課税に係る贈与により受けた利益の価額を限度として、お互いに連帯して納付しなければならない義務があります。

第2表　（資4－20－3－A4統一）

配偶者の税額軽減額の計算書

被相続人	遠山 太郎

第5表（平成21年4月分以降用）

私は、相続税法第19条の2第1項の規定による配偶者の税額軽減の適用を受けます。

1 一般の場合（この表は、①被相続人から相続、遺贈や相続時精算課税に係る贈与によって財産を取得した人のうちに農業相続人がいない場合又は②配偶者が農業相続人である場合に記入します。）

課税価格の合計額のうち配偶者の法定相続分相当額	（第1表のⒶの金額）〔配偶者の法定相続分〕 156,436,000円 × 1/2 ＝ 78,218,000円 上記の金額が16,000万円に満たない場合には、16,000万円 →	㋑※ 160,000,000円

配偶者の税額軽減額を計算する場合の課税価格	① 分割財産の価額（第11表の配偶者の①の金額）	分割財産の価額から控除する債務及び葬式費用の金額 ② 債務及び葬式費用の金額（第1表の配偶者の③の金額）	③ 未分割財産の価額（第11表の配偶者の②の金額）	④（②－③）の金額（③の金額が②の金額より大きいときは0）	⑤ 純資産価額に加算される暦年課税分の贈与財産価額（第1表の配偶者の⑤の金額）	⑥（①－④＋⑤）の金額（⑤の金額より小さいときは⑤の金額）（1,000円未満切捨て）
	89,200,000円	5,000,000円	円	5,000,000円	円	※ 84,200,000円

⑦ 相続税の総額（第1表の⑦の金額）	⑧ ㋑の金額と⑥の金額のうちいずれか少ない方の金額	⑨ 課税価格の合計額（第1表のⒶの金額）	⑩ 配偶者の税額軽減の基となる金額（⑦×⑧÷⑨）
16,398,100円	84,200,000円	156,436,000円	8,826,101円

配偶者の税額軽減の限度額	（第1表の配偶者の⑨又は⑩の金額）（第1表の配偶者の⑫の金額） （8,199,050円 － 円）	㋺ 8,199,050円
配偶者の税額軽減額	（⑩の金額と㋺の金額のうちいずれか少ない方の金額）	㋩ 8,199,050円

（注）㋩の金額を第1表の配偶者の「配偶者の税額軽減額⑬」欄に転記します。

2 配偶者以外の人が農業相続人である場合（この表は、被相続人から相続、遺贈や相続時精算課税に係る贈与によって財産を取得した人のうちに農業相続人がいる場合で、かつ、その農業相続人が配偶者以外の場合に記入します。）

課税価格の合計額のうち配偶者の法定相続分相当額	（第3表のⒶの金額）〔配偶者の法定相続分〕 ,000円 × ― ＝ 円 上記の金額が16,000万円に満たない場合には、16,000万円 →	㊁※ 円

配偶者の税額軽減額を計算する場合の課税価格	⑪ 分割財産の価額（第11表の配偶者の①の金額）	分割財産の価額から控除する債務及び葬式費用の金額 ⑫ 債務及び葬式費用の金額（第1表の配偶者の③の金額）	⑬ 未分割財産の価額（第11表の配偶者の②の金額）	⑭（⑫－⑬）の金額（⑬の金額が⑫の金額より大きいときは0）	⑮ 純資産価額に加算される暦年課税分の贈与財産価額（第1表の配偶者の⑤の金額）	⑯（⑪－⑭＋⑮）の金額（⑮の金額より小さいときは⑮の金額）（1,000円未満切捨て）
	円	円	円	円	円	※ ,000円

⑰ 相続税の総額（第3表の⑦の金額）	⑱ ㊁の金額と⑯の金額のうちいずれか少ない方の金額	⑲ 課税価格の合計額（第3表のⒶの金額）	⑳ 配偶者の税額軽減の基となる金額（⑰×⑱÷⑲）
00円	円	,000円	円

配偶者の税額軽減の限度額	（第1表の配偶者の⑩の金額）（第1表の配偶者の⑫の金額） （円 － 円）	㋭ 円
配偶者の税額軽減額	（⑳の金額と㋭の金額のうちいずれか少ない方の金額）	㋬ 円

（注）㋬の金額を第1表の配偶者の「配偶者の税額軽減額⑬」欄に転記します。

※ 相続税法第19条の2第5項（（隠蔽又は仮装があった場合の配偶者の相続税額の軽減の不適用））の規定の適用があるときには、「課税価格の合計額のうち配偶者の法定相続分相当額」の（第1表のⒶの金額）、⑥、⑦、⑨、「課税価格の合計額のうち配偶者の法定相続分相当額」の（第3表のⒶの金額）、⑯、⑰及び⑲の各欄は、第5表の付表で計算した金額を転記します。

第5表　（資4－20－6－1－A4統一）

生命保険金などの明細書

被相続人	遠山 太郎

第9表（平成21年4月分以降用）

1　相続や遺贈によって取得したものとみなされる保険金など

この表は、相続人やその他の人が被相続人から相続や遺贈によって取得したものとみなされる生命保険金、損害保険契約の死亡保険金及び特定の生命共済金などを受け取った場合に、その受取金額などを記入します。

保険会社等の所在地	保険会社等の名称	受取年月日	受取金額	受取人の氏名
東野市町中1-2-1	住一生命保険	1・12・28	50,000,000 円	遠山 和子

（注）1　相続人（相続の放棄をした人を除きます。以下同じです。）が受け取った保険金などのうち一定の金額は非課税となりますので、その人は、次の2の該当欄に非課税となる金額と課税される金額とを記入します。
2　相続人以外の人が受け取った保険金などについては、非課税となる金額はありませんので、その人は、その受け取った金額そのままを第11表の「財産の明細」の「価額」の欄に転記します。
3　相続時精算課税適用財産は含まれません。

2　課税される金額の計算

この表は、被相続人の死亡によって相続人が生命保険金などを受け取った場合に、記入します。

保険金の非課税限度額	（500万円 × 〔第2表のⒶの法定相続人の数〕 3人 により計算した金額を右のⒶに記入します。）	Ⓐ 15,000,000 円

保険金などを受け取った相続人の氏名	① 受け取った保険金などの金額	② 非課税金額 （Ⓐ × 各人の①/Ⓑ）	③ 課税金額 （① − ②）
遠山 和子	50,000,000 円	15,000,000 円	35,000,000 円
合計	Ⓑ 50,000,000	15,000,000	35,000,000

（注）1　Ⓑの金額がⒶの金額より少ないときは、各相続人の①欄の金額がそのまま②欄の非課税金額となりますので、③欄の課税金額は0となります。
2　③欄の金額を第11表の「財産の明細」の「価額」欄に転記します。

第9表　　（資4－20－10－A4統一）

相続税がかかる財産の明細書
（相続時精算課税適用財産を除きます。）

被相続人	遠山 太郎

第11表（平成21年4月分以降用）

○相続時精算課税適用財産の明細については、この表によらず第11の2表に記載します。

この表は、相続や遺贈によって取得した財産及び相続や遺贈によって取得したものとみなされる財産のうち、相続税のかかるものについての明細を記入します。

遺産の分割状況	区分	① 全部分割	2 一部分割	3 全部未分割
	分割の日	1・8・13	・・	

種類	細目	利用区分、銘柄等	所在場所等	数量 / 固定資産税評価額	単価 / 倍数	価額	取得した人の氏名	取得財産の価額
土地	宅地（11表付表1）	自用地	南野市泉が丘1丁目25番6	210㎡ / 円	400,000円	16,800,000円	遠山 和子	16,800,000円
土地	宅地（11表付表1）	貸家建付地	北野市新田3丁目5番8	180㎡	395,000	28,368,182	遠山 一郎	28,368,182
	宅地（11表付表1）					28,368,182	遠山 正二	28,368,182
((計))						《 73,536,364》		
家屋	家屋、構築物	自月家屋（25-6-1）	南野市泉が丘1丁目25番6	144㎡ / 12,000,000	1	12,000,000	遠山 和子	12,000,000
家屋	家屋、構築物	貸家（5-8-1）	北野市新田3丁目5番8	15,000,000	1×0.7	10,500,000	遠山 一郎	5,250,000
							遠山 正二	5,250,000
((計))						《 22,500,000》		
現金、預貯金	預貯金	普通預金 0012345	三友銀行南野支店			10,000,000	遠山 和子	5,000,000
							遠山 一郎	2,500,000
							遠山 正二	2,500,000
現金、預貯金	預貯金	定期預金 0012345	三友銀行南野支店			40,000,000	遠山 和子	20,000,000
							遠山 一郎	10,000,000
							遠山 正二	10,000,000
((計))						《 50,000,000》		
家庭用財産		家財一式	南野市泉が丘1丁目25番6			400,000	遠山 和子	400,000
((計))						《 400,000》		
その他の財産	生命保険金等	養老保険	住一生命保険			35,000,000	遠山 和子	35,000,000
((計))						《 35,000,000》		
[合計]						[181,436,364]		

合計表	（各人の合計）	遠山 和子	遠山 一郎	遠山 正二		
分割財産の価額 ①	181,436,364円	89,200,000円	46,118,182円	46,118,182円	円	円
未分割財産の価額 ②						
各人の取得財産の価額（①＋②） ③	181,436,364	89,200,000	46,118,182	46,118,182		

（注） 1 「合計表」の各人の③欄の金額を第1表のその人の「取得財産の価額①」欄に転記します。
2 「財産の明細」の「価額」欄は、財産の細目、種類ごとに小計及び計を付し、最後に合計を付して、それらの金額を第15表の①から㉘までの該当欄に転記します。

第11表 （資4－20－12－1－A4統一）

小規模宅地等についての課税価格の計算明細書

FD3545

被相続人　遠山 太郎

この表は、小規模宅地等の特例（租税特別措置法第69条の4第1項）の適用を受ける場合に記入します。
なお、被相続人から、相続、遺贈又は相続時精算課税に係る贈与により取得した財産のうちに、「特定計画山林の特例」又は「特定事業用資産の特例」の対象となり得る財産がある場合には、第11・11の2表の付表2を作成します（第11・11の2表の付表2を作成する場合には、この表の「1 特例の適用にあたっての同意」欄の記入を要しません。）。

第11・11の2表の付表1（平成27年分以降用）

○この申告書は機械で読み取りますので、黒ボールペンで記入してください。

1 特例の適用にあたっての同意

この欄は、小規模宅地等の特例の対象となり得る宅地等を取得した全ての人が次の内容に同意する場合に、その宅地等を取得した全ての人の氏名を記入します。

私（私たち）は、「2 小規模宅地等の明細」の①欄の取得者が、小規模宅地等の特例の適用を受けるものとして選択した宅地等又はその一部（「2 小規模宅地等の明細」の⑤欄で選択した宅地等）の全てが限度面積要件を満たすものであることを確認の上、その取得者が小規模宅地等の特例の適用を受けることに同意します。

氏名	遠山 和子	遠山 一郎	遠山 正二

（注）1 小規模宅地等の特例の対象となり得る宅地等を取得した全ての人の同意がなければ、この特例の適用を受けることはできません。
2 上記の各欄に記入しきれない場合には、第11・11の2表の付表1（続）を使用します。

2 小規模宅地等の明細

この欄は、小規模宅地等についての特例の対象となり得る宅地等を取得した人のうち、その特例の適用を受ける人が選択した小規模宅地等の明細等を記載し、相続税の課税価格に算入する価額を計算します。

「小規模宅地等の種類」欄は、選択した小規模宅地等の種類に応じて次の1～4の番号を記入します。
小規模宅地等の種類：1 特定居住用宅地等、2 特定事業用宅地等、3 特定同族会社事業用宅地等、4 貸付事業用宅地等

選択した小規模宅地等	小規模宅地等の種類（1～4の番号を記入します。）	① 特例の適用を受ける取得者の氏名〔事業内容〕 ② 所在地番 ③ 取得者の持分に応ずる宅地等の面積 ④ 取得者の持分に応ずる宅地等の価額	⑤ ③のうち小規模宅地等（「限度面積要件」を満たす宅地等）の面積 ⑥ ④のうち小規模宅地等（④×⑤/③）の価額 ⑦ 課税価格の計算に当たって減額される金額（⑥×⑨） ⑧ 課税価格に算入する価額（④−⑦）
	1	① 遠山 和子〔　〕	⑤ 210. ㎡
		② 南野市泉が丘1丁目25番6	⑥ 84000000 円
		③ 210. ㎡	⑦ 67200000 円
		④ 84000000 円	⑧ 16800000 円
	4	① 遠山 一郎〔不動産賃貸業〕	⑤ 36.3636363 ㎡
		② 北野市新田3丁目5番8	⑥ 14363636 円
		③ 90. ㎡	⑦ 7181818 円
		④ 35550000 円	⑧ 28368182 円
	4	① 遠山 正二〔不動産賃貸業〕	⑤ 36.3636363 ㎡
		② 北野市新田3丁目5番8	⑥ 14363636 円
		③ 90. ㎡	⑦ 7181818 円
		④ 35550000 円	⑧ 28368182 円

（注）1 ①欄の「〔 〕」は、選択した小規模宅地等が被相続人等の事業用宅地等（2、3又は4）である場合に、相続開始の直前にその宅地等の上で行われていた被相続人等の事業について、例えば、飲食サービス業、法律事務所、貸家などのように具体的に記入します。
2 小規模宅地等を選択する一の宅地等が共有である場合又は一の宅地等が貸家建付地である場合において、その評価額の計算上「賃貸割合」が1でないときには、第11・11の2表の付表1（別表）を作成します。
3 ⑧欄の金額を第11表の「財産の明細」の「価額」欄に転記します。
4 上記の各欄に記入しきれない場合には、第11・11の2表の付表1（続）を使用します。

○「限度面積要件」の判定

上記「2 小規模宅地等の明細」の⑤欄で選択した宅地等の全てが限度面積要件を満たすものであることを、この表の各欄を記入することにより判定します。

※の項目は記入する必要がありません。

小規模宅地等の区分		被相続人等の居住用宅地等	被相続人等の事業用宅地等		
小規模宅地等の種類		1 特定居住用宅地等	2 特定事業用宅地等	3 特定同族会社事業用宅地等	4 貸付事業用宅地等
⑨ 減額割合		80/100	80/100	80/100	50/100
⑩ ⑤の小規模宅地等の面積の合計		210 ㎡	㎡	㎡	72.72727272 ㎡
⑪ 限度面積	イ 小規模宅地等のうちに4貸付事業用宅地等がない場合	〔1の⑩の面積〕 ≦330㎡	〔2の⑩及び3の⑩の面積の合計〕 ㎡ ≦ 400㎡		
	ロ 小規模宅地等のうちに4貸付事業用宅地等がある場合	〔1の⑩の面積〕 210 ㎡×200/330 ＋	〔2の⑩及び3の⑩の面積の合計〕 ㎡×200/400 ＋		〔4の⑩の面積〕 72.72727272 ㎡ ≦ 200㎡

（注）限度面積は、小規模宅地等の種類（「4 貸付事業用宅地等」の選択の有無）に応じて、⑪欄（イ又はロ）により判定を行います。「限度面積要件」を満たす場合に限り、この特例の適用を受けることができます。

※税務署整理欄	年分		名簿番号		申告年月日		一連番号		グループ番号		補完	

第11・11の2表の付表1　（資4－20－12－3－1－A4統一）

債務及び葬式費用の明細書

被相続人	遠山 太郎

第13表（平成30年分以降用）

1 債務の明細 （この表は、被相続人の債務について、その明細と負担する人の氏名及び金額を記入します。）

債務の明細						負担することが確定した債務	
種類	細目	債権者 氏名又は名称	債権者 住所又は所在地	発生年月日 弁済期限	金額	負担する人の氏名	負担する金額
借入金	アパートローン	三友銀行南野支店	南野市中央1-6-1	14・8・7 9・7・31	20,000,000円	遠山 一郎	10,000,000円
						遠山 正二	10,000,000
未払金	未払医療費	安心病院	南野市山中2-1-1	1・12・20	500,000	遠山 和子	500,000
未払金	所得税			1・12・20 2・4・20	500,000	遠山 和子	500,000
合計					21,000,000		

2 葬式費用の明細 （この表は、被相続人の葬式に要した費用について、その明細と負担する人の氏名及び金額を記入します。）

葬式費用の明細				負担することが確定した葬式費用	
支払先 氏名又は名称	支払先 住所又は所在地	支払年月日	金額	負担する人の氏名	負担する金額
丸角寺	南野市村西2-6-5	1・12・25	1,500,000円	遠山 和子	1,500,000円
三角葬儀社	西野市橋本1-3-3	1・12・26	2,500,000	遠山 和子	2,500,000
合計			4,000,000		

3 債務及び葬式費用の合計額

債務などを承継した人の氏名			(各人の合計)	遠山 和子	遠山 一郎	遠山 正二	
債務	負担することが確定した債務	①	21,000,000円	1,000,000円	10,000,000円	10,000,000円	円
	負担することが確定していない債務	②					
	計（①＋②）	③	21,000,000	1,000,000	10,000,000	10,000,000	
葬式費用	負担することが確定した葬式費用	④	4,000,000	4,000,000			
	負担することが確定していない葬式費用	⑤					
	計（④＋⑤）	⑥	4,000,000	4,000,000			
合計（③＋⑥）		⑦	25,000,000	5,000,000	10,000,000	10,000,000	

（注）1 各人の⑦欄の金額を第1表のその人の「債務及び葬式費用の金額③」欄に転記します。
2 ③、⑥及び⑦欄の金額を第15表の㉟、㊱及び㊲欄にそれぞれ転記します。

第13表 （資4−20−14−A4統一）

■ **相続財産の種類別価額表**（この表は、第11表から第14表までの記載に基づいて記入します。） ■

FD3537

第15表（平成30年分以降用）

（単位は円）

被相続人　遠山 太郎

種類	細目	番号	各人の合計	（氏名）遠山 和子
※整理番号			被相続人	
土地（土地の上に存する権利を含みます。）	田	①		
	畑	②		
	宅地	③	73536364	16800000
	山林	④		
	その他の土地	⑤		
	計	⑥	73536364	16800000
	⑥のうち特例農地等　通常価額	⑦		
	⑥のうち特例農地等　農業投資価格による価額	⑧		
家屋、構築物		⑨	22500000	12000000
事業（農業）用財産	機械、器具、農耕具、その他の減価償却資産	⑩		
	商品、製品、半製品、原材料、農産物等	⑪		
	売掛金	⑫		
	その他の財産	⑬		
	計	⑭		
有価証券	特定同族会社の株式及び出資　配当還元方式によったもの	⑮		
	特定同族会社の株式及び出資　その他の方式によったもの	⑯		
	⑮及び⑯以外の株式及び出資	⑰		
	公債及び社債	⑱		
	証券投資信託、貸付信託の受益証券	⑲		
	計	⑳		
現金、預貯金等		㉑	50000000	25000000
家庭用財産		㉒	400000	400000
その他の財産	生命保険金等	㉓	35000000	35000000
	退職手当金等	㉔		
	立木	㉕		
	その他	㉖		
	計	㉗	35000000	35000000
合計（⑥+⑨+⑭+⑳+㉑+㉒+㉗）		㉘	181436364	89200000
相続時精算課税適用財産の価額		㉙		
不動産等の価額（⑥+⑨+⑩+⑮+⑯+㉕）		㉚	96036364	28800000
⑯のうち株式等納税猶予対象の株式等の価額の80％の額		㉛		
⑰のうち株式等納税猶予対象の株式等の価額の80％の額		㉜		
⑯のうち特例株式等納税猶予対象の株式等の価額		㉝		
⑰のうち特例株式等納税猶予対象の株式等の価額		㉞		
債務等	債務	㉟	21000000	1000000
	葬式費用	㊱	4000000	4000000
	合計（㉟+㊱）	㊲	25000000	5000000
差引純資産価額（㉘+㉙−㊲）（赤字のときは0）		㊳	156436364	84200000
純資産価額に加算される暦年課税分の贈与財産価額		㊴		
課税価格（㊳+㊴）（1,000円未満切捨て）		㊵	156436000	84200000

※税務署整理欄　申告区分　年分　名簿番号　申告年月日　グループ番号

○この申告書は機械で読み取りますので、黒ボールペンで記入してください。

※の項目は記入する必要がありません。

第15表　（資4−20−16−1−A4統一）

相続財産の種類別価額表（続）（この表は、第11表から第14表までの記載に基づいて記入します。）

FD3538

第15表（続）（平成30年分以降用）

○この申告書は機械で読み取りますので、黒ボールペンで記入してください。

（単位は円）

種類	細目	番号	被相続人 遠山 太郎 （氏名）遠山 一郎	（氏名）遠山 正二
※	整理番号			
土地（土地の上に存する権利を含みます。）	田	①		
	畑	②		
	宅地	③	28368182	28368182
	山林	④		
	その他の土地	⑤		
	計	⑥	28368182	28368182
	⑥のうち特例農地等 通常価額	⑦		
	⑥のうち特例農地等 農業投資価格による価額	⑧		
家屋、構築物		⑨	5250000	5250000
事業（農業）用財産	機械、器具、農耕具、その他の減価償却資産	⑩		
	商品、製品、半製品、原材料、農産物等	⑪		
	売掛金	⑫		
	その他の財産	⑬		
	計	⑭		
有価証券	特定同族会社の株式及び出資 配当還元方式によったもの	⑮		
	特定同族会社の株式及び出資 その他の方式によったもの	⑯		
	⑮及び⑯以外の株式及び出資	⑰		
	公債及び社債	⑱		
	証券投資信託、貸付信託の受益証券	⑲		
	計	⑳		
現金、預貯金等		㉑	12500000	12500000
家庭用財産		㉒		
その他の財産	生命保険金等	㉓		
	退職手当金等	㉔		
	立木	㉕		
	その他	㉖		
	計	㉗		
合計（⑥+⑨+⑭+⑳+㉑+㉒+㉗）		㉘	46118182	46118182
相続時精算課税適用財産の価額		㉙		
不動産等の価額（⑥+⑨+⑩+⑮+⑯+㉕）		㉚	33618182	33618182
⑯のうち株式等納税猶予対象の株式等の価額の80%の額		㉛		
⑰のうち株式等納税猶予対象の株式等の価額の80%の額		㉜		
⑯のうち特例株式等納税猶予対象の株式等の価額		㉝		
⑰のうち特例株式等納税猶予対象の株式等の価額		㉞		
債務等	債務	㉟	10000000	10000000
	葬式費用	㊱		
	合計（㉟+㊱）	㊲	10000000	10000000
差引純資産価額（㉘+㉙−㊲）（赤字のときは0）		㊳	36118182	36118182
純資産価額に加算される暦年課税分の贈与財産価額		㊴		
課税価格（㊳+㊴）（1,000円未満切捨て）		㊵	36118000	36118000

※の項目は記入する必要がありません。

※税務署整理欄	申告区分		年分		名簿番号		申告年月日		グループ番号	

第15表（続）　　　　（資4－20－16－2－A4統一）

自用地の評価の計算については110頁から119頁参照。

土地及び土地の上に存する権利の評価明細書（第1表）

●●国税局	北野署
平成31 年分	987789 ページ

（平成三十年分以降用）

（住居表示）	（北野市新田3丁目5番8　）	所有者	住所（所在地）	南野市泉が丘1丁目25番6号	使用者	住所（所在地）	南野市泉が丘1丁目25番6号
所在地番	北野市新田3丁目5番8		氏名（法人名）	遠山太郎		氏名（法人名）	遠山太郎

地目	地積	路線価 正面	側方	側方	裏面	地形図及び参考事項
(宅地)・原野・田・畑・山林・雑種地（　）	180.00 ㎡	500,000 円	円	円	円	

間口距離	10.00 m	利用区分	自用地・貸家建付借地権・貸宅地・転貸借地権・(貸家建付地)・転借権・借地権・借家人の有する権利・私道（　）	地区区分	ビル街地区・(普通住宅地区)・高度商業地区・中小工場地区・繁華街地区・大工場地区・普通商業・併用住宅地区
奥行距離	18.00 m				

自用地1平方メートル当たりの価額

項目	計算	（1㎡当たりの価額）円	記号
1 一路線に面する宅地	（正面路線価）500,000円 ×（奥行価格補正率）1.00　奥行18.00m	500,000	A
2 二路線に面する宅地	（A）円 +（［側方・裏面 路線価］円 ×（奥行価格補正率）×［側方・二方 路線影響加算率］0.　）		B
3 三路線に面する宅地	（B）円 +（［側方・裏面 路線価］円 ×（奥行価格補正率）×［側方・二方 路線影響加算率］0.　）		C
4 四路線に面する宅地	（C）円 +（［側方・裏面 路線価］円 ×（奥行価格補正率）×［側方・二方 路線影響加算率］0.　）		D
5-1 間口が狭小な宅地等（AからDまでのうち該当するもの）	円 ×（（間口狭小補正率）×（奥行長大補正率））		E
5-2 不整形地（AからDまでのうち該当するもの）	円 × 不整形地補正率※ 0. ※不整形地補正率の計算 （想定整形地の間口距離）m ×（想定整形地の奥行距離）m ＝（想定整形地の地積）㎡ （（想定整形地の地積）㎡ －（不整形地の地積）㎡）÷（想定整形地の地積）㎡ ＝（かげ地割合）% （不整形地補正率表の補正率）0. ×（間口狭小補正率）＝（小数点以下2位未満切捨て）0. ① （奥行長大補正率）×（間口狭小補正率）＝ 0. ② ［不整形地補正率（①、②のいずれか低い率、0.6を限度とする。）］0.		F
6 地積規模の大きな宅地（AからFまでのうち該当するもの）	円 × 規模格差補正率※ 0. ※規模格差補正率の計算 {（（地積Ⓐ）㎡×（Ⓑ）＋（Ⓒ））÷（地積Ⓐ）㎡} × 0.8 ＝（小数点以下2位未満切捨て）0.		G
7 無道路地（F又はGのうち該当するもの）	円 ×（1 － 0.（※）） ※割合の計算（0.4を限度とする。） （（正面路線価）円×（通路部分の地積）㎡）÷（（F又はGのうち該当するもの）円×（評価対象地の地積）㎡）＝ 0.		H
8 がけ地等を有する宅地［南、東、西、北］（AからHまでのうち該当するもの）	円 ×（がけ地補正率）0.		I
9 容積率の異なる2以上の地域にわたる宅地（AからIまでのうち該当するもの）	円 ×（1 －（控除割合（小数点以下3位未満四捨五入））0.）		J
10 私道（AからJまでのうち該当するもの）	円 × 0.3		K

自用地の評価額	自用地1平方メートル当たりの価額（AからKまでのうちの該当記号）	地積	総額（自用地1㎡当たりの価額）×（地積）	
	（A）500,000 円	180.00 ㎡	90,000,000 円	L

（注）1　5-1の「間口が狭小な宅地等」と5-2の「不整形地」は重複して適用できません。
2　5-2の「不整形地」の「AからDまでのうち該当するもの」欄の価額について、AからDまでの欄で計算できない場合には、（第2表）の「備考」欄等で計算してください。

（資4－25－1－A4統一）

貸家建付地の評価については120頁参照。

北野市新田3丁目5番8　　土地及び土地の上に存する権利の評価明細書（第2表）

（平成三十年分以降用）

セットバックを必要とする宅地の評価額	（自用地の評価額）円 －（（自用地の評価額）円 ×（該当地積）㎡ /（総地積）㎡ × 0.7）	（自用地の評価額）円	M
都市計画道路予定地の区域内にある宅地の評価額	（自用地の評価額）円 ×（補正率）0.	（自用地の評価額）円	N

大規模工場用地等の評価額	○ 大規模工場用地等（正面路線価）円 ×（地積）㎡ ×（地積が20万㎡以上の場合は0.95）	円	O
	○ ゴルフ場用地等（宅地とした場合の価額）（地積）（　円× ㎡×0.6）－（（1㎡当たりの造成費）（地積）円× ㎡）	円	P

	利用区分	算式	総額	記号
総額計算による価額	貸宅地	（自用地の評価額）円 ×（1－（借地権割合）0.　）	円	Q
	貸家建付地	（自用地の評価額又はS）90,000,000 円 ×（1－（借地権割合）0.70 ×（借家権割合）0.30 ×（賃貸割合）144.00㎡/144.00㎡）	円 71,100,000	R
	（　）の目的となっている土地	（自用地の評価額）円 ×（1－0.（　割合））	円	S
	借地権	（自用地の評価額）円 ×（借地権割合）0.	円	T
	貸家建付借地権	（T　AAのうちの該当記号）（　）円 ×（1－（借家権割合）0. ×（賃貸割合）㎡/㎡）	円	U
	転貸借地権	（T，AAのうちの該当記号）（　）円 ×（1－（借地権割合）0.　）	円	V
	転借権	（T，U，AAのうちの該当記号）（　）円 ×（借地権割合）0.	円	W
	借家人の有する権利	（T，W，AAのうちの該当記号）（　）円 ×（借家権割合）0. ×（賃借割合）㎡/㎡	円	X
	（　）権	（自用地の評価額）円 ×（　割合）0.	円	Y
	権利が競合する場合の土地	（Q，Sのうちの該当記号）（　）円 ×（1－0.（　割合））	円	Z
	他の権利と競合する場合の権利	（T，Yのうちの該当記号）（　）円 ×（1－0.（　割合））	円	AA
備考				

（注）　区分地上権と区分地上権に準ずる地役権とが競合する場合については、備考欄等で計算してください。

（資4－25－2－A4統一）

●●国税局	南野署
平成31 年分	987654 ページ

（平成三十年分以降用）

土地及び土地の上に存する権利の評価明細書（第1表）

（住居表示）	（南野市泉が丘1丁目25番6）	所有者	住所（所在地）	南野市泉が丘1丁目25番6号	使用者	住所（所在地）	南野市泉が丘1丁目25番6号
所在地番	南野市泉が丘1丁目25番6		氏名（法人名）	遠山太郎		氏名（法人名）	遠山太郎

地目	地積	路線価 正面	側方	側方	裏面	地形図及び参考事項
(宅地) 原野 田 雑種地 畑 山林	210.00 ㎡	400,000 円	円	円	円	

間口距離	14.00 m	利用区分	(自用地) 貸家建付借地権 貸宅地 転貸借地権 貸家建付地 転借権 借地権 借家人の有する権利 私道（ ）	地区区分	ビル街地区 (普通住宅地区) 高度商業地区 中小工場地区 繁華街地区 大工場地区 普通商業・併用住宅地区
奥行距離	15.00 m				

自用地1平方メートル当たりの価額	計算	（1㎡当たりの価額）円	記号
	1 一路線に面する宅地 （正面路線価） 400,000円 × （奥行価格補正率） 1.00 奥行15.00m	400,000	A
	2 二路線に面する宅地 （A） 円 ＋ （［側方・裏面 路線価］ 円 × （奥行価格補正率） × ［側方・二方 路線影響加算率］ 0.）		B
	3 三路線に面する宅地 （B） 円 ＋ （［側方・裏面 路線価］ 円 × （奥行価格補正率） × ［側方・二方 路線影響加算率］ 0.）		C
	4 四路線に面する宅地 （C） 円 ＋ （［側方・裏面 路線価］ 円 × （奥行価格補正率） × ［側方・二方 路線影響加算率］ 0.）		D
	5-1 間口が狭小な宅地等 （AからDまでのうち該当するもの） 円 × （（間口狭小補正率） × （奥行長大補正率））		E
	5-2 不整形地 （AからDまでのうち該当するもの） 円 × 不整形地補正率※ 0. ※不整形地補正率の計算 （想定整形地の間口距離） m × （想定整形地の奥行距離） m ＝ （想定整形地の地積） ㎡ （（想定整形地の地積） ㎡ − （不整形地の地積） ㎡） ÷ （想定整形地の地積） ㎡ ＝ （かげ地割合） % （不整形地補正率表の補正率） 0. × （間口狭小補正率） ＝ （小数点以下2位未満切捨て） 0. ① （奥行長大補正率） × （間口狭小補正率） ＝ 0. ② 不整形地補正率（①、②のいずれか低い率、0.6を限度とする。） 0.		F
	6 地積規模の大きな宅地 （AからFまでのうち該当するもの） 円 × 規模格差補正率※ 0. ※規模格差補正率の計算 ｛（（地積（Ⓐ）） ㎡ × （Ⓑ） ＋ （Ⓒ）） ÷ （地積（Ⓐ）） ㎡｝ × 0.8 ＝ （小数点以下2位未満切捨て） 0.		G
	7 無道路地 （F又はGのうち該当するもの） 円 × （1 − 0.（※）） ※割合の計算（0.4を限度とする。） （（正面路線価） 円 × （通路部分の地積） ㎡） ÷ （（F又はGのうち該当するもの） 円 × （評価対象地の地積） ㎡） ＝ 0.		H
	8 がけ地等を有する宅地 〔南、東、西、北〕 （AからHまでのうち該当するもの） 円 × （がけ地補正率） 0.		I
	9 容積率の異なる2以上の地域にわたる宅地 （AからIまでのうち該当するもの） 円 × （1 − 0.（控除割合（小数点以下3位未満四捨五入）））		J
	10 私道 （AからJまでのうち該当するもの） 円 × 0.3		K

自用地の評価額	自用地1平方メートル当たりの価額（AからKまでのうちの該当記号）	地積	総額（自用地1㎡当たりの価額）×（地積）	
	（A） 400,000 円	210.00 ㎡	84,000,000 円	L

(注)1 5-1の「間口が狭小な宅地等」と5-2の「不整形地」は重複して適用できません。
2 5-2の「不整形地」の「AからDまでのうち該当するもの」欄の価額について、AからDまでの欄で計算できない場合には、（第2表）の「備考」欄等で計算してください。

（資4－25－1－A4統一）

事 項 索 引

<た　行>

<な　行>

<は　行>

<ま　行>

<ら　行>

■編著者

遠藤　常二郎（えんどう つねじろう）
弁護士（東京弁護士会）・税理士
弁護士法人遠藤綜合法律事務所代表
主な著作　「遺言実務入門」（編著、三協法規・2011年）等

■執筆者

大畑　智宏（おおはた ともひろ）
税理士、東京税理士会調査研究部委員
（大畑智宏税理士事務所・株式会社オーキス代表取締役）

加藤　大輔（かとう だいすけ）
税理士
（加藤大輔税理士事務所・株式会社オーキス代表取締役）

飯塚　順子（いいづか じゅんこ）
弁護士（東京弁護士会）　弁護士法人遠藤綜合法律事務所

鳥山　亜弓（とりやま あゆみ）
弁護士（東京弁護士会）・公認会計士
千代田国際法律会計事務所

［改訂２版］弁護士の業務に役立つ相続税

平成 26 年 1 月15日　初版発行　　　　定価　本体 3,600 円（税別）
平成 26 年12月15日　改訂版発行
令和元年 9月25日　　改訂２版発行

編　者　　　　　遠藤　常二郎

発行者　　　　　野村　哲彦
発行所　三協法規出版株式会社
本　　社　〒500-8082　岐阜市矢島町 1-61
TEL　058-215-6370（代表）
FAX　058-215-6377
URL　http://wwwsankyohokicojp/
E-mail　info@sankyohokicojp
企画・製作　　有限会社　木精舎
〒112-0002　文京区小石川 2-23-12　5 階

落丁・乱丁本はお取り替えいたします。　　　萩原印刷㈱
ISBN978-4-88260-285-9C2032